U0164428

探索香港淪陷時期
天氣及災害

凌耀祖（Joe Ling）著

青森文化

前 言

你知道香港於日治時期曾出現以下與天氣有關的大事嗎？

. 香港於1941年聖誕節淪陷前幾天，曾罕有地有熱帶氣旋接近，左右了
戰事發展。

. 香港於淪陷時期之1942年7月每天均下雨，令當時香港更添愁雲慘霧。

. 於日治時期，每年均有熱帶氣旋直趨香港，只是未有帶來颶風而已。

. 1944年至1945年間的冬季是香港有史以來最寒冷的冬季，當時因寒
冷而不幸離世的民眾多不勝數。

. 於戰況頗為激烈的1944年12月，香港錄得有史以來最寒冷的12月。

. 全球於二戰時期的1945年2月為相對寒冷，當月亦是香港有史以來最
寒冷的月份。

. 香港重光前曾有熱帶氣旋直襲，影響戰俘營內原香港政府官員的撤離。

推薦序一：方志剛先生

　　當我進行本港的氣候研究或翻查紀錄時，常遇到一個問題：1940-1946年沒有數據。

　　香港天文台的氣象紀錄始於1884年，在第二次世界大戰期間曾經中斷。雖然如此，氣象觀測是軍事的重要部分，日軍亦有進行；而天文台職員被虜期間，仍有定時進行氣象觀測。作者致力從不同渠道將香港淪陷期間的氣象觀測數據重新整理並結集成書，就像在拼圖上放回缺少的一塊。無論你是氣象愛好者、研究香港歷史的朋友還是一般市民，我相信這本書能令你對香港淪陷期間的天氣多一點了解。

　　香港天文台自香港1945年重光後接近80年以來，一直未有正式重組日治時期的氣象資料，而作者願意用上10年時間去作出研究，以至將其分析並結集成書，這份誠意是難得的。

方志剛

聯合國 ESCAP/WMO 颱風委員會氣象專家

香港地下天文台台長

2023年7月

推薦序二：李朗怡小姐

　　日治時期是香港歷史中重要的一頁，這段時間本港存在氣象資料，但卻沒有官方紀錄。大家有沒有想過，那三年零八個月，天氣如何影響戰事和民間生活？而軍事活動又可能怎樣影響天氣變化？從凌先生整理出來的資料顯示，原來盟軍在太平洋投下的水雷可能影響了海流活動，令本港在1944至1945年之間的冬季異常寒冷。1945年的2月，可能是本港史上最寒冷的月份。一般市民對於何時是本港有史以來最寒冷的農曆年初一或情人節，未必有太大感覺，但對氣象分析來說，則有助填補歷史資料上的空隙。

　　大自然變幻莫測，即使憑現今的預測技術，天氣預報仍有機會出現誤差，但與上世紀相比，誤差程度可謂天淵之別。日治時期政府曾將低壓槽當成颱風，誤掛颱風信號；亦有美軍在太平洋以為已遠離颱風，卻不知身處風眼，令美國海軍傷亡慘重。而本港除了我們熟悉的一、三、八、九、十號熱帶氣旋信號之外，原來亦曾出現過「二號風球」。當年日治香港政府因為預報物資短缺，簡化風球系統，只有代表可能出現烈風的「一號風球」，及代表將有烈風或以上程度風力的「二號風球」。究竟風力有多強？只能待風起了才知道。

　　也許正是因為氣象的千變萬化，令凌先生願意花上10年時間蒐集資料，嘗試填補日治時期香港氣象歷史的空白。本人亦曾經於有關天氣預測的專題節目訪問凌先生，感受到他對氣象研究的熱誠和衝勁，相信讀者透過這本書亦能感受得到。希望他的熱誠也能感染你，透過了解日治時期的天氣特色，增加對天文氣象的興趣。

李朗怡

新聞工作者

2023年7月

自 序

　　筆者自小喜愛觀測天氣變化及監察熱帶氣旋發展情況。記得於少年時代，每逢熱帶氣旋襲港時，筆者必會透過聆聽收音機以收集最新熱帶氣旋資訊，並繪畫熱帶氣旋路徑；同時於每天放學後觀看電視播放之天氣節目，及記錄每天之氣象情況，以嘗試預測未來數天至一星期之香港天氣。於1997年香港回歸中國前一星期，當時仍是青少年的筆者於香港地下天文台舉辦之香港回歸日天氣預測比賽中，準確預測香港於回歸日當天將出現大暴雨之極端天氣，並奪得第一名。按當時的科技，香港天文台只能夠提供未來三天的天氣預測，而未能於目標日期一星期前發出天氣預報。

　　為了更能了解香港過去之天氣情況，以用作提升天氣預測能力，筆者也致力搜集香港在過去百多年以來之天氣數據及作出基本分析。透過進行與氣象有關之科學研究，筆者有效地將本身於學校裡及課本外所學到的知識，包括數理分析、統計技巧、資料處理及報告撰寫，應用於自己的興趣上。

　　可是，在整理過去百多年的氣象數據同時，筆者也得悉香港曾至少於1941年12月至1945年8月二戰期間沒有正式記錄氣象數據；而官方及學術機構亦可能因搜集資料過程困難，似乎沒有於戰後對這些可能曾出現的數據進行全面事後研究。這對於分析香港長年之氣象變化或趨勢，實在引入了無可避免之誤差。

　　有見及此，筆者於約十年前開始定下目標，就是要重整香港於二戰期間之天氣資料。雖然深知過程將是艱巨及複雜，但深感如可於香港重光接近八十周年時發行這讀物，將能爲香港氣象界及歷史學界填補這個因大戰緣故而留下的資料空洞，從而令每位香港或其他地方之民眾認識及了解香港於大戰時之氣象歷史。此外，由於讀者透過這本書能了解到復修某地方之氣象或其他方面之歷史資料工程實不是一件簡單的事情，這本書亦間接有警世的作用，令人了解到戰爭的禍害，這實是一舉兩得。

凌耀祖（Joe Ling）

2023年7月

本書特別獻給摯愛的太太及家人

目錄

概覽篇：天氣現象與極端天氣

第一章：香港於日治時期之綜合天氣情況

第二章：寒流與熱浪

第三章：雨災與旱情

第四章：熱帶氣旋與風災

第五章：其他天氣現象

進階篇：季度天氣特色及每月天氣情況

第六章：1942年香港季度天氣回顧

第七章：1943年香港季度天氣回顧

第八章：1944年香港季度天氣回顧

第九章：1945年香港季度天氣回顧

附錄

引言

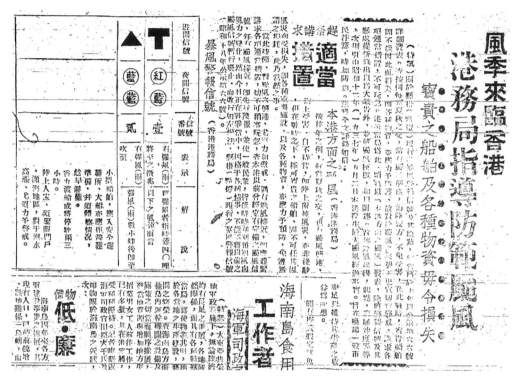

圖一:《華僑日報》於1944年7月18日報導有關日治香港政府應對風季到臨的措施

　　香港位處華南沿岸,氣候屬亞熱帶季風類型。一年四季各有特色,既有春夏間潮濕炎熱而萬物欣欣向榮的時期,亦有冬天乾旱寒冷、夏秋間颱風來訪及暴雨侵襲的日子。天氣變化之大往往影響民生,亦左右著經濟發展。

　　自古之來，不同歷史朝代一直有將華南沿岸的天氣概況納入歷史古籍。當中，尤以極端天氣如颱風、暴雨及旱災爲最常散見於古籍的類別。而至19世紀末，即1883年，香港天文台成立，並於1884年開始恆常記錄及定期公佈於香港錄得之氣象觀測數據及概況，令香港正式有著屬於自己地方特色之天氣紀錄。

　　可是，接近20世紀中葉之1941年，太平洋戰爭爆發，香港於同年聖誕節（12月25日）落入於日本軍方手中；而當時之皇家香港天文台（天文台）職員亦隨即被囚禁於集中營，及被迫停止於天文台總部日常進行之正式氣象觀測工作，直至1945年8月下旬日軍宣布投降及撤出天文台後、英國皇家海軍及空軍於同年10月初接回天文台的控制權爲止。及後，皇家香港天文台於1945年10月11日開始接收各地之氣象報告，並恢復戰前觀測及預報天氣之職能。

　　於淪陷（1942年1月至1945年8月共三年零八個月）期間，爲了提供氣象數據以支援軍事活動，日軍曾一度繼續於天文台總部進行氣象觀測工作，並監測熱帶氣旋（見圖一）；而部分觀測亦曾予輯錄成報告。可是，除了現時日本防衛研究所僅存有關1944年5月之香港氣象觀測報告外，大部分報告均由於軍事機密緣故，最終遭日軍銷毀。

　　另一方面，當時被囚禁於集中營之天文台職員，於淪陷期間曾善用手上僅有的物資及氣象儀器，斷斷續續地進行了簡單的氣象觀測工作；而部分紀錄亦伴隨著詳細之天氣描述及統計表，令香港於日治時期之天氣資料亦不致於完全被流失。

　　縱然如此，由於部分資料爲缺漏及不完整，及用作量度及記錄這些氣象資料及數據之場地及儀器均不是劃一。因此，戰後官方或有關學者均很難重整這些數據。這解釋爲何現時官方及民間均沒有出版過一本對香港日治時期之氣象情況作詳細分析之報告或書籍。因此，每逢官方、氣象機構、氣象研究者、歷史學家，抑或民間，在引述香港歷史氣象數據時，均特別需要聲明二次大戰期間香港沒有存在氣象數據紀錄；這實是可惜的。

　　有見及此，本書作者於過去10年不斷對香港於日治時期之天氣作出廣泛而密集之資料搜集，當中搜集之資料對象不乏戰時之報章、日本軍方戰時散見於軍事報告之氣象資料、天文台職員於集中營所觀測而獲得之氣象資料、戰俘日記、日本氣象廳之官方刊物、美國國家海洋與大氣管理局之再分析報告，以及香港附近之氣象站於戰時錄得之數據，然後作出仔細整理及分析，從而估算及歸納了香港於淪陷時期每日之氣象情況，包括氣壓、氣溫、濕度、雲量、雨量、日照、風向及風速的實況及變化，同時繪製了戰時闖入香港800公里警戒範圍內之熱帶氣旋路徑，望能令香港民眾、各氣象機構專員、學生，以及對氣象、天文、歷史、軍事及地理有興趣的人士，認識及了解香港於日治時期曾出現的天氣情況及影響社會民生的天氣事件。

　　爲了讓讀者更容易及方便地了解及洞悉日治時期之氣象慨況，本書作者致力以圖文並茂方式羅列及分析了香港於日治時期所曾發生之天氣事件及災害。當中，第一部分──「概覽篇：天氣現象與極端天氣」（第一章至第五章）不單剖析了寒流、熱浪、暴雨、乾旱及熱帶氣旋等極端天氣於日治時期對戰事及民生所構成的影響，亦有爲戰時曾於香港出現的奇妙天氣及天文現象，如日蝕、彩虹及疑似發生的下雪現象作出分析，適合普羅大眾、學生及其他對香港天氣特色及戰時歷史感興趣的人士參閱。第二部分—「進階篇：季度天氣特色及每月天氣情況」（第六章至第九章）則全面記錄及分析了香港於日治時期每季的天氣特色及每月之天氣情況，從而讓各氣象機構專員及對氣象、天文、歷史、軍事或地理有興趣的人士，更深入了解香港於日治時期的天氣。

　　由於本書所搜集之資料來自多個來源，因此本書作者撰寫這著作時，已盡力憑自身之研究經驗及精密之統計方法令資料誤差值降至最低，務求能令讀者更易掌握重點。唯希望讀者能理解作者編撰本書之箇中難處及能提出寶貴意見，使日後如出版社爲本書發行修訂版或續版時能引進改善地方，從而令資料及內容更臻完善。

概覽篇
天氣現象與極端天氣

報告颶風行踪

港九設八個颶風信號所 颶風信號仍分晝夜不同

新香港一切建設，都在突飛猛晉中，關於「颶風報告」，總督部交通部以本港每年夏季間，時有颶風威脅，前者颶風報告信號，一種用于日間用「球」，一種用于夜間，用一燈光，各有十種符號，每一種表示颶風向的向市民報告，現以颶風季候將臨，特規定港九八所地方懸掛颶風信號，此八所颶風信號亦各滋夜不同，一切詳情，不日可以發表，至縣掛颶風信號八所地方如下：(一)尖沙咀測候所信號所，(二)廣九鐵路停車場信號，(三)九龍黑山信號所，(四)九龍倉庫信號所，(五)九龍唐山信號信，號所，(六)荔枝角信號所，(七)港務局庫卜信號所，(八)鯉魚門信號所。

▲《華僑日報》於1942年5月23日報導有關風季來臨前，
日治香港政府將繼續以懸掛風球的方式警報颱風。
圖中以紅色外框標示的尖沙咀測候所信號所為前皇家天文台原址。

第一章
香港於日治時期之綜合天氣情況

▲天文台職員於赤柱集中營初步概括有關香港日治時期之每年天氣情況
（資料來源：香港政府檔案處歷史檔案館）

1.1 綜論

　　1942年至1945年為香港之淪陷歲月，前殖民地政府之常規氣象觀測工作被迫擱置。可是，通過廣泛之資料搜集及分析，我們可歸納出香港當時的氣象概況大致如下：

　　氣溫方面，統計分析結果總結出1942至1944年之平均氣溫為攝氏22.7度，比正常值[1]22.4度高0.3度。當中，所有年份之平均氣溫均高於正常值，顯示戰時香港之天氣大致為溫暖。

　　雨量方面，1942至1944年之年平均值約為2320毫米，接近正常。當中，1942年及1944年的雨量分別不多於正常值一成及多於正常值兩成；而1943年之雨量則少於正常值約一成。

　　相對濕度方面，1942至1944年之平均值為78%，接近正常。當中，1942年之平均相對濕度接近正常；1943年為乾燥，平均相對濕度低於正常水平；而1944年則為潮濕，平均相對濕度高於正常水平。

　　日照方面，1942至1944年之平均每年日照總和介乎1900至1950小時之間，與正常值接近。當中，1942年之日照總和接近正常，1943年較為晴朗，而1944年則較為陰暗。

　　於1942至1945年淪陷期間，共有31股[2]熱帶氣旋闖入香港800公里警戒範圍之內。當中，又有19股影響香港[3]。如我們將1945年9月至12月，即香港重光後當年影響香港之3股熱帶氣旋[4]也計算在內，當時每年平均約有6股熱帶氣旋影響香港，與1961至2020年之長年平均值脗合。此外，日治時期有9股熱帶氣旋為香港帶來烈風或暴風威脅，即平均為每年2股，與1961至2020年之平均值1至2股相若。另一方面，雖然戰爭期間每年均有1至2股熱帶氣旋直趨香港[5]，但由於戰時於香港以西近距離登陸之熱帶氣旋均沒有達颱風級數；而偶有接近颱風級數的，則於香港以東登陸，令香港由於受到嶺南一帶山脈保護而沒有遭受颱風威脅。

極端天氣方面，戰時除了熱帶氣旋之外，香港仍難逃酷熱、嚴寒及暴雨的侵襲。

酷熱天氣方面，1942至1944年期間平均每年有15.7天為酷熱天[6]，比1911至1940年平均9.3天多6.4天；而每年之極端高溫均介乎攝氏33至35度之間。

戰時比正常相對炎熱之月份有1942年6月、1942年9月、1943年5月、1943年7月、1943年9月、1943年10月、1944年5月、1944年9月、1944年10月、1945年6月及1945年7月，平均氣溫分別為攝氏28.3度（比正常[7]高0.9度）、27.8度（比正常高0.7度）、26.0度（比正常高0.8度）、28.3度（比正常高0.4度）、27.8度（比正常高0.7度）、25.3度（比正常高0.8度）、25.7度（比正常高0.5度）、28.5度（比正常高1.4度）、26.2度（比正常高1.7度）、攝氏28.4度（比正常高1.0度）及攝氏28.8度（比正常高0.9度）。

寒冷或嚴寒天氣方面，1942至1944年期間平均每年有34.0天為寒冷天，當中又有3.3天[8]為嚴寒天[9]，比1911至1940年每年平均31.2天及2.2天分別稍多2.8天及1.1天。此外，香港於日治時期（1942年1月至1945年8月）每年之極端低溫為介乎攝氏5至8度之間。

戰時比正常相對寒冷之月份有1942年1月、1942年2月、1942年12月、1943年1月、1943年2月、1944年12月、1945年1月及1945年2月，香港當時之平均氣溫分別為攝氏15.0度（比正常[10]低0.2度）、14.3度（比正常低1.2度）、17.1度（比正常低0.3度）、14.7度（比正常低0.5度）、15.3度（比正常低0.2度）、13.9度（比正常低3.5度）、14.7度（比正常低0.5度）及11.5度（比正常低4.0度）。

　　暴雨方面，香港於1942至1945年共有9天錄得100毫米以上雨量之大暴雨，即平均每年為2.3天，與1911至1940年每年平均2.8天[11]非常接近。另一方面，1942至1945年期間沒有日子錄得200毫米以上雨量之特大暴雨，這與1911至1940年每年平均僅0.3天[12]亦接近。

　　香港於戰時錄得極端多雨量之月份為1942年7月及1944年8月，分別錄得多達812.8毫米及560.8毫米之總雨量。

　　有關香港於日治時期之每年平均氣溫及總雨量，可見圖二。另一方面，有關戰爭及日治時期闖入香港800公里警戒範圍內之熱帶氣旋路徑，則見圖一百三十五至一百四十。

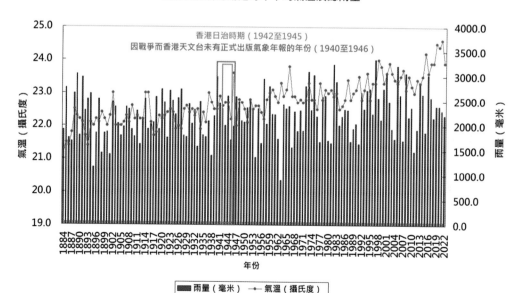

圖二：香港於日治時期之每年平均氣溫及總雨量

1.2 1942年之綜合天氣情況

總括來說，香港於1942年比正常溫暖。可是，由於此年為拉尼娜年份，香港於這年之冬天卻為相對寒冷。與此同時，香港於本年雨量多於正常，而影響香港之熱帶氣旋數目亦略多於正常。

香港於本年平均氣溫為攝氏22.6度，比正常高0.2度。而年內最高及最低氣溫分別為攝氏34度及6度。另一方面，本年總日照時數介乎1990至2040小時之間，與正常值接近。

香港於1942年雨量稍多，總雨量約為2350毫米（介乎2200至2500毫米），但不多於正常值一成。當中，九龍市區於7月份錄得之雨量為812.8毫米，而港島赤柱則為954.9毫米，為當時自1884年以來7月份之最高紀錄（此紀錄被52年後1994年7月的1147.2毫米雨量紀錄打破）。同時，平均相對濕度介乎78%至79%之間，與正常值接近。

本年於7月15日、7月16日、7月21日及8月19日出現大暴雨，而香港的日雨量於這4天均達100毫米以上。

1942年首股影響香港之熱帶氣旋出現於7月9日，比正常稍遲。年內共有12股熱帶氣旋闖入香港800公里警戒範圍之內，當中有7股影響香港。其中，有4股熱帶氣旋為香港帶來烈風或暴風威脅；它們是7月於香港之西南60公里掠過之一股熱帶風暴、同月於香港東北偏北40公里掠過之第6號熱帶氣旋及於香港以南260公里掠過之第10號熱帶氣旋，以及10月於香港西南偏南250公里掠過之第24號熱帶氣旋。另一方面，單是7月之3股熱帶氣旋已為香港帶來共超過400毫米雨量。

　　有關1942年香港之每月平均氣溫及總雨量，可見圖三。另一方面，有關於1942年闖入香港800公里警戒範圍內之熱帶氣旋路徑，則見圖一百三十六及一百三十七。

1942年香港之每月平均氣溫及總雨量

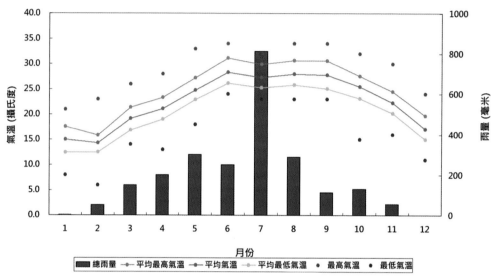

圖三：1942年香港之每月平均氣溫及總雨量

1.3 1943年之綜合天氣情況

　　香港於1943年相對晴朗、溫暖及少雨，同時影響香港之熱帶氣旋數目則較正常少。

　　香港於本年平均氣溫為攝氏22.7度，比正常高0.3度。當中，3月、5月、7月、8月、9月、10月及11月之平均氣溫均高於其相應正常值。與此同時，年內最高及最低氣溫分別為攝氏35度及8度。

另一方面，香港於本年比正常為晴朗，總日照時數介乎2080至2130小時之間，多於正常值。

　　香港於1943年為相對乾旱，錄得總雨量為2009.3毫米，比正常值稍少8%。其中，1月僅錄得微量雨量，而2月、3月、4月、7月、8月、10月、11月及12月所錄得之雨量則全少於其相應正常值。同時，平均相對濕度介乎75%至76%之間，低於正常值。

　　除了冬季月份，即1月及2月出現之乾旱天氣外，香港於本年春季，即4月8日至5月17日共40天均只錄得微量雨量；此為當時自1884年以來首次於春季出現此罕見現象。這是由於廣東沿岸於這段期間，缺乏理應活躍之鋒面活動，引致香港異常乾旱。

　　另一乾旱時期發生於9月25日至10月21日的秋季，而香港於這段期間共27天亦只錄得微量雨量。出現這不尋常情況，是由於南海當時沒有熱帶氣旋及活躍鋒面活動引致本地降雨。

1　正常值為1911至1940年之平均值。
2　此項不包括1945年8月30日香港重光後之熱帶氣旋。
3　即進入香港800公里範圍內，並且影響香港之熱帶氣旋。以現時來說，即引致香港發出一號戒備信號之熱帶氣旋。
4　它們分別是熱帶氣旋佛娜（Verna）、萬達（Wanda）及琴恩（Jean）。
5　即熱帶氣旋進入香港100公里範圍內。
6　即日高溫高於或等於攝氏33度。
7　此為1911至1940年平均。
8　1942年：4天；1943年：0天；1944年：6天。
9　寒冷天：日低溫低於或等於攝氏12度；嚴寒天：日低溫低於或等於攝氏7度。
10　此為1911至1940年平均。
11　於1911至1940年30年間，香港共有83天錄得100毫米以上雨量。
12　於1911至1940年30年間，香港共有10天錄得200毫米以上雨量。

　　雖然香港於年內相對乾旱，但本年亦於5月29日、5月30日及6月5日出現大暴雨，而香港的日雨量於這3天均達100毫米以上。

　　本年之颱風季節較早開始，由第6號熱帶氣旋於6月8日晚上闖入香港800公里警戒範圍之內時掀起序幕。連同另外4股熱帶氣旋，即發生於7月之第11號熱帶氣旋、9月之第23號熱帶氣旋、第25號熱帶氣旋及1股沒有被給予編號之熱帶風暴，本年共有5股熱帶氣旋影響香港；而當中有2股為香港帶來烈風或暴風威脅，它們分別為於香港西北40公里掠過之第11號熱帶氣旋，及於香港西南偏南320公里掠過之第23號熱帶氣旋。

　　有關1943年香港之每月平均氣溫及總雨量，可見圖四。另一方面，有關於1943年闖入香港800公里警戒範圍內之熱帶氣旋路徑，則見圖一百三十八。

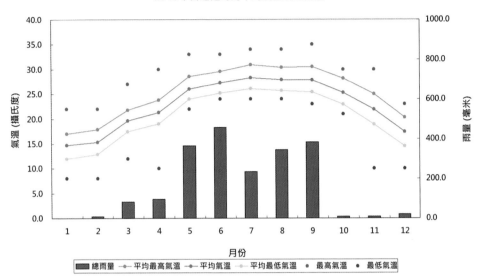

圖四：1943年香港之每月平均氣溫及總雨量

1.4 1944年之綜合天氣情況

由於1944年為一厄爾尼諾年份，香港於此年有頗多月份錄得之雨量均比正常為多，包括春季月份（4月至5月）、所有夏季月份（6月至8月）及其中一個冬季月份（12月）。與此同時，雖然香港於此年中有些月份之雨量遠比正常為少；例如1月只有微量雨量，而10月之雨量則只為正常之四成多，但年內錄得之總雨量（即2602.1毫米），仍比正常多19%。

本年於8月18日出現大暴雨，而香港的日雨量於這天達100毫米以上。

另一厄爾尼諾年份之特色為熱帶氣旋較遲影響香港，同時數目比正常之約6股為低。於1944年，首股進入香港800公里範圍內之熱帶氣旋於7月19日才出現（第8號熱帶氣旋），比正常年份內首股熱帶氣旋出現的日期遲了一個月。而年內有7股熱帶氣旋進入香港800公里警戒範圍之內。當中，只有4股影響香港，比正常為低。其中，有2股為香港帶來烈風或暴風威脅，包括7月下旬於香港之西南偏西120公里掠過之第8號熱帶氣旋，及3天後直接於香港登陸之第9號熱帶氣旋。

由於華南沿岸於年內有頻密對流活動，香港於本年較為多雲，總日照時數只介乎1610至1660小時之間，為有史以來位列第4個錄得最少日照之年份。同時，年內平均相對濕度介乎79%至80%之間，高於正常值。

香港於1944年錄得之平均氣溫為攝氏22.7度，比正常高0.3度。當中，年內最高及最低氣溫分別為攝氏33度及6度。由於年內厄爾尼諾現象發展的關係，影響華南之強烈東北季候風大部分時間欠奉；因此，香港於1943年至1944年間之冬季比正常為和暖。

　　與中國大陸及其他東南亞國家情況相同，香港於1944年12月為異常寒冷，平均氣溫為攝氏13.9度，不單比正常低3.5度，亦為自1884年以來之最低12月平均氣溫。此外，香港於本年12月19日所錄得之攝氏6度低溫，為1884年至2022年間12月位列約為第十四[13]之低溫紀錄；或當時自1934年12月6日錄得最低氣溫為6.2度以來，再次於12月錄得嚴寒水平之氣溫。

　　有關1944年香港之每月平均氣溫及總雨量，可見圖五。另一方面，有關於1944年闖入香港800公里警戒範圍內之熱帶氣旋路徑，則見圖一百三十九。

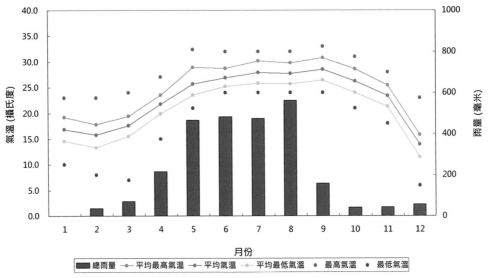

圖五：1944年香港之每月平均氣溫及總雨量

13　由於1944年12月19日的低溫評估只準確至整數，此排名乃假設當天的讀數為6.0度。

第二章
寒流與熱浪

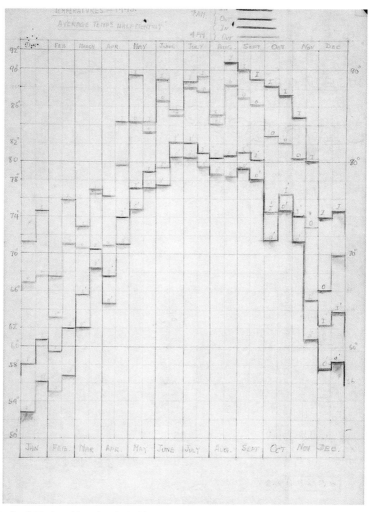

▲天文台職員於亞皆老街集中營所保存有關1943年之香港每月平均氣溫紀錄
（資料來源：香港政府檔案處歷史檔案館）

2.1 戰時出現了有史以來最寒冷的12月嗎?

　　據官方記載,1975年12月是香港自1884年以來除了戰時以外之最寒冷12月。該年,華南受到拉尼娜現象影響,冬季較為寒冷。香港方面,該月有20天為寒冷(即最低氣溫下降至12度或以下),當中又有6天是嚴寒(即最低氣溫下降至7度或以下)。而市區於12月14日錄得最低氣溫為攝氏4.3度,為迄今為止12月份之最低氣溫。據報章報導,大帽山及飛鵝山於當日分別錄得零下3度及零下2度的低溫,同時出現降雪現象。

　　可是,如我們也一併考慮戰時的氣象紀錄,將發現1944年12月的寒冷程度比1975年12月實更為嚴重(見表一)。據估計,由於受到強烈冬季季候風持續支配廣東沿岸影響,香港於1944年的12月普遍天氣寒冷,而寒冷程度較為不符合季節常態。當月之平均氣溫為13.9度,比正常值[14]低3.5度,或比1975年12月的平均氣溫14.5度還要低0.6度,是自1884年以來12月的最低平均氣溫;至2022年為止,此紀錄仍未被打破。另一方面,當月寒冷日數為17日,當中又有5天是嚴寒。同時,19日所錄得之攝氏6度低溫,為1884年至2022年間12月位列約為第十四[15]之低溫紀錄;或當時自1934年12月6日錄得最低氣溫為6.2度以來,再次於12月錄得嚴寒水平之氣溫。

　　雖然如此,由於1944年12月19日的極端低溫(6度)不及1975年12月14日(4.3度)的低;縱觀當時的大氣環境,當日下雪的機會不是太高。因此,當時似乎未有報章報導1944年12月香港曾出現降雪現象。

14　正常值取1911至1940年之平均值,即17.4度。

15　由於1944年12月19日的低溫評估只準確至整數,此排名乃假設當天的讀數為6.0度。

排行	年份	12月平均氣溫（攝氏度）
1	1944	13.9
2	1975	14.5
3	1892	14.9
4	1917	15.1
5	1884	15.3
6	1910	15.4
6	1967	15.4
8	1886	15.5
8	1950	15.5
10	1952	15.6

表一：香港歷來最寒冷的12月（1884–2022）

2.2 1945年2月是有史以來最寒冷的月份嗎?

據官方紀錄，1968年2月是香港自1884年以來除了戰時外之最寒冷2月，當月平均氣溫只為11.7度。

可是，有研究發現[16]，於1944至1945年間，太平洋戰爭進入高潮，盟軍及軸心國於太平洋曾投放大量水雷以克制或擾亂敵方之攻勢，從而大大影響了海流的正常活動，導致全球很多地方，包括香港在內，於1944至1945年間之冬季異常寒冷，氣溫遠比正常低（見圖六）。因此，香港於1945年2月的天氣也頗為寒冷。

事實上，廣州歷來最溫暖的2月為2009年（平均氣溫高達20.5度），而最寒冷的2月則為1945年（平均氣溫只為9.3度）[17]。香港方面，1945年的2月平均氣溫為11.5度[18]，為1884至2022年間2月之最低平均氣溫紀錄，比1968年2月創下的紀錄11.7度平均氣溫還要低0.2度（見表二），也是有史以來所有月份當中最寒冷的月份。

　除了廣州及香港之外，鄰近地區如澳門及澎湖列島，於1945年的2月平均氣溫也分別只為9.7度及12.1度，亦打破了多年2月紀錄。

排行	年份	2月平均氣溫（攝氏度）
1	1945	11.5
2	1968	11.7
3	1886	12.0
4	1897	12.3
5	1957	12.6
6	1885	12.7
6	1901	12.7
8	1888	12.9
8	1950	12.9
10	1893	13.1

表二：香港歷來最寒冷的2月（1884–2022）

16　Arnd Bernaerts, Hamburg (2010). The Pacific War and the Climatic Shift, 1942–1945 – CORRELATION OR CAUSATION?. University of Hawaii.
17　陳特固・時小軍・余克服（2008）。《華南沿海近100年來2月份的極端氣溫事件》。中國科學院。
18　此為本書評估的數據。

2.3　戰時是否出現了有史以來最寒冷的冬季?

　　1944年至1945年的冬季是香港有史以來最寒冷的冬季,當時因寒冷而不幸離世的居民多不勝數。據紀錄估算,香港於1944年12月至1945年2月的冬季,只錄得平均氣溫為攝氏13.4度,為自1884年以來最低紀錄,紀錄至今(2023年)還未被打破(見表三)。

　　當中,尤以1945年2月的情況最為嚴峻。當月,華南沿岸受到異常強烈之冬季季候風影響,普遍為天色陰暗及寒冷。或許由於天氣不利轟炸,雖然盟軍曾於1945年1月、3月至8月對香港軍事據點進行轟炸,但1945年2月則是1945年日治期間一個香港據點相對少受盟軍轟炸的月份。根據多份文獻記載,華南沿岸有史以來極端最冷及最暖之2月分別為1945年2月和2009年2月。香港方面,1945年2月也是異常寒冷,氣溫打破多項紀錄。當中,平均最高氣溫(13.5度)、平均氣溫(11.5度)及平均最低氣溫(9.5度),均分別比正常值低4.5度、4.0度及4.1度,全均是自1884年以來2月份之最低值。由於月內天色昏暗,總日照時間只介乎20至25小時之間,僅為正常值的兩成。

　　由於受到頻密鋒面活動影響,香港於1945年2月不時下雨。據資料顯示,香港於當月錄得總雨量為150.4毫米,不但是正常值的3倍多,亦是自1884年以來2月份雨量的第八高值。另一方面,廣州於當月更錄得多達223.0毫米雨量,是1908年至2022年2月份之第四高雨量紀錄。此外,香港於2月4日所錄得之45.7毫米日雨量[19]為自1884至2022年2月之第十一高值。與此同時,本月平均相對濕度為88%(誤差範圍介乎86%至89%之間),高於正常水平,或是香港自1884年以來第三高值,僅次於1942年2月及1959年2月(見表四)。

排行	年份	冬季平均氣溫（攝氏度）
1	1944-1945	13.4
2	1892-1893	13.7
3	1917-1918	14.1
4	1884-1885	14.4
5	1967-1968	14.5
6	1886-1887	14.6
6	1924-1925	14.6
8	1885-1886	14.9
9	1956-1957	15.0
10	1935-1936	15.1
10	1976-1977	15.1
10	1983-1984	15.1

表三：香港歷來最寒冷的冬季（1884–2022）

圖六：《華僑日報》於1945年2月7日報導有關當時影響全球之寒流

19　此為赤柱集中營於2月4日日本時間早上8時至翌日8時錄得的雨量數據，與市區實際日雨量可能存在少許差異。

排行	年份	2月平均相對濕度（百分比）
1	1942	89
1	1959	89
3	1945	88
3	2010	88
5	1906	87
5	1948	87
7	1924	86
7	1983	86
7	1985	86
7	1990	86
7	2005	86

表四：香港歷來最潮濕的2月（1884–2022）[20]

2.4　戰時是否出現了有史以來最寒冷的農曆新年?

　　如我們取農曆年初一作為參考標準，香港有史以來最寒冷的農曆新年出現於1950年。香港於當年的農曆年初一（西曆2月17日）錄得最低氣溫只為攝氏5.8度。可是，如我們也考慮戰時紀錄，香港於1942年之年初一（西曆2月15日）也曾錄得只有6度的氣溫，與1950年的情況相似。但無論是1942年或1950年之年初一，香港也受到強烈東北季候風影響，整天也是天色陰暗，天氣寒冷，氣溫處10度或以下。

　　另一方面，同樣處於戰爭時期之1945年年初一（西曆2月13日），天氣也是寒冷，香港當日錄得之最低氣溫是9度，也位列有史以來最寒冷年初一之首十位（見表五）。

排行	年份	年初一最低氣溫（攝氏度）
1	1950	5.8
2	1942	6
3	1996	6.9
4	1948	7.7
5	1993	7.9
6	2008	8.2
7	1891	8.4
8	1906	8.7
9	1945	9
10	2004	9.1

表五：香港歷來最寒冷的農曆年初一（1884–2022）[21]

2.5 戰時是否出現了有史以來最寒冷的情人節?

除了農曆新年節日外，香港於戰時的情人節也打破了最低情人節氣溫紀錄。（見表六）

根據官方現存紀錄，有史以來最寒冷的情人節（2月14日）為1905年，當時天文台於清晨錄得6.2度，屬嚴寒水平。可是，如我們也一併考慮戰時的天氣情況，實情是1942年及1945年的情人節也均為寒冷。查當時僅有的紀錄，香港於這兩天均受到強烈東北季候風影響，整日天色陰暗，天氣寒冷。1942年方面，市區當日錄得最低氣溫為6度，日間間中有雨，即出現所謂「濕凍」天氣。在缺乏日照的情況下，氣溫整天均於6至8度的寒冷至嚴寒水平徘徊，而且伴隨陰雨的天氣，寒冷程度應比屬「乾凍」的1905年2月14日[22]之情況更甚。1945年方面，2月14日情人節當天也是「濕凍」。可是，雖然香港整天也為天色陰暗，但寒冷程度沒有1942年的情人節般嚴重。經評估後，當日氣溫於8至12度的寒冷水平徘徊。

鄰近香港的澳門方面，1942年及1945年情人節當天錄得的最低氣溫分別只有3.0度及2.9度，位列1901至2022年期間情人節首兩位最低值；而廣州於1942年及1945年情人節的最低氣溫則分別為1.5度及4.5度，前者為1908年至2022年期間情人節的最低氣溫值，與之後1957年情人節的最低氣溫同為情人節最低氣溫紀錄。

排行	年份	情人節最低氣溫（攝氏度）
1	1942	6
2	1905	6.2
3	1896	7.6
4	1967	7.8
5	1945	8
6	1968	8.2
6	2014	8.2
8	1937	8.4
9	2011	8.6
10	1950	8.8

表六：香港歷來最寒冷的情人節（1884–2022）[23]

---

20 1942年及1945年的數據為評估值。

21 由於戰時的日最低氣溫評估只準確至整數，表中1942年及1945年的排名乃假設這兩年之農曆年初一當天的讀數分別為6.0度及9.0度。

22 香港於1905年2月14日當天早上天氣寒冷，但日間天氣晴朗，長時間有陽光及濕度較低，即出現所謂「乾凍」天氣。

23 由於戰時的日最低氣溫評估只準確至整數，表中1942年及1945年的排名乃假設這兩年之情人節當天的讀數分別為6.0度及8.0度。

2.6　戰時有哪些月份是較為炎熱的?

受到全球暖化及熱島效應影響，香港近年的平均氣溫大致呈上升的趨勢。每逢夏天，當香港受到溫暖的海洋氣流，或熱帶氣旋外圍下沉氣流影響時，日間氣溫更不難上升至酷熱水平（最高氣溫達33度或以上）。

由於上世紀40年代，香港建成之樓房數目寥寥可數，而且樓房高度絕大部分均不超過10米，熱島效應幾乎不存在。另由於當時全球暖化趨勢沒有太明顯，因此香港的氣溫普遍較現在為低。可是，每逢夏天到來，香港的天氣仍會較為炎熱，甚至酷熱。

縱觀戰時香港氣象情況，相信1945年7月為戰時最炎熱的月份；當月的平均氣溫為28.8度，比正常值高0.9度。這平均氣溫對於現在的7月來說不算是一個非常高的值，因為1991年至2020年的7月平均氣溫已達28.9度，而這氣溫已超過戰時任何月份的平均氣溫。

除了1945年7月外，由於香港於1944年9月、1945年6月、1942年6月及1943年7月也受到溫暖的西南氣流，或長時間日照影響而均較為炎熱。這四個月的平均氣溫分別為28.5度、28.4度、28.3度及28.3度。另外，香港於1943年8月24日至9月3日連續11天的每日最高氣溫均達到酷熱水平，是為香港於日治時期經歷的最長熱浪。

2.7　戰時有哪些日子是酷熱的?

　　雖然香港於上世紀40年代的氣溫普遍較現在為低,但當時亦有某些日子是酷熱的。當中,酷熱日子均出現於5月至9月。

　　1942年9月11日,受到正在橫過台灣之第19號熱帶氣旋外圍下沉氣流影響,香港吹輕微之西北風,天氣酷熱,下午氣溫上升至34度,為1942年的全年最高氣溫紀錄。鄰近香港的澳門及廣州更分別錄得36.2及36.0度的高溫。當第19號熱帶氣旋其後趨向中國福建省後,本港漸轉多雲及有雨,接著幾天的氣溫呈下降趨勢。

　　1943年9月3日,受到正在南海發展中的第23號熱帶氣旋外圍下沉氣流影響,香港下午氣溫上升至35度,為1943年的全年最高氣溫紀錄,相信這數值也是戰時的最高氣溫紀錄。鄰近香港的澳門及廣州於同日也是酷熱,分別錄得32.7及33.5度的氣溫。隨著熱帶氣旋靠近,香港天氣隨後數天轉壞,及有狂風驟雨。

　　由於1944年下雨的日子相對較多,香港於當年之日照時間較短,全年只有4天為酷熱,及集中出現於9月10至13日。當時華南沿岸受到較穩定的海洋氣流影響,大氣較為穩定,天氣酷熱。香港於這段時期之每天最高氣溫均達攝氏33度。其後,一股大陸氣流於9月14日抵達,華南沿岸之氣溫稍為下降,但仍處炎熱水平。

　　1945年方面,當年的最高氣溫出現於7月23日及香港重光後的9月2日。前者受到正在覆蓋廣東沿岸之高壓脊及熱帶氣旋佩姬(Peggy)之外圍下沉氣流影響[24],而後者受到正在橫過台灣之颱風海倫(Helen)外圍下沉氣流影響,香港吹微風及天氣酷熱,兩天之下午最高氣溫均上升至34度。

有關香港於日治時期及重光後（1942-1945）之每年酷熱日數及最高氣溫，可見表七。

年份	酷熱日數	最高氣溫（攝氏度）
1942	22	34
1943	21	35
1944	4	33
1945	19	34

表七：香港於日治時期及重光後（1942–1945）之每年酷熱日數[25]及最高氣溫

2.8　香港於戰時有沒有經歷熱浪?

香港於日治時期之夏季曾經歷熱浪，即長時期經歷異常高溫，每日之最高氣溫達攝氏33度或以上。

1943年8月24日至9月3日共11天期間，由於香港先後受到非常溫暖之西南氣流及位於南海北部之第23號熱帶氣旋外圍下沉氣流影響，天氣酷熱，每天之最高氣溫均達攝氏33度或以上（見圖七）。期間，9月3日的氣溫更曾升至35度，為日治時期錄得最高溫的一天。

隨著與第23號熱帶氣旋相關之外圍雲帶逼近廣東沿岸，香港於9月4日下午轉為密雲及逐漸有狂風大驟雨，氣溫下跌，歷時1個多星期之熱浪終於結束。

24　聯合颱風警報中心（Joint Typhoon Warning Centre）確認一股名為佩姬（Peggy）之熱帶風暴，於當日下午位於香港東南約300公里之東沙群島附近，及向西北偏北移動直趨廣東東部。可是，此熱帶氣旋於翌日在登陸廣東前已減弱為一個低壓區。

25　此為評估值，誤差約為4至5日。

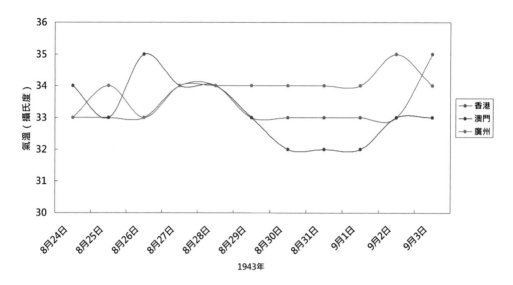

圖七：珠江三角洲城市於1943年熱浪影響期間每日所經歷之高溫變化

第三章
雨災與旱情

RAINFALL.
JUL. '42 TO : ....

MONTH	1942	1943	1944	1945
J		0·05	NIL	NIL
F		0·25	1·48	2·00
M		3·35	2·80	1·00
A		3·77	8·43	
M		14·25	9?	5·35
J		16·02		12·20
JY.	32·00	9·25		7·00
A	13·7	13·60		18·00
S	4·3	15·20		
O	5·0	0·40		
N	3·0	0·35		
D	0·1	0·79		
TOT.	58·1"	77·28		

Very heavy rain in May June & July. Probably record wet.

* ESTIMATED

Note (1) Very wet month. 32.00 from Newspaper.

(2). 3.66" to 3rd & about 2½ on night 3/4. Lft A.S. on H. P.T.O

▲天文台職員於亞皆老街/深水埗集中營所保存有關香港日治時期之每月雨量
（資料來源：香港政府檔案處歷史檔案館）

3.1 1944年是否為厄爾尼諾年? 香港當年的天氣是否較異常?

　　厄爾尼諾現象（西班牙語：El Niño）又名聖嬰現象，是指東太平洋海水每隔數年出現之不尋常升溫現象。厄爾尼諾現象出現時，全球的大氣環流及多個地區的氣候均會受到不同程度之影響。例如，某一慣常潮濕的地方會突然長時間出現乾旱的情況，導致農作物失收，甚至發生饑荒。另一方面，某一慣常乾旱的地方會突然長時間下大雨，導致洪水泛濫，居民流離失所。

　　自1900年以來，全球至少發生了30次厄爾尼諾事件。當中，1982年至1983年、1997年至1998年及2014年至2016年出現了有記載以來最強烈的厄爾尼諾現象。

　　據多個氣象組織推斷，1944年這一個全球動盪不安的年份其實也曾出現厄爾尼諾現象。當中，世界氣象組織更曾指出[26]，全球氣溫於1944年曾連續10個月創下單月最高紀錄，這或與當時正在發生的厄爾尼諾現象有關。

　　香港方面，1944年的春季（3月至5月）及夏季（6月至8月）的雨量總和均比1911年至1940年之長年平均為多（見圖八）。另一方面，當年的總雨量為2602.1毫米，比正常多約兩成。於部分出現暴雨的日子中，香港發生多宗山泥傾瀉及塌屋事件，造成傷亡。另一方面，當年亦只有4股熱帶氣旋影響香港，比1961年至2020年之長年平均值約6股為低。這些都是當厄爾尼諾現象出現時，香港出現之典型天氣情況。類似情況也曾出現於1982年及1997年。

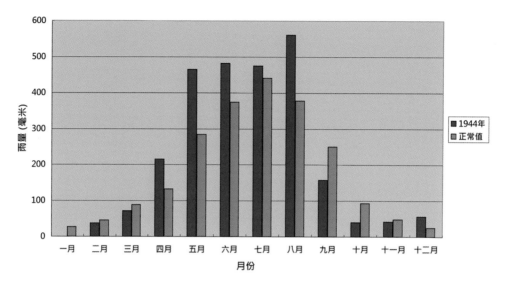

圖八：1944年香港之每月雨量距平圖[27]

3.2 1942年7月是否爲有史以來唯一一個每天均下雨之月份?

　　根據天文台自1884年的雨量紀錄，香港從未試過單月內每天均下雨。可是，處於戰時之1942年7月，香港整體較爲天陰，赤柱集中營曾於當月每天均錄得雨量（見表八），令當時處於淪陷時期的香港更添愁雲慘霧。

　　香港於1942年7月長時間降雨，令此月成爲香港氣象史上之其中一個難忘月份。受到活躍西南氣流及3股熱帶氣旋先後進襲影響，香港於本月內每天均下雨，是自1884年以來任何月份之首次；而月內多場暴雨更導致香港發生多宗山泥傾瀉及塌屋事件。總括來說，當月赤柱集中營及當時報章所報導有關市區的雨量分別多達954.9毫米及812.8毫米，是正常值之約兩倍，也是香港有史以來7月之第二多雨量月份（見表九），雨量僅次於1994年的1147.2毫米。由於大雨關係，華南沿岸於1942年7月比正常清涼，而香港於這月份之平均氣溫爲攝氏27.3度，比正常值低0.6度，爲有史以來位列第五低之7月平均氣溫。另一方面，澳門及廣州之平均氣溫也分別只有27.0及27.5度，遠比1911年至1940年平均值低分別1.3度及1.1度，分別爲有史以來最低及位列第四低之7月平均氣溫。與此同時，香港於月內之總日照時間只介乎120至125小時之間，爲1884年以來7月之最低值。另一方面，香港於月內之平均相對濕度介乎86%至89%之間，高於正常水平，亦有機會爲1884年至2022年間7月之最高值，或打破其後1947年7月所創下的紀錄（88%）。

　　香港於1942年7月有14天錄得大雨，即日雨量達25毫米以上。當中，又有7天達暴雨水平，即日雨量達50毫米以上。其中，受到活躍西南氣流影響，15日、16日及21日的情況最爲極端，本地每日均錄得100毫米以上雨量，屬大暴雨水平。

26　聯合國新聞（2016）。世界氣象組織：全球氣溫紀錄在四月份連續第12次打破。
https://news.un.org/zh/story/2016/05/257202。

日期	雨量（毫米）	日期	雨量（毫米）
1	38.1	17	5.1
2	50.8	18	2.5
3	25.4	19	25.4
4	25.4	20	76.2
5	7.6	21	116.8
6	7.6	22	5.1
7	5.1	23	2.5
8	38.1	24	2.5
9	38.1	25	5.1
10	63.5	26	5.1
11	10.2	27	2.5
12	2.5	28	2.5
13	17.8	29	5.1
14	76.2	30	35.6
15	152.4	31	2.5
16	101.6		

表八：1942年7月赤柱集中營錄得之每日雨量[28]

排行	年份	7月雨量（毫米）
1	1994	1147.2
2	1942	812.8
3	1917	763.8
4	1926	757.2
5	1997	746.0
6	1930	737.5
7	1886	717.7
8	1973	696.6
9	1995	668.7
10	1914	668.6

表九：香港歷來錄得最多雨量的7月（1884–2022）[29]

3.3　戰時的雨量有沒有破紀錄?

　　戰時不乏錄得可觀雨量的月份，分別為1942年7月及1944年8月。香港於這兩個月分別錄得多達812.8毫米[30]及560.8毫米之總雨量，而前者所錄得的雨量打破了當時有史以來7月份之雨量紀錄。與此同時，澳門於1942年7月及1944年8月亦錄得較多雨量。當中，前者所錄得的雨量為917.9毫米雨量，亦為當地有史以來錄得最多雨量之7月。

　　暴雨方面，香港於1942年至1945年期間，共有9天錄得100毫米以上雨量（見表十）；即平均每年為2.3天，與1911年至1940年平均每年2.8天非常接近。另一方面，1942年至1945年期間沒有日子錄得200毫米以上雨量，這與1911年至1940年平均每年僅0.3天亦極為接近。

年份	日期	雨量（毫米）
1942	7月15日	152.4
	7月16日	101.6
	7月21日	116.8
	8月19日	132.1
1943	5月29日	155.4
	5月30日	101.9
	6月5日	127.0
1944	8月18日	134.6
1945	6月27日	186.1

表十：香港於日治時期錄得100毫米以上雨量的日子[31]

3.4 戰時有哪些月份及日子是長時間乾旱而沒有錄得雨量的?

　　香港於戰時有數個月份只錄得微量雨量紀錄，分別是1942年12月、1943年1月及1944年1月。另外，戰後但官方尚未正式恢復出版及公布氣象紀錄的月份，即1945年9月至1946年12月期間，香港有兩個月也沒有錄得雨量，或只錄得微量雨量紀錄，分別為1945年10月及1946年4月。

　　由於香港於冬季經常受到乾燥東北季候風影響，香港於此段時期不時會出現多日天晴而久旱不下雨的情況。因此，由於華南沿岸於1942年12月、1943年1月及1944年1月長時間受到乾燥大陸氣流影響，大致上呈乾旱情況。例如，澳門在這3個月中分別只錄得不足2毫米雨量，而廣州則在1943年1

27　正常值乃1911年至1940年之月平均值。

28　此為天文台職員於當日早上9時至翌日早上9時（日本時間）於赤柱集中營錄得的雨量。

月及1944年1月分別只錄得不超過3毫米雨量。香港方面，本地於這3個月內只錄得微量雨量紀錄；可是，縱觀其他非處於戰時的月份，此情況卻並未太罕見（見表十一）。

另一方面，香港於9月至11月處於秋季，偶爾會受到鋒面或熱帶氣旋影響而出現降雨。但根據文獻記載，香港於1945年10月全月均沒有錄得雨量，此實為罕見，因為有史以來完全沒有錄得雨量的10月份就只有1979年。此外，有史以來處於春季的3月至5月似乎未遇過久旱不下雨的情況，但1946年4月就曾出現此情況。當月，由於華南的鋒面活動異常平靜，香港大致受到溫暖之海洋氣流影響而長時間有陽光，平均氣溫約高達24.8度，與後來1998年4月的歷史紀錄並列。於長時間日照下，香港市區於當月只錄得微量雨量，而鄰近香港的澳門於1946年4月也有類似情況，只錄得2.8毫米雨量紀錄。

如以誇月的情況來看，香港於1943年除了1月只錄得微量雨量外，於4月8日至5月17日的春季日子及9月25日至10月21日的秋季時段亦沒有錄得雨量或只錄得微量雨量，令1943年為香港於日治時期最乾旱的年份；饑荒及水荒於這年，特別是上半年特別嚴重。

29　表中1942年的數據乃源自集中營保存的氣象紀錄，紀錄表示當時報章刊登的1942年7月總雨量為32.00英吋，即812.8毫米，相信是日軍當時於九龍氣象台信號所（即前皇家香港天文台原址）所錄得的數據。

30　此為九龍市區錄得的雨量，而赤柱則錄得954.9毫米雨量。

31　此為當日早上至翌日早上於集中營錄得之雨量。

1月	2月	4月	10月	11月	12月
1884	1911	1946	1945	1924	1884
1914	1960		1979	1971	1909
1932	1999			1983	1939
1943				2019	1942
1944					1962
1966					1969
1981					1973
1986					1982
1994					1996
2009					2003
2014					2004
2021					2017

表十一：香港歷來於特定月份沒有錄得雨量或只錄得微量雨量的年份（1884–2022）

3.5　香港於戰時有沒有經歷過旱災?

　　香港於日治時期之1942年至1943年間冬季（1942年12月至1943年2月）大致陽光充沛及雨量非常少，整季只錄得8.9毫米雨量，為1884年至2022年期間繼1954年至1955年間冬季後之第二乾旱冬季（見表十二）。鄰近香港之澳門當時也只錄得16.8毫米雨量，是當地有史以來錄得第九最少雨量之冬季。

　　綜合來說，於大氣環境大致穩定的情況下，廣東省於1942年至1943年間之冬季出現長時間少雨及乾旱天氣，省會廣州全季只錄得共60.0毫米雨量。當時，大部分農田都出現乾裂，農作物大規模失收，全省的米價當時暴漲至接近10倍之多，導致大規模出現饑荒。據統計，整個廣東省於1943年因戰爭及饑荒之死亡人數達到300萬之多。[32]

排行	年份間之冬季	雨量（毫米）
1	1954-1955	4.8
2	1942-1943	8.9
3	2008-2009	10.1
4	1903-1904	10.4
5	1962-1963	11.3
6	1980-1981	12.5
7	1987-1988	13.3
8	1983-1984	13.6
9	1998-1999	18.2
10	1916-1917	20.2

表十二：香港歷來錄得最少雨量的冬季（1884–2022）

32　五山稻田（2018）。1943年被遺忘的廣東饑荒，餓死300萬人，賣妻鬻子，鶉衣裸葬。
　　https://kknews.cc/history/q6pejbb.html。

第四章
熱帶氣旋與風災

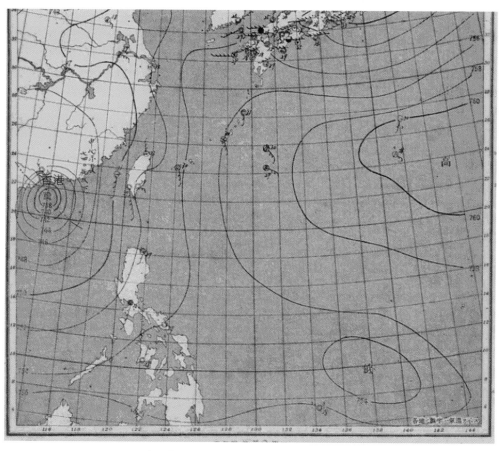

▲1944年7月21日下午6時（日治香港時間）天氣圖
第8號熱帶氣旋正吹襲香港，是為日治時期對香港構成最大威脅的熱帶氣旋。
（資料來源：日本氣象廳）

4.1　香港於1941年聖誕節淪陷前幾天，是否曾罕有地有熱帶氣旋移近，左右了戰事發展？

　　香港的風季大致由每年的5月開始，至10月結束。然而，香港於其他月份則受制於大氣環境，例如，中國大陸之冷空氣及中緯度西風帶影響，而鮮有受熱帶氣旋威脅。但是，從整個西太平洋來看，熱帶氣旋其實於任何一個月份均有可能發生，只是有些月份（即7月至10月）較為活躍，而有些月份（即1月至3月）則相對平靜。

　　由於每年之12月，華南沿岸大致上已受到大陸氣團控制。倘若熱帶氣旋成功進入南海，於大部分情況下也會受到大陸氣團引導之氣流影響而轉向偏西、甚至西南移動遠離華南沿岸。縱使有些熱帶氣旋真的能於大陸氣流抵達華南前已進入南海，從而避過轉向偏南移行、甚至減弱或消散的厄運；但中國內陸於此時偶有西風槽經過，並會為嘗試接近華南之熱帶氣旋帶來強大的引導氣流，迫使其轉向偏東北的方向移行及遠離香港，其間亦會逐漸消散。一個典型例子是2021年12月於冬至日（21日）移近香港的熱帶氣旋雷伊，縱使它曾逼近至香港東南偏南140公里，但最終也逃不過來自中國大陸的冷空氣入侵，而轉向東北移行及急速消散。

　　據記載，日軍於1941年12月8日曾進犯香港，並於境內引發多場戰役。當時，香港天氣尚算良好，部分時間有陽光。及後，於12月16日當天，集結於菲律賓中部之第29號熱帶氣旋向西移入蘇祿海，並且於17日至20日期間逐漸轉向偏北方向移動及趨向南海北部（見圖九）。同一時間，香港於12月18日日間仍為天晴，但18日晚上9時起開始受到熱帶氣旋（強度為熱帶風暴）之外圍雲帶影響而天氣轉壞，風雨交加。由於此時正值潮漲，能見度低，日軍遂把握此機會於九龍半島下水，然後潛水及於北角搶灘進行攻擊。自此以後，日軍與守衛香港之軍隊於港島展開激戰。其後，香港於19日為密雲及間中有雨。

　　第29號熱帶氣旋於20日至21日逐漸被西風帶引導，有繼續減弱迹象。及後，熱帶氣旋於21日轉向偏東方向移至南海東北部及消散。香港除了於20日黃昏及晚上有雨外，20日及21日期間漸見晴朗。但諷刺地，日軍於此時趁著晴朗天氣，對守護香港的士兵展開大規模攻勢，最終於1941年12月25日聖誕節當天正式全面佔領香港。

　　有關以上戰爭期間接近香港之熱帶氣旋路徑圖，可見圖一百三十五。另一方面，為了支援軍事活動，日軍於1941年12月戰爭期間曾在香港進行氣象觀測，詳情可見圖十。

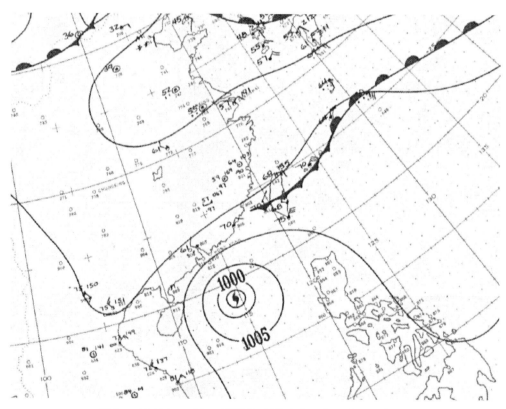

圖九：1941年12月20日香港時間晚上8時30分之天氣圖
（資料來源：美國國家海洋與大氣管理局（NOAA）
中央圖書館國家海洋數據中心）

自昭和十六年十二月四日
至昭和十六年十二月三十一日 氣象表

日	氣溫 七時	十四時	二十二時	平均	最高	最低	雲量	雲形	視程	地上風 風向	風力	降水量	天候
四	一三.五	一六.〇	一五.五	一五.三	一六.五	一三.五	一〇	N	五	北	三		陰
五	一三.八	一八.〇	一六.〇	一七.三	二一.五	一三.八	四	KC	八	北	三		晴
六	一五.五	二一.〇	一七.五	一八.五	二一.〇	一五.五	三	KC	六	北東	一		快晴
七	一五.五	二二.五	一八.五	一九.五	二三.五	一五.五	三	KC	八	北東	一		快晴
八	一五.八	二三.五	一八.〇	二〇.七	二三.五	一五.八	六	SK KC	七	東北東	一		晴
九	一七.五	二三.三	一九.五	二〇.七	二三.五	一七.五	一〇	SK	五	東北東	一		曇
一〇	一三.五	二四.五	一六.五	一八.八	二四.五	一六.五	七	N SK	六	北西	三	〇.五	雨後晴
一一	一二.七	二一.五	一七.五	一八.九	二二.八	一二.七	四	SK KC	八	北東	四		晴
一二	一六.五	二三.八	一九.六	二〇.〇	二三.八	一六.五	九	KC SK	七	北東	一		曇
一三	一八.八	二三.五	一八.五	二〇.六	二三.五	一八.五	一〇	SK N	六	南東	一		曇
一四	一五.八	二一.二	一七.五	一八.二	二一.二	一五.八	六	SK KC	七	南東	二		曇
一五	一二.五	二〇.八	一八.五	一八.四	二〇.八	一二.五	[illegible]	[illegible]	八	東南東	三		快晴
一六	一三.五	二〇.四	一七.五	一七.七	二〇.四	一三.五	二	KC	七	東南東	五		快晴
一七	一七.〇	二〇.五	一七.五	一八.八	二〇.五	一七.〇	一〇	SK KC	七	東	三		曇
一八	一四.五	一八.五	一七.五	一七.四	一八.五	一四.五	六	SK	八	東南東	三		曇後晴
一九	一六.五	二〇.五	一九.五	一九.四	二〇.五	一六.五	一〇	SK	五	東北東	[illegible]	一〇.三	小雨
二〇	一六.五	一九.五	一八.一	一八.四	一九.六	一六.五	一〇	N SK	[illegible]	南	一		曇後晴
二一	一六.五	二一.五	一八.五	一九.六	二一.五	一六.五	三	SK N	七	南	三		快晴
二二	一七.五	二二.五	一九.五	二〇.五	二三.五	一七.五	三	KC SK	七	北	一		快晴
二三	一八.〇	二二.〇	一八.五	二〇.〇	二二.〇	一八.〇	五	KC	七	東	三		晴
二四	一八.〇	二二.五	一九.五	二〇.五	二二.五	一八.〇	三	SK KC	七	北東	一		晴
二五	一八.五	一八.四	一八.〇	二〇.五	二二.〇	一八.五	四	KC	八	東	一		晴
二六	一七.〇	二二.〇	一八.五	二〇.〇	二二.〇	一七.五	二	KC	七	東	二		快晴
二七	一七.八	二二.三	一七.八	一九.八	二二.三	一七.八	八	KC	七	東	一		曇後晴
二八	一五.〇	二二.〇	一八.〇	一八.三	二二.〇	一五.〇	八	KC	六	北北東	一		晴
二九	一六.〇	二二.五	一八.〇	一九.〇	二二.五	一六.〇	五	KC	七	北北東	一		晴

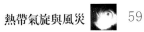

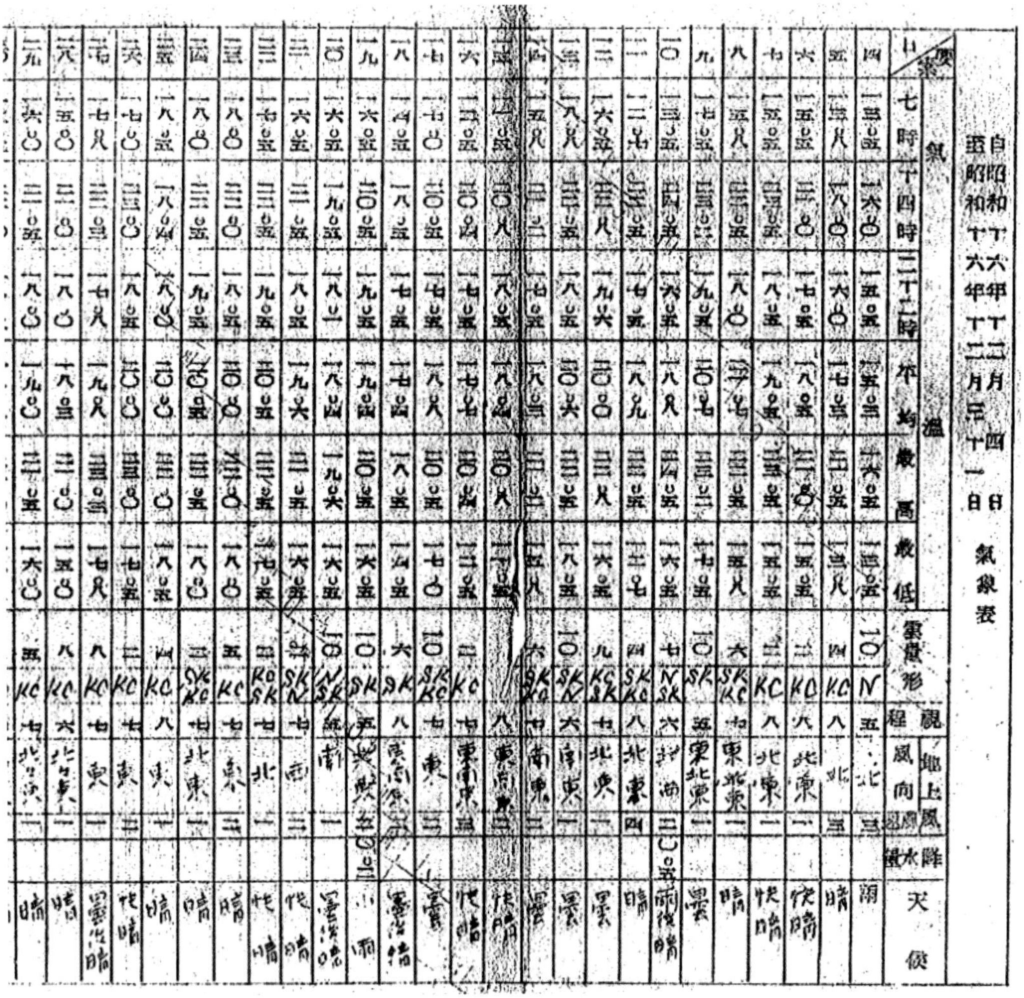

圖十：日軍記載1941年12月香港之每日天氣情況
（資料來源：日本國立公文書館）

4.2 日治香港政府是否曾沿用前皇家香港天文台制定 之熱帶氣旋警報系統?

　　1942年風季前，有鑑於風季將臨，日治香港政府總督部公佈颱風信號實施情況，宣布前皇家香港天文台於日本佔領香港前沿用的一號及五至十號信號繼續用於警報颱風來襲，信號意義將跟之前近似。簡單來說，一號風球乃戒備信號，表示有一股熱帶氣旋集結，及有來襲香港之勢。五號、六號、七號及八號風球則是烈風信號，泛指烈風分別從西北方、西南方、東北方及東南方吹襲。另外，九號風球乃烈風風力增強信號，而十號風球則指颱風中心於香港近距離掠過，泛指颱風來襲，風力強勁（見圖十一）。

　　每當有熱帶氣旋可能影響香港，隸屬於日治香港政府之港務局將指示有關信號予懸掛於港務局信號所、九龍氣象台信號所（即前皇家香港天文台原址）、廣東鐵路停車場信號所、九龍黑山信號所、九龍倉庫信號所、九龍唐山信號所、荔枝角信號所及鯉魚門信號所。

　　另外，當時政府也曾於荒島及漁港等地增設「輔助信號」，即簡化版風球。但當局於這些地方只會懸掛一號或二號風球：一號風球表示烈風有可能來襲，二號風球則表示香港將會或已經錄得烈風或以上程度風力。

　　後來，由於戰事頻繁，日治香港政府基於氣象預報物資短缺，遂於1943年10月20日將風球系統簡化。風球系統予簡化後，一號風球（晚間燈號為紅、綠）表示烈風有可能來襲。二號風球（晚間燈號為綠、綠）則表示香港將吹起烈風或以上程度風力（意義跟今八號至十號信號意義相近）（見圖十二）。

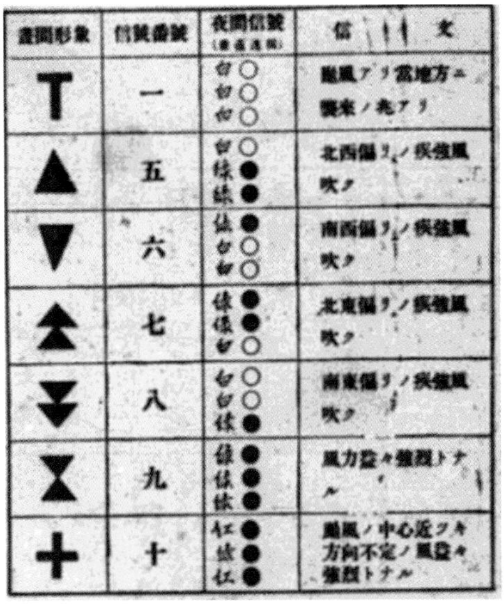

晝間形象	信號番號	夜間信號	信文
T	一	白○ 白○ 白○	颱風アリ當地方ニ襲來ノ兆アリ
▲	五	白○ 綠● 綠●	北西偏リノ疾強風吹ク
▼	六	綠● 白○ 白○	南西偏リノ疾強風吹ク
▲▲	七	綠● 綠● 白○	北東偏リノ疾強風吹ク
▼▼	八	白○ 白○ 綠●	南東偏リノ疾強風吹ク
▼▲	九	綠● 綠● 綠●	風力益々強烈トナル
+	十	紅● 綠● 紅●	颱風ノ中心近ク方向不定ノ風益々強烈トナル

圖十一：1942年6月11日《香島日報》刊載香港於1942年風季至1943年10月19日使用之熱帶氣旋警報系統

暴風警報信號　（香港港務局）

晝間信號	夜間信號	信號系號	表示	解說
T	赤 綠	壹	有颱風（南）襲來之兆	所謂颱風者指時速四〇哩以上之風速
▲	綠 綠	貳	颱風（南）吹到	颱風（南）在數小時後襲來 小型船須避入安全避難所 大型船應作避難準備并觀察情形預早避難 香九聯絡船或停航二三小時 山上應關緊門戶瀕海地區須對潮水高漲小心警戒

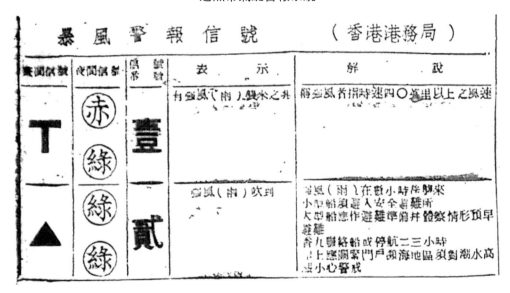

圖十二：1943年10月20日《華僑日報》刊載香港於即日起使用之熱帶氣旋警報系統（此系統一直沿用至1945年8月29日香港重光前夕）

4.3　香港於戰時有沒有遭受熱帶氣旋嚴重威脅?

據1961至2020年之長年統計，香港每年均受到約6股熱帶氣旋影響。當中，有大約1至2股令香港刮起烈風或以上程度風力。

於日軍佔領的三年零八個月期間，香港曾受到共9股熱帶氣旋逼近而遭受到烈風或暴風程度的風力威脅（見表十三），即平均為每年約2股，與1961至2020年之平均值相若。另一方面，雖然日治期間，每年均有1至2股熱帶氣旋直趨香港（即熱帶氣旋於香港100公里範圍內掠過），但於香港以西登陸的熱帶氣旋均沒有達颱風級數；而偶有接近颱風級數的，則於香港以東登陸，令香港由於受到嶺南一帶山脈保護而沒有遭受颱風威脅。按現時的說法，日治時沒有颱風令十號颶風信號有需要予以發出。

日治時期較嚴重影響香港的熱帶氣旋為1944年吹襲廣東西部的第8號熱帶氣旋，其路徑見於圖一百三十九。根據日本氣象廳的資料，一股熱帶低氣壓（即後來的第8號熱帶氣旋）於1944年7月16日於菲律賓以東之西太平洋形成。受到西太平洋高氣壓的牽引，熱帶低氣壓初時向西北至西北偏西方向移動，並於18日早上至19日清晨以颱風強度向偏西方向橫過菲律賓呂宋島。第8號熱帶氣旋其後進入南海北部，並於20日逐漸轉向西北偏北方向移動，於22日上午在廣東西部登陸及減弱。

香港方面，雖然第8號熱帶氣旋於19日早上已進入南海，但港務局延至22日凌晨3時才懸掛一號風球，表示香港有可能受烈風吹襲。當時，風暴已處香港之西南只有130公里左右[33]，香港已有狂風驟雨。有鑑於風力已普遍達烈風程度，港務局再於不足三小時後，即上午5時45分改懸二號風球，以警告有烈風來襲。可是，當時風暴已集結於香港之西南面僅100多公里外。

　　據當時報章報導[34]，受颱風（即第8號熱帶氣旋）影響，香港於7月22日凌晨正在下雨，並遭受狂風吹襲。二號風球予懸掛後，來往中區（即現今中環）至香取（即現今油麻地）、大角（即現今旺角）及青山（即現今深水埗）的3條渡海小輪航線於早上開始停航，直至二號風球除下為止。陸上交通方面，只有載客單車及人力車仍冒著風雨照常行駛。另一方面，維多利亞港兩岸一帶之商戶均在颱風襲港期間緊閉門窗，行人疏落，市面冷清，同時多處商店招牌倒下。及後，於上午8時許，中環瓊山碼頭附近出現一具浮屍，疑為沉艇所溺斃及被大浪捲走的不幸人士。另一方面，中住吉通（即現今干諾道中）海傍其中一間商店門窗被狂風摧毀，水城區（即現今西營盤）之第一街及中區嘉咸街各有一座空置樓房倒塌，但無造成傷亡。當時，山下（即現今紅磡）地區長官於上午偕同政務主任在風雨下出巡市面，對市民防範颱風作出指示。及至中午時分，隨著風雨減弱，港務局於下午除下二號風球，渡海小輪亦於下午2時復航。可是，原定晚上8時由香港開往廣東省的「港島九」輪則因珠江口風勢仍猛烈而需予延遲一日開出。颱風襲港期間，各類食品來貨甚少，物價因而予大幅提高。例如，米價由7月21日的每斤7.2元上漲至22日最高8元，番薯則由風暴前夕的2.9元一斤升至3元多一斤；而魚菜的價格亦因供應緊張而大幅度上升。

　　澳門方面，澳門氣象局於7月20日上午11時當熱帶氣旋集結在澳門之東南偏南500多公里時已懸掛一號風球，天氣於翌日（21日）下午轉壞及有大雨。隨著第8號熱帶氣旋逼近，氣象局於晚上7時多亮出五號風燈，表示烈風將由西北面吹襲。及後，市面有狂風驟雨。同時，來往澳門半島與氹仔之間的渡海小輪停駛，船隻陸續駛入避風塘避風。於7月22日凌晨2時許，第8號熱帶氣旋已集結在澳門之南面90公里[35]，官方改亮九號風燈，然後有見熱帶氣旋有正面吹襲澳門之趨勢，官方於早上8時半，即當熱帶氣旋集結在澳門之西南面70公里[36]時，改懸自1937年以來首個十號風球，大炮台隨即鳴風炮3響，表示颱風來襲。期間，澳門風雨不斷，連勝馬路有多間舊屋倒塌，壓傷一名司警。

及後，隨著第8號熱帶氣旋於22日早上處澳門之西南偏西70公里掠過及登陸廣東省台山市後，當局於12時50分改懸六號風球（即西南烈風信號），同時大炮台鳴炮2響，表示颶風威脅解除。最後，氣象局於晚上7時改亮一號風燈，直至午夜前除下所有風球。

日期	熱帶氣旋編號/名字	靠近香港時強度	與香港最近距離	香港風力
1942年7月10日	沒有編號/名字	熱帶風暴	西南60公里	強風，離岸間中達烈風程度
1942年7月20日	第6號熱帶氣旋	熱帶風暴	東北偏北40公里	強風，離岸間中達烈風程度
1942年7月29日	第10號熱帶氣旋	強烈熱帶風暴	南面260公里	強風，間中達烈風程度
1942年10月1日至2日	第24號熱帶氣旋	颱風	西南偏南250公里	烈風
1943年7月19日至20日	第11號熱帶氣旋	熱帶風暴	西北40公里	強風，離岸間中達烈風程度
1943年9月5日	第23號熱帶氣旋	強烈熱帶風暴	西南偏南320公里	強風，間中達烈風程度
1944年7月21日至22日	第8號熱帶氣旋	強烈熱帶風暴	西南偏西120公里	烈風，間中達暴風程度
1944年7月25日	第9號熱帶氣旋	熱帶風暴	0公里	強風，間中達烈風程度
1945年8月25日	蒂絲（Tess）	強烈熱帶風暴	東北偏東50公里	烈風

表十三：戰時為香港帶來烈風或暴風威脅的熱帶氣旋

4.4　戰時有沒有熱帶氣旋直趨香港?

所謂熱帶氣旋直趨香港，即有熱帶氣旋進入香港100公里範圍內，對香港構成嚴重威脅。

可是，縱使有熱帶氣旋直趨香港，香港的風力也不一定為強勁，原因是因為熱帶氣旋也有強弱之分。倘若一股強度只為熱帶低氣壓的熱帶氣旋於香港登陸，其所引致香港刮起最大的風力也只為強風。以現時的警告系統來說，即發出三號強風信號也已恰當，而其引發之風力也通常不會為香港帶來災難性的影響。另一方面，縱使有相對強勁的熱帶氣旋，如強烈熱帶風暴或颱風吹襲香港，我們也需要看它是於甚麼地方登陸。如前所述，由於受到嶺南一帶山脈保護，一股於香港以東登陸的熱帶氣旋所帶來的風力通常比同樣等級及於香港以西登陸的熱帶氣旋所帶來的風力為較弱。原因是前者接近香港時，將為香港帶來北至西北風，而到港的風力亦將會因內陸的山脈保護而比預期為弱。另一方面，當後者接近香港時，由於將為香港帶來偏東風；在沒有屏障保護下，香港的風力通常較為強勁。

於戰時，雖然有5股熱帶氣旋直趨香港（見表十四及圖十三），但所帶來之風力均不及於僅距香港西南偏西100多公里掠過之1944年第8號熱帶氣旋，原因大致為以上所闡述。

33　位置約在北緯21.4度，東經113.4度附近。
34　見1944年7月23日《華僑日報》。
35　位置約在北緯21.4度，東經113.4度附近。
36　位置約在北緯21.8度，東經113.1度附近。

日期	熱帶氣旋編號/名字	靠近香港時強度	與香港最近距離	香港風力
1942年7月10日	沒有編號/名字	熱帶風暴	西南60公里	強風,離岸間中達烈風程度
1942年7月20日	第6號熱帶氣旋	熱帶風暴	東北偏北40公里	強風,離岸間中達烈風程度
1943年7月20日	第11號熱帶氣旋	熱帶風暴	西北40公里	強風,離岸間中達烈風程度
1944年7月25日	第9號熱帶氣旋	熱帶風暴	0公里	強風,間中達烈風程度
1945年8月25日	蒂絲(Tess)	強烈熱帶風暴	東北偏東50公里	烈風

表十四:戰時直趨香港的熱帶氣旋

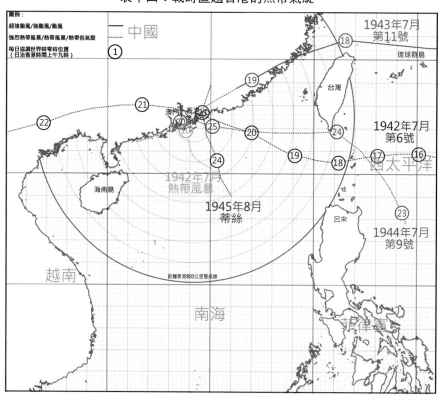

圖十三:戰時直趨香港的熱帶氣旋路徑

4.5　1942年7月是否有多股熱帶氣旋吹襲香港?

　　由於受到拉尼娜現象影響，香港於1942年的熱帶氣旋活動較為頻繁。當年7月，香港受到3股熱帶氣旋影響，天氣普遍為不穩定、多雲及有狂風大雨。與此同時，廣東省大部分城市當時也因熱帶氣旋以及活躍西南氣流影響的關係，經歷連續十數天的暴雨，大部分農田失收，人民生活困苦。

　　第一股於當月影響香港之熱帶氣旋為1942年7月9日至10日出現於南海北部之一股熱帶風暴。有關此熱帶風暴，雖然當時負責監測香港氣象情況之港務局、甚至美國當局於7月9日均分析到南海北部出現了一股熱帶低氣壓。但相信由於其強度較弱，因此當時的日本氣象廳並沒有確認其強度及為其編號。熱帶低氣壓初時向西北偏西移動，稍後逐漸轉向西北偏北，期間增強至一股熱帶風暴。其後，此熱帶氣旋於翌日早上於香港西南60公里掠過，並以西北偏西方向橫過澳門。當時，由於此風暴為香港首股於日治政府統治下遇到的熱帶氣旋，當局頗為緊張。港務局率先於7月10日早上9時懸掛七號風球（即現在的八號東北烈風或暴風信號），但當時本地之實測風速只維持於每小時43至50公里，即市面只吹強風，而未有觀測到有烈風程度的風力。其後，由於本地風力減弱，港務局於中午12時除下七號風球。可是由於此股熱帶氣旋其後受到位於呂宋附近之第5號熱帶氣旋引導氣流影響，於10日餘下時間在消散前於珠江口一帶徘徊，本港市面風力於下午再度增強，港務局於下午3時半再次懸掛七號風球，晚上亮著風燈，至翌日（即11日）早上7時45分除下所有風球。期間，市面有狂風驟雨，各商戶緊閉門窗。另一方面，中環有兩宗塌屋事件，導致1死5傷。值得參考的是，鄰近香港的澳門氣象局，於7月9日晚接到海外電報有關集結於南海北部之熱帶風暴動向後，亦懸掛一號風球。及後，有鑑於熱帶風暴有機會對澳門構成威脅，當局遂於10日凌晨改掛七號風球（即現在的八號東北烈風或暴風信號），當時熱帶氣旋集結於澳門東南偏南100公里內。其後，澳門市面風力增強，行人稀少，娛樂場所關閉。

　　其次發生於7月及影響香港的熱帶氣旋為第6號熱帶氣旋。此熱帶氣旋於7月12日處西太平洋之關島西北方形成，形成後逐漸增強為一股強烈熱帶風暴，並向西北偏西移動，於16日轉以偏西方向其後橫過巴士海峽。進入南海北部後，此股強烈熱帶風暴於19日再次轉向西北偏西方向移動，並於20日晚間於大鵬半島登陸、橫過深圳及於香港之東北偏北僅40公里掠過。關於此熱帶氣旋，中國汕頭氣象當局評估其最高風力為每秒30米，即每小時108公里的風速，達強烈熱帶風暴之強度；而廣州則於20日錄得當地有紀錄以來之最高潮位，歷史紀錄於41年後的1983年才被颱風愛倫所打破。香港天氣方面，7月18日及19日初時仍為天晴，但隨著熱帶氣旋之外圍雲帶開始於19日下午影響香港，香港開始下雨，風勢逐漸增強。及後，當熱帶氣旋逼近，香港於19日晚間有狂風驟雨，至20日晚間時分。熱帶氣旋稍後以熱帶風暴之強度於大鵬半島登陸，本港風向轉為西至西南。其後，熱帶氣旋之殘餘雲帶繼續為香港帶來狂風驟雨至22日。

　　另一股發生於1942年7月的熱帶氣旋為第10號熱帶氣旋。此熱帶氣旋28日上午於巴林坦海峽形成，並於同日下午進入南海北部。其後，此熱帶氣旋逐漸發展為一股強烈熱帶風暴，並以時速30公里的相對快速度向西移動，於30日直趨海南島北部。香港方面，港務局首先於29日上午9時30分懸掛一號風球（戒備信號），以警報有熱帶氣旋可能稍後影響香港，當時風暴集結於香港之東南面僅300公里外。由於有雨帶於中午時分影響香港，本地有狂風大驟雨，而海面有非常大浪，官方遂突然於下午1時40分直接高懸九號風球（烈風風力增強信號）。隨著熱帶氣旋於同日下午於香港之南面260公里掠過，並開始遠離，港務局於晚上8時半改懸八號風球（東南烈風信號），而顏色為白、白、綠的風燈於晚間亮起。隨著熱帶氣旋於海南島登陸及繼續遠離香港，熱帶氣旋警報於翌日（30日）早上終予解除。

　　1942年7月影響香港之熱帶氣旋資料及路徑圖，分別見於表十五及圖一百三十六。

日期	熱帶氣旋編號	靠近香港時強度	與香港最近距離	香港風力
1942年7月9日至10日	沒有編號	熱帶風暴	西南60公里	強風，離岸間中達烈風程度
1942年7月18日至21日	第6號熱帶氣旋	熱帶風暴	東北偏北40公里	強風，離岸間中達烈風程度
1942年7月28日至30日	第10號熱帶氣旋	強烈熱帶風暴	南面260公里	強風，間中達烈風程度

表十五：1942年7月吹襲香港的熱帶氣旋

4.6　戰時有沒有懸掛九號或十號風球?

雖然戰時每年均有1至2股熱帶氣旋直趨香港，但當中於香港以西登陸的熱帶氣旋均沒有達颱風級數。偶有接近颱風級數的，則於香港以東登陸，令香港由於受到嶺南一帶山脈保護而沒有遭受颱風威脅。因此，戰時理應未有颱風引致香港需要懸掛九號或十號風球。

可是，由於戰時地區與地區間之氣象資料互通難免受阻，當時之港務局也偶然於颱風襲港時高估了風力而誤掛了九號或十號風球。其中一個例子是發生於1943年9月5日所懸掛之九號風球。

1943年9月3日，香港天氣晴朗及酷熱，亞皆老街集中營下午錄得最高氣溫為35度，為當年之最高氣溫紀錄，也是香港於日治期間錄得之最高氣溫。與此同時，第23號熱帶氣旋於菲律賓以西之南海北部形成。形成後，此熱帶氣旋以西至西北偏西方面移動，並由最初之熱帶低氣壓逐漸增強，至4日增強至熱帶風暴之強度。香港方面，本地於4日早上開始受到第23號熱帶氣旋之雨帶影響，為多雲及有微雨，下午較早時間則轉為密雲及有狂風驟雨。其後，本地東北風增強，並逐漸達強風程度。

　　第23號熱帶氣旋於5日增強為一股強烈熱帶風暴，日本氣象廳估算其中心最低氣壓為735托（即980百帕斯卡）。熱帶氣旋其後向偏西方向移動，直趨海南島東北部，香港於當日有狂風大驟雨。根據存於集中營之天氣日誌，香港當局於當日清晨5時左右懸掛了九號烈風風力增強信號。同時，澳門則於早上懸掛一號風球，不久即懸掛八號風球。兩地懸出風球後，珠江口風勢猛烈，有狂風驟雨，省澳及港澳兩線交通均告停頓。風暴期間，一艘於澳門青洲航行之小艇沉沒，3人溺斃。

　　第23號熱帶氣旋於6日轉向西北偏北移動，直趨雷州半島。港澳風勢減弱，但兩地繼續受到熱帶氣旋外圍雨帶影響而間中有狂風驟雨。雨量方面，香港於4日至6日受熱帶氣旋影響下，共錄得超過150毫米雨量；而澳門則在5日及6日均錄得雨量，但每日不超過30毫米。

　　由於第23號熱帶氣旋不是直趨香港，而只是於5日上午處香港西南偏南300公里外略過，香港當日應只吹強風至烈風，相信並沒有遭受颶風吹襲的威脅。因此，以現時的標準來看，港務局於當日懸掛八號風球（東南）可能較為恰當，而懸掛九號風球的決定可能是防範於未然，或官方當時對於九號風球的定義解讀跟現時有所不同。

　　有關1943年第23號熱帶氣旋之移動路徑，可參看圖一百三十八。

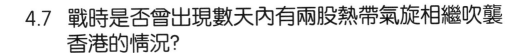

4.7 戰時是否曾出現數天內有兩股熱帶氣旋相繼吹襲香港的情況?

香港位處華南沿岸,夏秋期間經常遭受熱帶氣旋吹襲。當中,香港於數天內受到兩股或以上數目之熱帶氣旋相繼吹襲的情況亦不是罕見(見表十六)。

根據紀錄,1966年曾有強烈熱帶風暴露娜及強烈熱帶風暴瑪媚於相隔3天左右分別來訪香港,八號烈風或暴風信號需要分別於露娜及瑪媚到訪時懸掛。另一方面,2017年則有超強颱風天鴿及強烈熱帶風暴帕卡於相隔3天半分別吹襲香港,十號颱風信號及八號烈風或暴風信號分別於天鴿及帕卡來訪時生效。此外,前年(2021年)則有熱帶風暴獅子山及颱風圓規於相隔2天半到訪香港,令8號烈風或暴風信號相繼生效。

查看戰時的颱風資料,香港於1944年7月21日晚上起曾受到第8號熱帶氣旋影響而吹起烈風,當時的港務局於7月22日清晨至下午懸掛二號風球,以警告烈風來襲。約3天後,由於第9號熱帶氣旋逼近,港務局再於7月25日早上至下午期間懸掛二號風球,警告香港受到第9號熱帶氣旋影響而再度吹起烈風。當中,前者為一股強烈熱帶風暴,並於澳門以西沿岸登陸,香港吹起達烈風程度的偏東風;而後者為一股熱帶風暴,並於香港境內登陸,令香港大致吹北至西北強風,風力間中達烈風程度。受到嶺南內陸天然屏障保護,後者直趨香港之熱帶風暴所帶來之北至西北風比前者距離香港較遠之強烈熱帶風暴所帶來的偏東風為弱。

有關1944年熱帶氣旋之路徑圖，可參考圖一百三十九。

位列	年份及月份	相繼帶來烈風或暴風威脅的兩股熱帶氣旋編號/名字	相距時間
1	1920年7月	兩股熱帶氣旋均沒有名字	1天1小時40分
2	2021年10月	獅子山及圓規	2天12小時40分
3	1944年7月	第8號及第9號熱帶氣旋	2天18小時[37]
4	1936年8月	兩股熱帶氣旋均沒有名字	2天20小時24分
5	1923年7月	兩股熱帶氣旋均沒有名字	2天23小時30分
6	1923年8月	兩股熱帶氣旋均沒有名字	3天1小時2分
7	1966年7月	露娜及瑪媚	3天3小時30分
8	1926年7月	兩股熱帶氣旋均沒有名字	3天10小時35分
9	2017年8月	天鴿及帕卡	3天12小時

表十六：兩股熱帶氣旋4天內相繼吹襲香港及帶來烈風或暴風威脅案例（1917[38]–2022）

4.8　戰時有沒有出現誤掛風球的情況?

基於戰略考量，日治政府於統治香港時也密切監察天氣形勢，尤其是熱帶氣旋。可是，基於戰時氣象資料匱乏，當時偶然也出現相信是誤掛風球的情況。

其中一個例子出現於1942年8月19日。當晚7時30分，香港港務局懸掛六號風球（即現時之八號西南烈風或暴風信號）（見圖十四）。據當時的報章及紀錄，香港於8月18日日間為天晴及悶熱，風勢微弱。可是，本港於當天晚上開始下雨，天氣稍涼；翌日（8月19日）早上，本地天氣惡劣，有狂風驟雨及大雨淋漓，至上午11時轉吹東風，風勢愈來愈猛烈。及後，於下午及傍晚時，香港風雨加劇，狂風暴雨交集而來。

　　據報章報導，九龍市面於8月19日氣氛冷淡，茶市酒樓生意欠佳。部分九龍半島香取通（彌敦道）及疏利士巴利道（梳士巴利道）一帶之路旁樹木被吹倒，而行人雨傘亦有被狂風摧毀。可是，水陸交通未有受到太大影響：人力車手因風雨不斷而生意滔滔，而當時自動車九龍乘合會社（即九龍公共巴

圖十四：《華僑日報》於1942年8月20日報導有關熱帶氣旋襲港之剪報

37　按1944年之熱帶氣旋路徑圖及當時官方的熱帶氣旋信號發布，第8號熱帶氣旋對於香港之烈風或暴風威脅於當年 7月22日 近中午解除，而第9號熱帶氣旋的烈風或暴風威脅則於7月25日清晨呈現。

38　1917年乃熱帶氣旋警告系統誕生的一年。

士公司）行走湊區（尖沙咀）與青山區（深水埗）（第一路）、湊區與元區
（九龍城）（第六路）及元朗（第九路）之巴士均正常行走。唯由九龍開往
深圳之火車於下午6時臨時予宣佈停開；渡海小輪方面，來往深水埗與尖沙咀
兩航線均各減少一艘小輪。及後，於8月20日，港務局有見風勢緩和，除下六
號風球。另一方面，澳門之報章則未有報導當局懸掛風球的消息。

　　驟眼看來，以上之報章描述的確跟熱帶氣旋襲港的情況不約而同。但如
我們參看8月19日的天氣形勢，將發現當天其實未有熱帶氣旋集結於南海北
部，而當日珠江口附近的平均氣壓約為1006至1007百帕斯卡，比熱帶氣旋襲
港時的氣壓為高。因此，當天為香港帶來狂風驟雨天氣的應是一道由廣東內
陸南下之低壓槽。此道低壓槽於8月18日日間位於廣東內陸。由於受到低壓槽
前方的微弱氣流影響，香港當日風勢微弱，天氣酷熱。可是，隨著低壓槽於
晚上橫過廣東沿岸，香港吹起東北風，並開始有雨。翌日（8月19日），低壓
槽繼續影響珠江口，香港吹起偏東強風，並有大雨。於黃昏至晚上，香港之
風力間中達烈風程度，另外間中亦有雷暴，海有非常大浪。可能由於當時氣
象資料有限及當局為了保障市面安全及穩定，當時之港務局於8月19日晚上7
時30分懸掛六號風球（即現時之八號西南烈風或暴風信號），表示香港吹起
烈風。但實際情況應是低壓槽於晚上稍為北移至香港以北，而令香港吹起西
南強風至烈風。

4.9　戰時有沒有被命名的颱風?

　　現時，西太平洋及南海之熱帶氣旋是由世界氣象組織所屬之颱風委員會
經成員國及地區協商而命名。當熱帶氣旋增強至熱帶風暴之級別（中心附近
持續風力達至烈風程度）時，日本氣象廳便會按名稱表的次序給予熱帶氣旋
名字，以便熱帶氣旋更易被識別。

　　於第二次世界大戰結束的那一年（即1945年）至1999年的55年間，熱

帶氣旋之命名乃由總部位於夏威夷珍珠港之聯合颱風警報中心負責[39]。在此之前，由於美軍的勢力還未全面延伸至西太平洋，他們鮮有對西太平洋的天氣，以至當中所發展出來的颱風有太大關注。因此，當時發生於西太平洋的颱風一般未有被命名。可是，1944年12月中旬發生於西太平洋之一股颱風曾被美國命名為科博拉（Cobra），相信這是由於當時以美國為首之盟軍正與日本軍隊於太平洋展開大規模戰役，而這股颱風對當時以科博拉上將為首及於軍艦執勤的美軍造成重大傷亡，因而得到重大關注。

　　1944年12月13日，一股熱帶低氣壓在菲律賓以東近加羅林群島（Caroline Islands）附近形成（見圖十五）。形成後，該股熱帶低氣壓大致採取西北偏西方向移動，並持續增強。至17日，該股熱帶氣旋移至呂宋以東的海面，並增強至一股超強颱風，中心風力超過每小時230公里，最低氣壓則為907百帕斯卡。

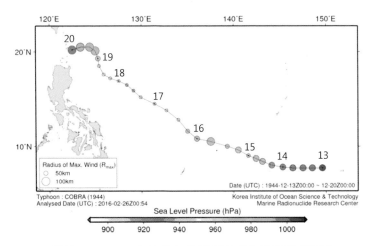

圖十五：1944年熱帶氣旋科博拉[40]之路徑分析圖[41]
（資料來源：韓國海洋科學技術研究院）

39　公元2000年起，熱帶氣旋之命名工作改由日本氣象廳負責。

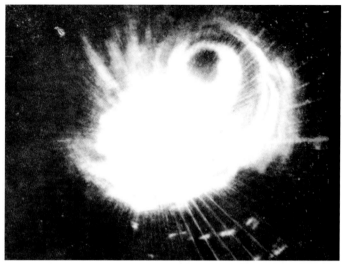

圖十六：1944年12月18日位於菲律賓呂宋以東之颱風科博拉（Cobra）雷達圖像
（資料來源：美國國家海洋與大氣管理局（NOAA）中央圖書館國家海洋數據中心）

圖十七：正遭遇颱風科博拉（Cobra）之美國海軍考彭斯號
（USS Cowpens（CVL–25））航空母艦
（資料來源：美國海軍）

　　颱風到臨前，當時海軍軍艦上將科博拉（Cobra）指令軍艦駛離補給站，暫時停止補給，以避免與颱風正面交鋒。但隨著後期天氣出現了短暫的改善，再加上當時的天氣預報未偵測到軍艦已進入了颱風眼而出現了誤報，科博拉又再指令艦隊繼續前進，並再次進行補給。

　　1944年12月18日上午，當艦隊正在前進之際，軍艦上之氣壓計所顯示之氣壓急速下降，同時天氣轉壞及風勢急速增強（見圖十七）。當時，高達每小時220公里的風力正在海面吹襲，海面捲起十多米高的海浪。由於當時負責指揮任務之上將科博拉（Cobra）最終得知艦隊誤闖了颱風內最強風力的眼牆（見圖十六），見形勢不妙而急忙命令艦上人員逃跑，但為時已晚，大部分人員走避不及而最終葬身大海。據後來的調查發現，此重大風暴最終共造成美國海軍3艘驅逐艦沉沒、13艘航母全部損壞，而當中10艘更遭重創。同時，航母上的艦載機，甚至飛行甲板也被吹走，另有146架艦載機被宣布徹底遭受到破壞及不能再被徵用。另一方面，此次風災共造成790人死亡，死亡人數是繼1941年12月珍珠港事件之後，美國海軍所遭遇之最高數字。

　　這場風災後，科博拉被停職四個月，並被送上軍事法庭，而此颱風亦被美軍正式稱為「科博拉颱風」。

　　經歷是次不幸事件後，美國為了更容易識別西太平洋及南海的颱風，以便進攻日本之佔領區，乃1945年於夏威夷珍珠港成立聯合颱風警報中心，並對每一股達熱帶風暴級別之熱帶氣旋均給予名字（見表十七）。

40　此中文名字並非官方正式譯名。

41　Choi, Kim and Yuk (2017). Storm Waves during Typhoon Cobra (Halsey's Typhoon) in December 1944. Korea Institute of Ocean Science & Technology.

英文名字	中文譯名	英文名字	中文譯名
Ann	安恩	Susan	蘇珊
Betty	貝蒂	Tess	蒂絲
Connie	康妮	Helen	海倫
Doris	都麗絲	Ursula	俄蘇拉
Nancy	南施	Ida	艾達
Opal	歐珀	Verna	佛娜
Peggy	佩姬	Wanda	萬達
Edna	艾德娜	Jean	琴恩
Eva	伊娃	Kate	凱蒂
Queenie	昆妮	Louise	魯依絲
Frances	芙安絲	Marge	瑪芝
Grace	葛瑞絲	Yvonne	依凡
Ruth	魯絲	Nora	娜拉

表十七：1945年西太平洋及南海之熱帶氣旋名字

4.10 戰時專門向敵軍進行自殺式襲擊之日本「神風特擊隊」名稱來源為何？

於太平洋戰役進行期間，由於日本的軍力逐漸落後於以美國為首的盟軍；為了抗衡美國於西太平洋集結的強大軍力，日本政府成立了「神風特擊隊」，旨在利用日本人的武士道精神，對美國海軍於太平洋的據點進行自殺式攻擊，務求於短時間內摧毀美國軍事據點，從而扭轉局勢（見圖十八）。

翻查典故，「神風」這名字乃源自13世紀時的元日戰爭。當時，為了壯大帝國版圖，元世祖忽必烈曾分別於1274年和1281年兩次對日本發動戰爭。可是，雖然當時元朝的軍力遠比日本軍隊強，但恰巧於元軍每次出征、橫渡日本附近海域時均遇上溫帶氣旋或颱風，導致元朝軍隊人命及財產損失慘重，最終未能征服軍力比其弱的日本。因此，日本人相信國家兩次均巧合地能避過被毀滅的命運，實是得到神明保佑。自此之後，日本於1944年與其他國家作戰期間，曾將所有特攻隊均冠以「神風」之名，祈求於作戰期間得到神明的眷顧，從而取得勝利。

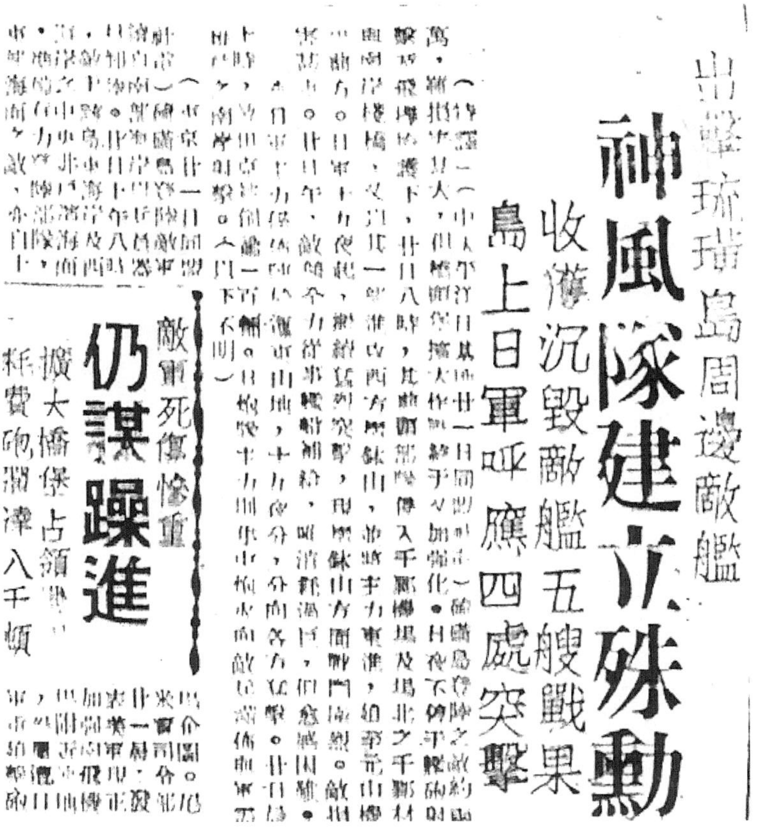
出擊琉球島周邊敵艦
神風隊建立殊勳
收爆沉毀敵艦五艘戰果
島上日軍呼應四處突擊

敵軍死傷慘重
仍謀躁進
擴大橋堡占領
耗費砲彈滲入千頓

圖十八：《華僑日報》於1945年2月23日報導有關神風特擊隊之剪報

4.11 1945年8月底之颱風活動怎樣延遲了美軍在日本本土的登陸計劃?

　　根據文獻記載，美軍曾於1945年8月對日本本土進行猛烈軍事攻擊，務求迫使日本政府盡快投降。可是，由於8月是西太平洋之颱風活躍月份，西太平洋之軍事活動難免受到惡劣天氣影響。

　　於1945年8月6日及9日，日本廣島及長崎分別經歷了原子彈轟炸，日本政府遂於8月15日宣布投降。正當美國軍事將領道格拉斯·麥克阿瑟（Douglas MacArthur）打算率領艦隊到東京受降及佔領日本時，於8月25日的西太平洋及南海上空，出現了4股熱帶氣旋，包括正在吹襲香港的蒂絲（Tess）、形成了不久的琴恩（Jean）、正在橫渡西太平洋的蘇珊（Susan）及魯絲（Ruth）（見圖十九）。當中，由於蘇珊及魯絲相距較近，因此此兩股熱帶氣旋相互之間發生了藤原效應，導致其各自的中心圍繞著對方的中心旋轉，及在日本以南的西太平洋徘徊，影響了美軍登陸日本本土的計劃。

　　隨著魯絲及蘇珊相繼橫過日本後，美軍於8月28日才空降日本神奈川縣，而道格拉斯則於8月30日才抵達東京，準備戰爭善後工作。根據報導[42]，由於颱風關係，道格拉斯的整個登陸日本計劃比原訂延遲了48小時（見圖二十）。

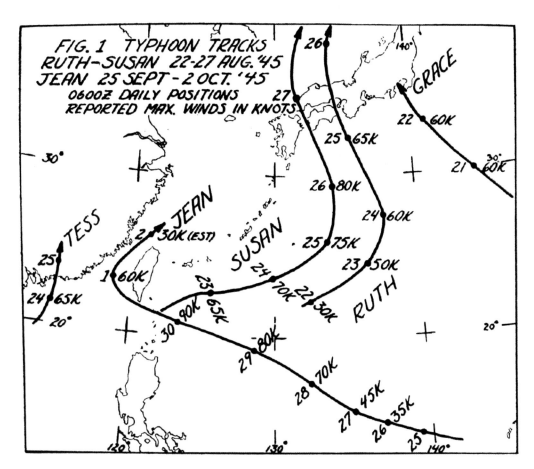

圖十九：1945年8月位於西太平洋之熱帶氣旋路徑[43]

42　Chicago Daily Tribune (1945). Typhoons Delay Surrender – America Spurns British Plea for More Lend – Lease.

43　Kidd and Reed (1946). A Study of Several Typhoons in the West Pacific, 1945. Bulletin of the American Meteorological Society, Vol.27, 232–242.

4.12 香港重光前是否曾有熱帶氣旋直襲，影響了戰俘營內原香港政府官員的撤離？

　　1945年8月15日，隨著日本宣布投降，駐紮於東亞不同淪陷地區之日軍陸續被拘捕或驅逐。但在香港，截至同年8月30日英國皇家海軍夏愨少將率領防空巡洋艦及驅逐艦駛入維多利亞港，及於9月1日刊憲宣布成立臨時軍政府前，香港仍由日本政府暫時管治。同時間，囚禁於集中營之盟國戰俘和英國僑民陸續被釋放。

　　1945年8月24日，正當赤柱及深水埗集中營的戰俘及僑民正打算離開之際，蘊釀於南海北部多日之熱帶氣旋蒂絲正蠢蠢欲動，並向北移動威脅珠江口。有見及此，日治香港政府於同日早上懸掛了日治時期之最後一次一號風球。其後，隨著蒂絲逐漸增強為強烈熱帶風暴，本港風勢增強及吹烈風，風雨不斷。根據報章報導，翌日（25日）上午9時，香港正下著滂沱大雨，其後歷4個多小時之久。同時，街上積水沒脛，銅鑼灣大坑有堤壩崩塌。

　　隨著蒂絲於香港東北偏東50公里掠過，並稍後於深圳大鵬半島登陸及逐漸消散，香港於下午時風雨暫告停息，而一號風球亦於26日早上予除下。

　　受到蒂絲殘餘雨帶所誘發之不穩定西南氣流影響，香港於26日仍為密雲及間中有雨。隨著一股較穩定之西南氣流抵達，雲層於27日至28日期間逐漸轉薄，而香港的天氣亦漸轉為晴朗及炎熱。期間，英國艦隊於大致晴朗之天氣下，由英國皇家海軍夏愨少將指揮，從菲律賓蘇比克灣向香港推進。

　　可是，受到一股不穩定之西南氣流影響，香港於29日再度轉為密雲及有大雨。隨著一道高壓脊逐漸覆蓋廣東沿岸，30日及31日均為大致天晴及炎熱。大概正值良好天氣的關係，英國艦隊於30日才駛入維多利亞港及於港九街頭發出英軍重入香港的號外，日治時期正式結束。

圖二十：《芝加哥每日論壇》（Chicago Daily Tribune）
於1945年8月25日刊登之頭條式樣

第五章
其他天氣現象

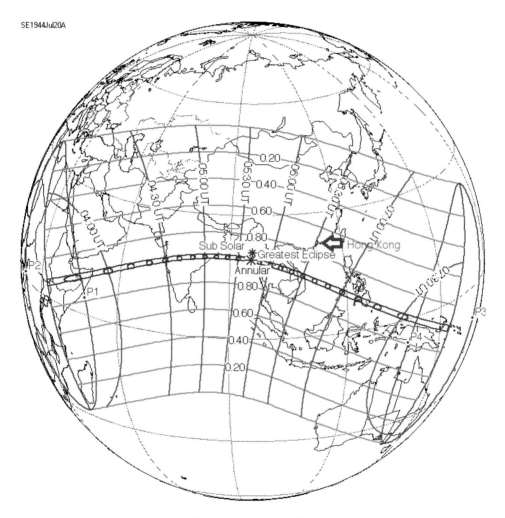

SE1944Jul20A

▲1944年7月20日香港出現日偏蝕，圖為當日之日環蝕路徑圖。
（資料來源：美國太空總署日蝕資料）

5.1　香港於日治期間是否曾下雪?

　　或許受到老一輩人士口述傳言影響,相信部分人曾聽過有關香港於日治期間曾下雪的傳聞。為了考証,我們可以先行了解一下下雪的條件,以推算香港於日治時期有否曾下雪。

　　要形成雪,大氣中的溫度除了需降至接近0度或以下,亦需要含有較冷的冰晶核及充分的水汽。因此,某地區需要於俗稱「濕冷」的情況下才有機會下雪。

　　根據紀錄(表十八),香港自1884年起,曾於1893年1月18日早上錄得0.0度的低溫。出現此低溫之前3天,香港持續出現降雨及濕冷的天氣,而最終香港於市區出現降雪現象。但除了這天外,香港於其餘日子的降雪現象大都出現於高地,如大帽山和飛鵝山。另一方面,由於市區受制於氣象條件,如氣溫及濕度等,鮮有出現降雪現象。

　　日治時期的氣象數據顯示,香港市區於1942年2月12日至15日、1944年12月19日、1945年2月5日、8日及9日曾錄得6度或以下之最低氣溫,為戰時的最低氣溫紀錄。可是,雖然1942年2月12日至15日的天氣較為潮濕,比起其餘日子相對較接近符合下雪的條件,但由於氣溫仍是相對高(為大約6度),所以市區於這幾天下雪的機會仍是很微。

　　此外,筆者曾翻查香港於日治時期出版之報章及文獻,結果並沒有發現有關香港下雪的記載或描述。所以,我們不難推斷,香港於日治時期下雪的傳言是存疑的。

日期	類別	出現地區
1893年1月15日	純雪	橫瀾島等離島
1893年1月16日	純雪	新界（當時為新安縣石崗）
1893年1月17日	純雪	太平山頂、半山區、中區、九龍城、旺角
1967年2月2日	雪花	歌連臣角懲教所
1967年12月13日	雪花	大帽山
1971年1月29日	雪花	大帽山
1975年12月14日	純雪	新界廣泛地區、大帽山及飛鵝山
2014年2月10日	雨夾雪	大帽山
2016年1月24日至25日	雨夾雪/疑似降雪	新界部分地區，包括流浮山、粉嶺及大帽山

表十八：香港有史以來降雪紀錄（1884–2022）

5.2　1944年為一個「黑暗」的年份嗎?

根據紀錄，香港自1885年以來除了戰時外，錄得最少日照的年份為2012年，全年只記錄到1551.2小時日照。可是，如我們也一併考慮戰時的紀錄，相信1944年也是一個「黑暗」的年份；因為經評估後，發現香港於當年只錄得共約1610至1660小時日照，為有史以來位列第四個錄得最少日照之年份。（見表十九）

　　由於受到厄爾尼諾現象影響，香港於1944年的春季及夏季大部分時間天色陰暗，出現日照之時間短暫，同時雨量遠比正常多。恰巧地，除了2012年之外，首幾位錄得最少日照的年份，即1997年、2016年、1998年及1941年也曾出現厄爾尼諾現象，而且雨量也比正常為多。

排行	年份	日照時間（小時）
1	2012	1551.2
2	1997	1558.2
3	2016	1567.8
4	1944	1610 - 1660
5	1998	1665.3
6	1941	1670 - 1700
7	1984	1701.9
8	1994	1702.5
9	1903	1706.2
10	2010	1709.3

表十九：香港有史以來錄得最少日照時間之年份（1885–2022）[44]

44　1941年及1944年的數值為評估值。

5.3　香港是否於1942年10月曾出現強烈東北季候風引發之強勁風力?

　　每年10月，由於香港仍大致受到較溫暖偏東氣流或大陸氣流影響，天氣普遍為溫暖、甚至炎熱，偶有日間氣溫上升至30度或以上的情況。雖然間中有東北季候風由中國大陸向南擴展，但鮮有伴隨較強冷空氣引致香港出現接近寒冷的天氣。

　　1942年10月23日，香港受到大陸氣流影響，日間為多雲及溫暖，最高氣溫上升至攝氏24度。但隨著一股強烈東北季候風之補充於24日凌晨抵達廣東沿岸，香港轉吹北風，風勢顯著增強。同時，本地風勢於凌晨達烈風程度，海面有非常大浪至巨浪。據報章報導，香港於當日凌晨天氣突變及轉冷，巨浪如山，海面情況之惡劣程度為十餘年來所僅見。

　　事實上，受到東北季候風影響，香港之氣溫及相對濕度於24日晚起均有下跌趨勢；市區氣溫於24日下午仍為22度，但午夜時段已降至17度，而25日清晨更下跌至15度，為1942年10月的最低值，也是自1884年以來10月少有錄得15度或以下氣溫的日子（見表二十）。濕度方面，香港於23日之平均相對濕度介乎75％至80％之間，而24日及25日則大致為晴朗及非常乾燥，相對濕度於大部分時間維持在40％或以下。

　　值得提及的是，當強烈東北季候風於24日凌晨抵達香港前，已率先於23日下午逼近廣東。據報章[45]記載，廣州市自23日下午起，天氣已出現轉變，入夜後更北風怒吼，恍如深秋到臨一樣。及後，廣州普遍天氣寒冷，氣溫於24日日間漸漸下降，至夜間降至華氏50度（攝氏10.0度），後在25日早上更降至攝氏9.5度之當日最低溫度。

45　見1942年10月28日《西南日報》。

排行	日期	最低氣溫（攝氏度）
1	1978年10月30日	13.5
2	1978年10月29日	13.9
3	1903年10月29日	14.1
3	1940年10月25日	14.1
5	1981年10月24日	14.8
6	1903年10月28日	14.9
6	1981年10月23日	14.9
8	1942年10月25日	15
9	1919年10月22日	15.2
9	1941年10月27日	15.2

表二十：香港歷年10月錄得之最低氣溫極端值（1884–2022）[46]

5.4　戰時香港是否會出現日蝕現象?

　　日蝕是地球上自古以來一個備受矚目之重要天文現象，並且每年均會於地球上不同地點發生。例如於2019年12月26日聖誕節翌日，中東地區、印度、斯里蘭卡、印尼、馬來西亞、新加坡及部分太平洋島國等地出現了一次日環蝕，而非洲東部、部分亞洲地區及大洋洲西部則出現了日偏蝕。香港方面，當日中午12時16分至下午3時21分亦出現了一次日偏蝕，歷約3小時。

　　日蝕出現的主要原因是：當月球運行至太陽與地球之間時，月球位處太陽之前方，擋住了來自太陽的部分、甚至全部光線時發生。基於這個原理，日蝕只出現在朔（農曆初一），即月球與太陽呈現合的狀態時發生。當日蝕發生時，在地球上某處，由於太陽看起來好像一部分或全部消失了，因而又被稱為「日食」。

　　處二次大戰期間的1944年7月20日，即農曆六月初一，地球上亦出現了一次日蝕現象（見圖二十一）。當天，有多處地方，包括英屬烏干達、英埃蘇丹、英屬肯亞、埃塞俄比亞、英屬索馬利蘭、英屬印度、緬甸、泰國、法屬印度支那、菲律賓、日本南洋廳及新幾內亞領地均出現了日環蝕現象。同時，美洲的大部分及周邊部分地區，由於位處地區不同，則出現了日偏蝕。

　　據記載，香港於1944年7月20日當天也有被囚禁在集中營的戰俘，觀察到日偏蝕的發生，其發生時間約為日治香港時間下午1時46分至5時03分（即原香港時間中午12時46分至下午4時03分）[47]，歷3小時多。巧合地，當時第8號熱帶氣旋正集結在香港之南面五百公里附近，其雲帶正開始影響香港。雖然香港雲量較多，但當時的民眾仍能觀察到日蝕的發生。

　　其後，當第8號熱帶氣旋正穩定地以西北至西北偏北方向朝澳門以西沿岸進發，香港於7月21日當晚旋即出現狂風驟雨，風力達烈風程度。

46　由於戰時的日最低氣溫評估只準確至整數，表中1942年10月25日的排名乃假設當天的讀數為15.0度。

47　香港於日治時期採用日本時間，比原香港時間快一小時。

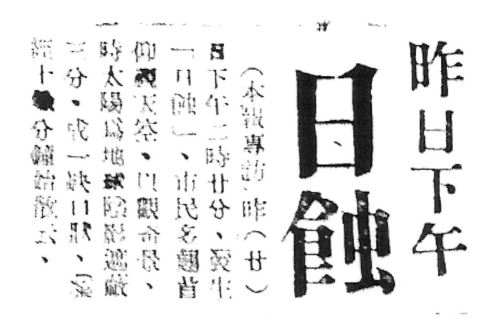

圖二十一：《西南日報》[48] 於1944年7月21日報導有關澳門出現日蝕之剪報

5.5　香港於1944年7月是否曾觀測到美麗的彩虹？

　　1944年7月22日，香港遭受戰時對香港最具威脅性的颱風第8號熱帶氣旋吹襲，風雨交加，市面一片狼藉。正當熱帶氣旋逐漸遠離，香港於24日日間轉為大致天晴及炎熱。可是，位處台灣海峽之第9號熱帶氣旋正快速地向西移動，並於黃昏逼近香港。據報章報導，當日暮色四合時，天色忽黃忽紅，東方出現虹霓，而有記載更指當日黃昏曾出現美麗的彩虹，景色迷人。

48　《西南日報》為澳門於1940年代出版的報紙。

　　但相信這只是另一次暴風雨來臨的預兆。當晚日治香港時間約8時（即原香港時間約7時），隨著第9號熱帶氣旋之外圍雲帶抵達，雷雨挾風俱至，雷聲響起，同時大雨降臨。當時的港務局隨即於晚上懸掛一號風球，表示烈風有可能來襲。

　　隨著風暴逼近（見圖二十二），港務局於翌日（7月25日）早上懸掛二號風球（相等於現今八號烈風或暴風信號），市面吹西北烈風。同時，早上7時後本港開始下起滂沱大雨，歷數小時不息。據報導，當時雨勢之烈為較罕見。其後，當第9號熱帶氣旋於午間左右橫過香港，及開始於內陸減弱後，香港風勢及雨勢開始緩和，港務局乃於25日下午除下二號風球。可是，香港於當日下午及黃昏繼續有大雨。

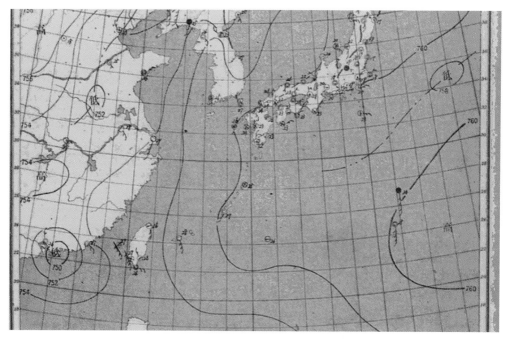

圖二十二：1944年7月25日上午6時（日治香港時間）天氣圖
第9號熱帶氣旋正逼近香港
（資料來源：日本氣象廳）

進階篇
季度天氣特色及每月天氣情況

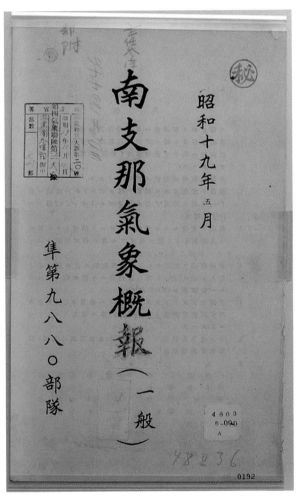

▲《南支那氣象概報》為日軍1944年5月於香港九龍氣象台信號所
（即前皇家天文台原址）進行之氣象觀測所結集的報告。因軍事機密緣故，當時大多
數的氣象觀測報告均遭日軍銷毀，而圖中的報告是少數得以妥善保存的氣象報告。
（資料來源：日本防衛研究所 / 香港天文台）

第六章
1942年香港季度天氣回顧

颱風信號

畫間信號	信號番號	夜間信號（垂直連揚）	信　文
T 黑	一	白白白	颱風有來襲本港之先兆
▲ 黑	五	白綠綠	吹偏北西之疾強風
▼ 黑	六	綠白白	吹偏南西之疾強風
▲ 黑	七	綠綠白	吹偏北東之疾強風
▼ 黑	八	白白綠	吹偏南東之疾強風
✕ 黑	九	綠綠綠	風力益增烈
✚ 黑	十	紅綠紅	颱風中心接近方向不定之風益增強烈

補助信號

畫間信號	信號番號	夜間信號（垂直連揚）	信　文
T 紅	一	紅綠	有颱風來襲之兆
▲ 紅	二	綠綠	疾強風吹或颱風中心接近風力益烈

信號解說

（壹）信號一為有颱風，有來襲之意之預報，不是決定的。

（貳）信號五六七八，非非表示風力強度，乃表示疾強風吹來之方向，風力每小時有在四十里以上六十里以下之風即為疾強風。如有此信號，小艇應駛入避風塘，大船則預備赴颱風錨地，各宜體察情況速辦，家居則應緊閉窗戶。

（叁）補助信號設備在孤島避泊所及漁港。

▲香港於1942年風季至1943年10月19日使用之熱帶氣旋警報系統
（資料來源：華僑日報）

6.1 1941至1942年間之冬季：聖誕節香港淪陷前逼近華南之颱風與寒冷的2月

於1941年聖誕節前，曾有一股熱帶氣旋逼近廣東沿岸，為香港帶來了12月難得一見的一次颱風雨，及影響了當時香港境內的戰況。另一方面，香港於1942年2月天氣寒冷，有多天處寒冷至嚴寒水平，當時因寒冷而不幸離世的民眾多不勝數。

6.1.1 1941年12月香港天氣概況 – 陽光充沛、和暖及潮濕，但雨量較少

香港於本月比正常和暖，平均氣溫為攝氏18.8度，比正常值高1.4度。同時，本月比正常晴朗，總日照時間介乎185至200小時之間，比正常值多約一至兩成。另一方面，本月錄得總雨量約為20.3毫米，比正常值少兩成；另平均相對濕度介乎74%至77%之間，高於正常水平。

日期	天氣系統	對香港的影響
3日	東北季候風	天氣寒冷，最低氣溫下跌至攝氏11.5度，為本月之最低值。
10日	大陸氣流	天氣溫暖，最高氣溫上升至攝氏24.5度，為本月之最高值。
15日	東北季候風	天氣寒冷，最低氣溫下跌至攝氏11.5度，為本月之最低值。
18日至20日	第29號熱帶氣旋	為12月少有影響香港之熱帶氣旋，其所誘發之雨帶為香港帶來多雲及有雨的天氣，同時風勢清勁。

表二十一：香港於1941年12月出現之特別天氣現象

　　一股偏東氣流於本月1日影響香港，香港為部分時間有陽光及和暖。隨著一道冷鋒於2日橫過廣東沿岸，香港轉為密雲及有微雨，天氣清涼。一股東北季候風其後抵達，香港於3日為多雲及寒冷，最低氣溫下跌至11.5度，為本月之最低值。

　　香港於4日為部分時間有陽光及清涼，黃昏有微雨。及後，一道冷鋒於5日凌晨橫過廣東沿岸，而一股東北季候風僅隨之，並為香港於5日及6日帶來晴朗及清涼的天氣，而本地初時間中吹強風。

　　隨著一股偏東氣流稍後影響廣東沿岸，香港於7日及8日日間為部分時間有陽光。其後，一道冷鋒於8日黃昏橫過該區，雲層開始於本地結集。及後，一股東北季候風抵達，香港於9日為大致密雲及有微雨。本地於10日早上仍有雨，但下午受到大陸氣流影響而轉為晴朗及溫暖；氣溫於日間上升至本月最高之攝氏24.5度。

　　受到一股東北季候風影響，香港於11日為晴朗及清涼，同時風勢間中清勁。其後，香港於12日早上為短暫時間有陽光及清涼，但下午雲層再度結集。隨著一道冷鋒靠近，及於當日晚間橫過廣東沿岸，香港於13日早上為天晴及和暖，但下午至14日早上為密雲，天氣轉涼。

　　隨著一股東北季候風開始支配廣東沿岸，香港於14日下午轉為晴朗及和暖。當15日北風增強，本地為大致天晴、寒冷及乾燥；氣溫於早上下降至本月最低之攝氏11.5度。

　　東北季候風繼續於16日為香港帶來晴朗、清涼及乾燥的天氣。隨著季候風其後被一股較和暖偏東氣流所取代，香港於17日為較和暖、大致多雲及短暫時間有陽光。

香港於18日日間為大致天晴及和暖，但隨著位於南海中部之第29號熱帶氣旋所誘發之雨帶抵達，香港於晚間轉為多雲及有雨，風勢清勁。多雲天氣於19日持續，本地間中有雨。

　　香港於20日日間為大致天晴及和暖，但隨著第29號熱帶氣旋之外圍雨帶逼近廣東沿岸，本地於黃昏及晚上再度有雨。一道冷鋒其後橫過廣東沿岸，第29號熱帶氣旋隨即減弱及轉向偏東移動。及後，香港受到東北季候風影響，於21日及22日為天晴，初時間中吹強風；早上為清涼，而下午和暖。受到一股偏東氣流影響，大致晴朗及和暖的天氣於23日至26日持續。

　　一道冷鋒於27日日間橫過廣東沿岸，香港於27日及28日上午仍為晴朗及大致和暖，但部分時間多雲。其後，一股僅隨之東北季候風為香港於28日下午至31日帶來晴朗、清涼及乾燥的天氣，同時本地初時間中吹強風。

　　月內有一股熱帶氣旋闖入香港800公里警戒範圍之內，其路徑見於圖一百三十五。

　　表二十一列出香港於本月出現之特別天氣現象，圖二十三展示香港於本月所錄得之每日氣溫及雨量，圖二十四展示香港於本月所錄得之每日平均氣溫及其距平，而表二十二則展示香港每日天氣情況。

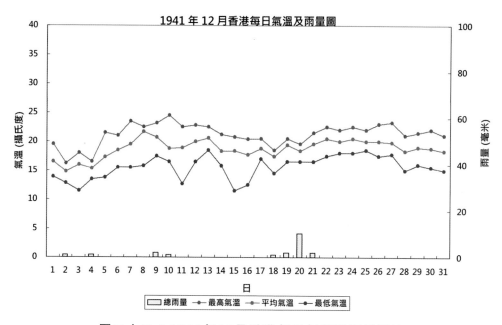

圖二十三：1941年12月香港每日氣溫及雨量圖[49]

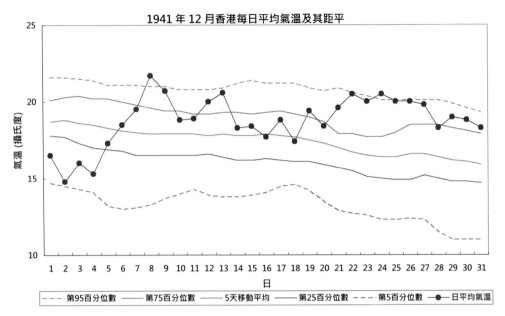

圖二十四：1941年12月香港每日平均氣溫及其距平[50]

日期	1	2	3	4	5	6	7	8	9	10	11	12	13	14	15	
天氣																
日期	16	17	18	19	20	21	22	23	24	25	26	27	28	29	30	31
天氣																

表二十二：1941年12月香港每日天氣情況

49　圖中的每日氣溫源自日軍於香港進行的氣象觀測，而雨量則為評估數值。

50　長年氣溫平均值及第若干百份位乃依據香港天文台於1911年至1940年間所錄
　　得之數據計算出來。此方法將用於本書所有同類型統計中。

6.1.2　1942年1月香港天氣概況 – 陽光充沛、較寒冷、乾燥及少雨

「1月6日：過去幾天天氣太好了，但今天清晨有微雨，及較冷。」
（摘自薩空了撰寫之《香港淪陷日記》）

香港於本月平均氣溫為攝氏15.0度，比正常值稍低0.2度。與此同時，本月較正常晴朗，總日照時間介乎200至215小時之間，比正常值多約三至四成。另一方面，本月較為乾旱，只錄得約3毫米雨量（介乎2至5毫米），僅為正常值的一成；而平均相對濕度介乎68%至71%之間，低於正常水平。

日期	天氣系統	對香港的影響
1日至3日	東北季候風	天氣寒冷。
8日至19日	東北季候風	天氣寒冷。期間，13日之最低氣溫下跌至攝氏8度，為本月之最低值。
26日、29日及31日	偏東氣流/海洋氣流	天氣和暖，最高氣溫上升至攝氏21度，為本月之最高值。

表二十三：香港於1942年1月出現之特別天氣現象

受到強烈東北季候風的影響，香港於本月首三天為晴朗、乾燥，及寒冷，同時1日及2日吹偏北強風。隨著季候風緩和，4日及5日為部分時間有陽光及清涼。其後，一道冷鋒於5日黃昏移近廣東沿岸，香港轉為多雲，6日清晨及黃昏有微雨。

隨著一股東北季候風抵達，本地於7日上午仍為多雲及清涼，但雲層下午轉薄，香港轉為天晴及乾燥。及後，香港於8日及9日早上寒冷，日間為晴朗

及乾燥。

　　一道冷鋒於9日黃昏橫過廣東沿岸，雲層於黃昏再度於香港結集。受到緊隨之一股東北季候風影響，香港於10日轉為多雲及寒冷，凌晨及早上有一兩陣微雨。雲層其後於11日轉薄，而香港於11日至13日期間為天晴、寒冷及乾燥，初時風勢增強；氣溫於13日下跌至8度，為本月最低氣溫紀錄。

　　隨著一道冷鋒於14日早上橫過廣東沿岸，香港轉為多雲。其後，雲層於下午轉薄，而香港於14日下午至19日期間再度為晴朗、寒冷及乾燥，初時間中吹強風；日最低相對濕度於16日、17日及18日均下降至百分之四十或以下。及後，20日為晴朗及清涼。

　　一股較潮濕之偏東氣流隨後抵達廣東沿岸，香港於21日轉為多雲及部分時間有陽光，同時天氣清涼。其後，一道微弱冷鋒於晚間橫過廣東沿岸，香港轉為密雲。隨著一股東北季候風補充，香港於22日早上雲層轉薄及天氣清涼，日間為晴朗、和暖及乾燥。

　　一股偏東氣流於23日及24日影響廣東沿岸，香港大致為多雲、和暖及短暫時間有陽光。隨著雲量稍後增加，香港於25日早上有一兩陣微雨，日間為短暫時間有陽光及和暖。

　　一道冷鋒於26日清晨橫過廣東沿岸，而一股微弱東北季候風於早上較後時間抵達香港。隨著季候風於下午被一股偏東氣流所取代，香港於26日至29日期間大致為和暖及部分時間有陽光；氣溫於26日上升至21度，與之後29日及31日錄得之讀數同列本月之最高氣溫紀錄。

　　隨著一股海洋氣流於30日及31日影響廣東沿岸，香港大致為多雲、和暖及短暫時間有陽光。

本月並沒有熱帶氣旋闖入香港800公里警戒範圍之內。

表二十三列出香港於本月出現之特別天氣現象，圖二十五展示香港於本月所錄得之每日氣溫及雨量，圖二十六展示香港於本月所錄得之每日平均氣溫及其距平，而表二十四則展示香港每日天氣情況。

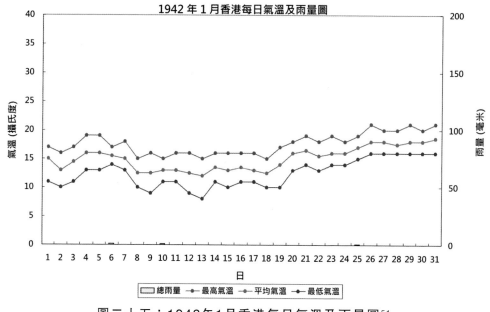

圖二十五：1942年1月香港每日氣溫及雨量圖[51]

51　圖中的每日氣溫及雨量為評估數值。

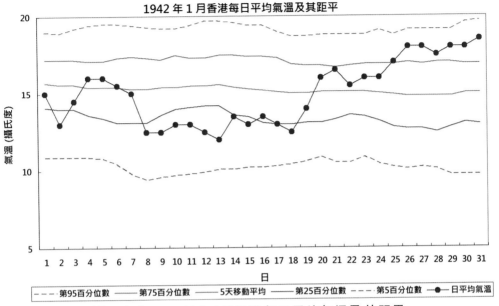

圖二十六：1942年1月香港每日平均氣溫及其距平

日期	1	2	3	4	5	6	7	8	9	10	11	12	13	14	15
天氣	☀	☀	☀	⛅	⛅	🌧	⛅	☀	☀	🌧	☀	⛅	⛅	☀	⛅
日期	16	17	18	19	20	21	22	23	24	25	26	27	28	29	30	31
天氣	☀	☀	☀	☀	⛅	⛅	⛅	⛅	⛅	☁	☁	☁	☁	☁	☁	☁

表二十四：1942年1月香港每日天氣情況

6.1.3　1942年2月香港天氣概況 – 較寒冷、陰暗及潮濕

「氣溫續創本年新低，市區錄得攝氏6.1度，太平山頂更降至4.4度。」

（摘自1942年2月15日之《南華日報》）

　　由於強烈東北季候風於本月持續多天支配廣東沿岸，香港月內較為寒冷，平均氣溫為攝氏14.3度，較正常低1.2度。與此同時，本月天色較為陰暗，總日照時間只介乎20至30小時之間，僅為正常值的約兩至三成。另一方面，本月天氣潮濕，平均相對濕度介乎87％至90％之間，高於正常水平，或甚至高於1959年2月的紀錄（89％）；而本月總雨量則約為50毫米（介乎40至65毫米），接近正常。

日期	天氣系統	對香港的影響
2日及3日	海洋氣流/偏東氣流	天氣溫暖，最高氣溫上升至攝氏23度，為本月之最高值。
10日至22日	強烈東北季候風	天氣寒冷至嚴寒，12日至15日之每日最低氣溫下跌至攝氏6度，為本月最低值。期間，因寒冷而不幸離世的民眾多不勝數。
27日	東北季候風	天氣寒冷，最低氣溫下跌至攝氏12度。

表二十五：香港於1942年2月出現之特別天氣現象

　　受到一股海洋氣流影響，香港於首兩天大致為多雲、漸見溫暖，及短暫時間有陽光。其後，一道冷鋒於2日晚上橫過廣東沿岸，隨後之一股偏東氣流持續為香港於3日及4日帶來大致多雲及和暖的天氣；而4日晚上有微雨。期

間，2日及3日所錄得之攝氏23度日高溫為本月之最高氣溫值。

　　隨著一股海洋氣流稍後抵達，香港於5日至7日期間為多雲及和暖；5日有驟雨，而6日及7日短暫時間有陽光。接著，一道冷鋒於7日晚間橫過廣東沿岸，香港於8日及9日隨著一股強烈東北季候風抵達而轉為密雲、有微雨及風勢增強，同時氣溫亦開始下降。其後，香港於10日至17日期間為密雲、有雨及寒冷至嚴寒；日最低氣溫於12日至15日期間曾下跌至攝氏6度之嚴寒水平，此氣溫讀數亦為本月之最低氣溫值。期間，因寒冷而不幸離世的民眾多不勝數。

　　隨著一道冷鋒靠近，香港於18日凌晨雨勢較大。其後，冷鋒橫過廣東沿岸，香港於日間大致為密雲。一股緊隨之東北季候風於18日至22日初時持續為香港帶來寒冷、密雲，及偶有微雨的天氣。其後，季候風於22日日間逐漸被一股海洋氣流所取代，本地持續密雲，但氣溫稍為回升。

　　受到一股海洋氣流影響，香港於23日為密雲、和暖，及短暫時間有陽光。接著，當一道冷鋒於24日上午橫過廣東沿岸後，香港隨即轉為密雲。及後，一股偏東氣流於24日下午及25日影響該區，本地於25日東風增強，同時仍為密雲及清涼。

　　一股東北季候風於26日及27日影響廣東沿岸，而香港於這兩天為密雲及有驟雨，天氣逐漸轉為寒冷。其後，一股偏東氣流於28日影響香港，香港大致為多雲及清涼；而當天日間稍後東風增強。

　　本月並沒有熱帶氣旋闖入香港800公里警戒範圍之內。

　　表二十五列出香港於本月出現之特別天氣現象，圖二十七展示香港於本

月所錄得之每日氣溫及雨量，圖二十八展示香港於本月所錄得之每日平均氣
溫及其距平，而表二十六則展示香港每日天氣情況。

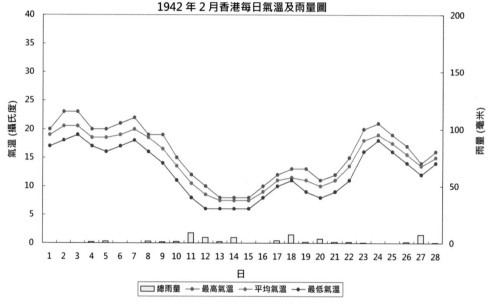

圖二十七：1942年2月香港每日氣溫及雨量圖[52]

52　圖中的每日氣溫及雨量為評估數值。

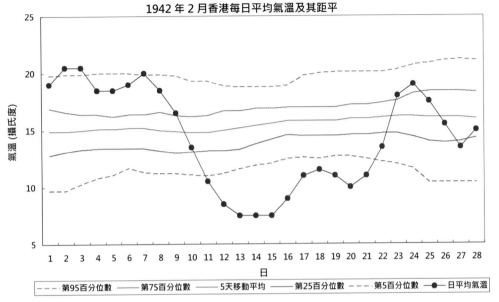

圖二十八：1942年2月香港每日平均氣溫及其距平

日期	1	2	3	4	5	6	7	8	9	10	11	12	13	14	15
天氣	☁	🌤	☁	☁	☁	🌤	🌤	☁	🌧	🌧	🌧	🌧	☁	☁	☁
日期	16	17	18	19	20	21	22	23	24	25	26	27	28		
天氣	☁	🌧	🌧	🌧	🌧	🌧	☁	🌤	🌧	🌧	🌧	🌧	☁		

表二十六：1942年2月香港每日天氣情況

6.2　1942年春季：溫暖的3月與相對多雨的春季

　　香港於1942年春季較溫暖及多雨，平均氣溫為21.7度，比正常高0.4度。另一方面，本季總雨量約為650毫米（介乎525至875毫米），比正常值多三成。當中，3月出現了本年首場大雨及雷暴。

6.2.1　1942年3月香港天氣概況－陽光充沛及天氣較和暖，但雨量較多

> *"29 Mar: Sultry day. Some thunder & rain p.m."*
> （摘自殖民地監獄官 *Raymond Eric Jones*
> （於赤柱集中營所保存有關香港天氣情況之日記）

　　由於香港於月內大部分日子均受到溫暖海洋氣流影響，本月比正常和暖，平均氣溫為攝氏19.2度，比正常高1.7度。雖然本月雨量偏多，約為150毫米（介乎100至175毫米），比正常雨量多七成，但本月總體來說仍比正常晴朗，總日照時間介乎145至160小時之間，比正常值多約四至五成。與此同時，本月平均相對濕度介乎81%至84%之間，屬正常水平。

　　受到一股潮濕偏東氣流影響，香港於本月首日大致為多雲、天氣清涼及潮濕。其後，隨著一道冷鋒於2日日間橫過廣東沿岸，香港於同日轉為密雲，日間和暖。

　　及後，一股東北季候風於2日晚間抵達，香港於當晚轉吹東北風，風勢增強至強風程度。受到季候風影響，香港於3日轉為密雲及較為清涼，同時有雨。該股季候風於當天晚上被一股偏東氣流取代，香港於4日持續為多雲、清涼，及有微雨。

日期	天氣系統	對香港的影響
1日、3日、4日、8日	東北季候風/偏東氣流	天氣清涼,最低氣溫下降至攝氏14度,為本月之最低值。
10日	潮濕偏東氣流	香港下了本年首場大雨,雨量約為20毫米。
16日	偏東氣流	天氣清涼,最低氣溫下降至攝氏14度,為本月之最低值。
26日	潮濕東至東南氣流	天氣溫暖,最高氣溫上升至攝氏26度,為本月之最高氣溫,亦是本年自入春以來之最高氣溫。
29日至31日	冷鋒/東北季候風	累積雨量超過70毫米,而29日更出現本年首次雷暴。
31日	東北季候風	天氣清涼,最低氣溫再次下降至攝氏14度,為本月之最低值。

表二十七:香港於1942年3月出現之特別天氣現象

隨著一股海洋氣流抵達,香港於5日轉為大致天晴及和暖。一道冷鋒於當晚橫過廣東沿岸,香港轉為密雲。一股偏東氣流其後抵達,香港於6日日間持續天晴,同時為溫暖。另一道冷鋒於6日晚間橫過廣東沿岸,隨後之一股東北季候風於7日為香港帶來多雲及清涼的天氣。及後,一股偏東氣流抵達,香港於晚間轉吹清勁東風。

隨著偏東氣流支配廣東沿岸,香港於8日日間大致為天晴及和暖。接著,當一股潮濕東至東南氣流抵達後,除了10日為密雲外,香港於9日至14日期間大致為部分時間有陽光及漸轉溫暖；期間，10日及11日均有驟雨，而10日更下了本年首場大雨，雨量約為20毫米。其後，隨著一道冷鋒於14日晚間橫過廣東沿岸，香港之雲量相應增加。一股東北季候風稍後抵達，本地風勢增強，而本地於15日上午較後有驟雨。其後，天色於下午轉為明朗。當一股較潮濕之偏東氣流稍後抵達，香港於16日轉吹東風，並為多雲、清涼及有驟雨。

隨著另一股東北季候風稍後抵達，香港於17日早上為多雲、清涼及有驟雨，下午短暫時間有陽光。其後，當一股較穩定之偏東氣流影響廣東沿岸，香港於18日至20日轉為大致晴朗及和暖。

一股海洋氣流於21日至24日初時影響廣東沿岸，為香港帶來大致天晴及溫暖的天氣。接著，正當一道冷鋒於24日日間橫過廣東沿岸期間，雲層再度於香港結集。

隨著一股潮濕東至東南氣流於25日至28日影響廣東沿岸，香港初時為多雲，但漸轉為晴朗及溫暖；而26日所錄得之攝氏26度高溫為本月之最高氣溫，亦是本年自入春以來之最高氣溫。

香港於29日早上為大致多雲及溫暖。接著，當一道冷鋒於下午橫過廣東沿岸，香港隨即轉為密雲及有雨，並出現本年首次雷暴。下雨天其後持續至本月之最後一天，累積雨量超過70毫米。期間，隨著一股東北季候風抵達，香港之氣溫逐漸下降，同時30日晚間及31日整天均為密雲及清涼；31日之最低氣溫為攝氏14度，此與1日、3日、4日、8日及16日之日最低氣溫同為本月之最低值。

本月並沒有熱帶氣旋闖入香港800公里警戒範圍之內。

　　表二十七列出香港於本月出現之特別天氣現象，圖二十九展示香港於本月所錄得之每日氣溫及雨量，圖三十展示香港於本月所錄得之每日平均氣溫及其距平，而表二十八則展示香港每日天氣情況。

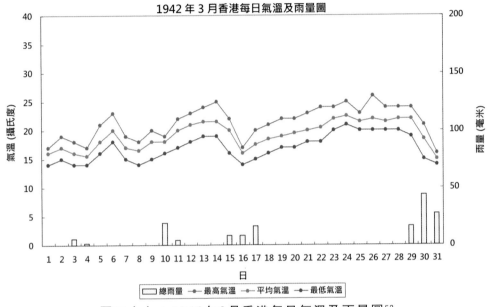

圖二十九：1942年3月香港每日氣溫及雨量圖[53]

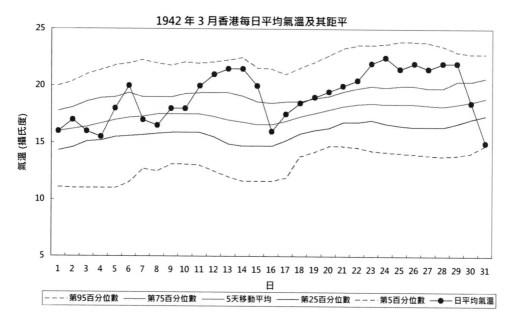

圖三十：1942年3月香港每日平均氣溫及其距平

日期	1	2	3	4	5	6	7	8	9	10	11	12	13	14	15	
天氣	☁	☁	☁🌧	☁🌧	☀	☀	☁	⛅	☁🌧	☁🌧	⛅	⛅	⛅	☁🌧	
日期	16	17	18	19	20	21	22	23	24	25	26	27	28	29	30	31
天氣	☁🌧	☁🌧	⛅	⛅	⛅	⛅	☁	☁	⛅	⛅	⛅	☁🌧	☁🌧	☁🌧	☁🌧	☁🌧

表二十八：1942年3月香港每日天氣情況

53　圖中的每日氣溫及雨量為評估數值。

6.2.2 1942年4月香港天氣概況 – 相對較清涼、潮濕及雨量較多，但日照總和接近正常值

> "26 Apr 1942: Outdoor service possible at 0800 hrs; rained in torrents since lunch; cleared for an hour or so; rain is coming again at 1800 hrs and outdoor service at 1915 cancelled."
>
> （摘自香港退役軍人紀念協會保存有關香港天氣情況之戰時日記）

香港於本月比正常較為清涼，平均氣溫為攝氏21.1度，比正常值低0.2度。此外，雖然本月總日照時間介乎120至135小時之間，接近正常值；但本月較為潮濕，平均相對濕度介乎85%至88%之間，高於正常水平。同時，總雨量約為200毫米（介乎175至325毫米），多於正常值的五成。

日期	天氣系統	對香港的影響
6日	東北季候風	天氣清涼，最低氣溫下降至攝氏13度，為本月之最低值。
16日	海洋氣流	天氣炎熱，日間最高氣溫上升至攝氏28度，為本月之最高值，亦是本年自入春以來之最高氣溫。
27日及28日	低壓槽	雨勢頗大，總雨量接近100毫米。

表二十九：香港於1942年4月出現之特別天氣現象

受到一股偏東氣流影響，香港於本月首天為大致多雲及短暫時間有陽光，同時有雨及間中吹強風程度東風。接著，隨著一股海洋氣流抵達，香港於2日至4日為大致晴朗及溫暖，初時風勢頗大。其後，風勢於4日緩和，而5日上午為大致多雲及短暫時間有陽光，天氣溫暖。

　　隨著一道冷鋒於5日下午橫過廣東沿岸，香港漸轉為密雲及有大雨。當僅隨之東北季候風其後抵達後，本地氣溫開始下降，同時風勢增強。

　　受到東北季候風影響，香港於6日為密雲、清涼，及有雨，同時氣溫下降至攝氏13度，為本月最低值。其後，隨著一股偏東氣流抵達，香港於7日仍為大致多雲、清涼，及短暫時間有陽光。及後，當一股海洋氣流抵達後，香港於8日及9日漸轉為晴朗及溫暖。

　　隨著海洋氣流繼續影響香港，香港於10日日間大致為天晴及溫暖。及後，當一道冷鋒於當日晚上橫過廣東沿岸期間，雲層再度於香港結集。隨著一股偏東氣流稍後抵達，香港於11日為大致多雲及較涼。

　　受到一股海洋氣流影響，香港於12日至15日日間為部分時間有陽光、溫暖及潮濕。隨著一道低壓槽於15日晚間接近，雲層再度於香港結集。其後，受到海洋氣流影響，雲層於16日日間稍為轉薄，香港於日間再度轉為部分時間有陽光，同時天氣炎熱，日間最高氣溫上升至攝氏28度，為本月之最高值，亦是本年自入春以來之最高氣溫。

　　隨著低壓槽橫過廣東沿岸，香港於17日為密雲及有雨。當一股潮濕偏東氣流稍後抵達後，香港於18日至20日繼續為密雲及有雨，雨勢有時頗大，同時風力間中達強風程度。一股東北季候風於20日晚間抵達，本地雨勢於21日緩和，但雲量仍較多。接著，隨著一股較穩定之偏東氣流抵達，香港於22日及23日轉為大致天晴及漸見溫暖。

　　當一股潮濕海洋氣流稍後抵達，香港於24日為溫暖，但再度轉為密雲。其後，25日及26日天氣不穩定，間中有大雨。

　　隨著一道低壓槽於26日晚間至28日日間緩慢地橫過廣東沿岸，香港持續為密雲及有雨。期間，27日及28日之總雨量接近100毫米。其後，僅隨著之一股東北季候風抵達，為香港於29日帶來稍涼、密雲及有雨的天氣。

當一股潮濕偏東氣流稍後抵達，香港於30日為密雲、天氣較涼及間中有雨，但雨勢逐漸緩和。

本月並沒有熱帶氣旋闖入香港800公里警戒範圍之內。

表二十九列出香港於本月出現之特別天氣現象，圖三十一展示香港於本月所錄得之每日氣溫及雨量，圖三十二展示香港於本月所錄得之每日平均氣溫及其距平，而表三十則展示香港每日天氣情況。

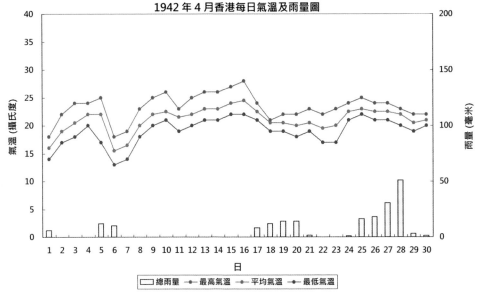

圖三十一：1942年4月香港每日氣溫及雨量圖[54]

54　圖中的每日氣溫及雨量為評估數值。

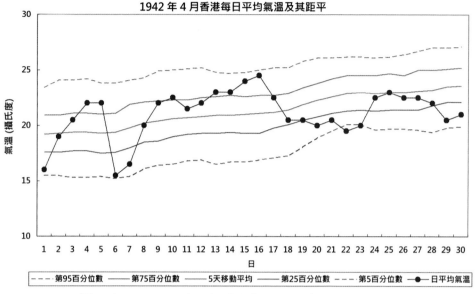

圖三十二：1942年4月香港每日平均氣溫及其距平

日期	1	2	3	4	5	6	7	8	9	10	11	12	13	14	15
天氣															
日期	16	17	18	19	20	21	22	23	24	25	26	27	28	29	30
天氣															

表三十：1942年4月香港每日天氣情況

6.2.3　1942年5月香港天氣概況 – 相對較清涼

> *"14 May 1942: Raining heavily.*
> *We got very wet working in the garden."*
> （摘自加拿大抗日士兵*Tom Forsyth*撰寫之戰時日記）

　　香港於本月天氣比正常清涼，平均氣溫為攝氏24.8度，比正常值低0.4度。另一方面，本月總雨量約為300毫米（介乎250至375毫米），接近正常。與此同時，總日照時間介乎145至160小時之間，接近正常值；而平均相對濕度介乎83%至86%之間，屬正常水平。

日期	天氣系統	對香港的影響
19日	東北季候風	有大雨，本地錄得超過50毫米雨量；同時天氣較涼，最低氣溫下降至攝氏18度，為本月之最低值。
29日至31日	溫暖西南氣流	天氣酷熱，每天最高氣溫均上升至攝氏33度，為本月之最高值。

表三十一：香港於1942年5月出現之特別天氣現象

　　受到一股東南氣流影響，香港於本月首兩天為短暫時間有陽光、溫暖，及間中有驟雨。隨著一股不穩定偏南氣流抵達，本地風向於3日轉為偏南，同時天色轉為多雲，早上有大雨。其後，一道低壓槽於廣東沿岸徘徊，本地雨勢於4日持續，晚間吹清勁至強風程度東風。

　　由於受到一股不穩定之東南氣流影響，香港於5日至6日日間持續為密雲及有雨，初時吹強風。及後，風勢及雨勢於6日黃昏緩和。

　　一道冷鋒其後於7日凌晨橫過廣東沿岸，香港於7日再度為密雲及有雨。隨著一股東北季候風稍後抵達，本地雨勢於8日緩和，天色較為明朗。及後，當一股偏東氣流抵達，本地風向於晚間轉為偏東，風勢增強至強風程度；而9日及10日均為密雲，間中有雨。

　　隨著太平洋高壓脊於稍後時間向西伸展，香港於11日大致為天晴及溫暖。及後，由於受到一股不穩定之偏南氣流影響，香港於12日轉為有雨。其後，一道低壓槽於12日晚間及13日初時橫過廣東沿岸，香港之雨勢於13日日間持續，但黃昏緩和。其後，當一股潮濕偏東氣流影響香港，本地於14日再度有雨，雨勢有時頗大。隨著一股較穩定之南至東南氣流抵達，本地雨勢於15日減弱；香港除了16日下午有一兩陣驟雨外，於15日日間至17日為大致晴朗及炎熱。

　　其後，隨著一道冷鋒靠近，香港於18日再度轉為密雲及有雨，而冷鋒於18日晚上橫過廣東沿岸。及後，當一股東北季候風於19日日間稍後抵達，本地北風增強、天氣較涼、有大雨，及吹清勁至強風程度之北至東北風；本地錄得超過50毫米雨量。由於較長時間處於大風及下雨的天氣，香港於19日之最低氣溫下降至攝氏18度，為本月最低值。

　　隨著一股東北季候風繼續支配廣東沿岸，香港於20日繼續為較涼及有雨。其後，該股季候風逐漸被一股較溫暖及潮濕之偏東氣流取代，香港於21日及22日持續為大致多雲及有雨，但氣溫回升。

　　與此同時，一道高壓脊正在伸展至廣東沿岸，香港於23日凌晨仍有雨，但雨勢於早上逐漸減退，下午轉為天晴及炎熱。隨著高壓脊繼續覆蓋該區，香港於24日為部分時間有陽光及炎熱。

　　受到一股溫暖西南氣流影響，香港除了於29日有一兩陣驟雨外，於25日至31日為天晴及漸趨酷熱。期間，29日至31日每天錄得之攝氏33度高溫，均為本月之最高值。

　　本月並沒有熱帶氣旋闖入香港800公里警戒範圍之內。

　　表三十一列出香港於本月出現之特別天氣現象，圖三十三展示香港於本月所錄得之每日氣溫及雨量，圖三十四展示香港於本月所錄得之每日平均氣溫及其距平，而表三十二則展示香港每日天氣情況。

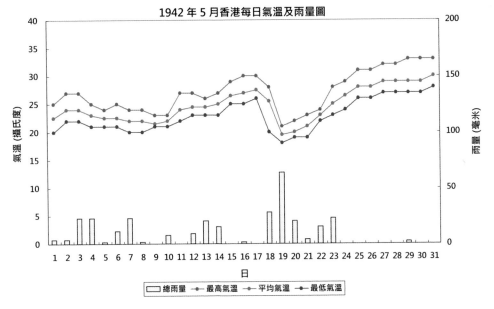

圖三十三：1942年5月香港每日氣溫及雨量圖[55]

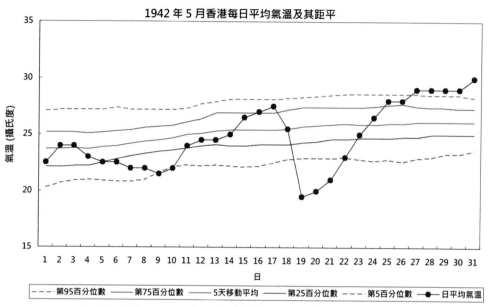

圖三十四：1942年5月香港每日平均氣溫及其距平

日期	1	2	3	4	5	6	7	8	9	10	11	12	13	14	15	
天氣	🌧	🌧	☁	☁	☁	☁	☁	⛅	☁	☁	☀	☁	☁	☁	⛅	
日期	16	17	18	19	20	21	22	23	24	25	26	27	28	29	30	31
天氣	🌧	⛅	☁	☁	☁	☁	☁	⛅	⛅	☀	☀	☀	☀	⛅	☀	☀

表三十二：1942年5月香港每日天氣情況

55　圖中的每日氣溫及雨量為評估數值。

6.3　1942年夏季：炎熱之6月與連日暴雨的7月

　　香港於1942年夏季首先經歷陽光充沛及較炎熱之6月，然後見證了烏雲密佈及每天均下雨之7月。本年7月份不單成為香港自1884年以來唯一一個每天均錄得雨量的月份，而且見證了多宗因熱帶氣旋及暴雨所引發之山泥傾瀉及塌屋事件的發生，成為日治政府自上台以來首次面對嚴重天然災害的考驗。

6.3.1　1942年6月香港天氣概況 – 陽光充沛、炎熱及乾旱

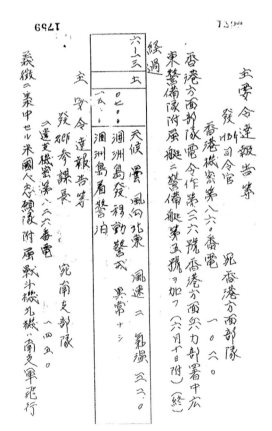

圖三十五：日本軍艦草山丸於1942年6月行經華南附近水域時所進行之氣象觀測
（資料來源：日本國立公文書館）

香港於本月天氣大致為較晴朗及乾旱：總日照時間介乎225至240小時之間，比正常值多約四至五成；同時，本月平均相對濕度介乎77％至80％之間，低於正常水平，而總雨量約為250毫米（介乎175至325毫米），比正常值少三成。由於月內陽光充沛，本月亦比正常炎熱，平均氣溫為攝氏28.3度，比正常高0.9度。

日期	天氣系統	對香港的影響
1日	溫暖西南氣流	天氣酷熱，最高氣溫上升至攝氏34度，為本月之最高值，亦是本年自入夏以來之最高氣溫。
8日	冷鋒	雨勢有時頗大，雨量超過50毫米。
8日至10日	大陸氣流	天氣稍涼，最低氣溫下降至攝氏24度，為本月之最低值。
24日	低壓槽	雨勢有時頗大，雨量超過50毫米。

表三十三：香港於1942年6月出現之特別天氣現象

一股溫暖西南氣流於本月首天影響香港，香港為天晴及酷熱，最高氣溫上升至攝氏34度，為月內之最高值，亦是本年自入夏以來之最高氣溫。其後，一道低壓槽在晚間於廣東沿岸發展及影響香港；而該系統與稍後抵達之一股不穩定東至東南氣流，為香港於2日帶來多雲及有雨的天氣。

隨著一股西南氣流稍後影響廣東沿岸，香港於3日至6日漸趨天晴及炎熱，同時間中有驟雨。隨著一道冷鋒於7日靠近，香港於7日為多雲及有大驟雨。當冷鋒其後於8日日間橫過廣東沿岸，香港繼續有雨，雨勢有時頗大，而當日雨量超過50毫米。隨著一股大陸氣流稍後抵達，香港於9日轉為天晴，早上風勢達強風程度，而下午則為炎熱。與此同時，香港於8日及9日所錄得之攝氏24度日低溫,與稍後於10日較早時所錄得之攝氏24度日低溫,同為本月之最低氣溫值。

受到一股南至東南氣流影響,香港於10日至14日大致為天晴及炎熱。其後,與一個位於南海北部之低壓區相關雨帶影響廣東沿岸,香港於15日及16日均為密雲、間中有大雨,及風勢頗大。

隨著低壓區消散,及太平洋高壓脊向廣東沿岸伸展,香港之雨勢於17日減弱,天色漸轉為晴朗及部分時間有陽光。其後,18日及19日為大致天晴及炎熱。及後,一股溫暖西南氣流抵達,香港於20日至22日繼續為天晴及炎熱。

隨著一道低壓槽靠近廣東沿岸,香港於23日轉為多雲及間中有雨,本地雨勢於24日有時頗大,當日錄得超過50毫米雨量。其後,低壓槽向北移離廣東沿岸及減弱,本地雨勢於25日緩和,漸轉為晴朗及炎熱。

受到一股偏南氣流影響,香港於26日至30日為部分時間有陽光及炎熱,間中有驟雨。

本月並沒有熱帶氣旋闖入香港800公里警戒範圍之內。

表三十三列出香港於本月出現之特別天氣現象,圖三十六展示香港於本月所錄得之每日氣溫及雨量,圖三十七展示香港於本月所錄得之每日平均氣溫及其距平,而表三十四則展示香港每日天氣情況。

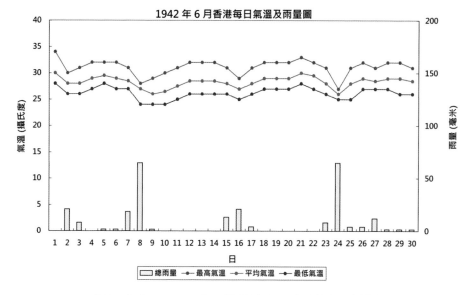

圖三十六：1942年6月香港每日氣溫及雨量圖[56]

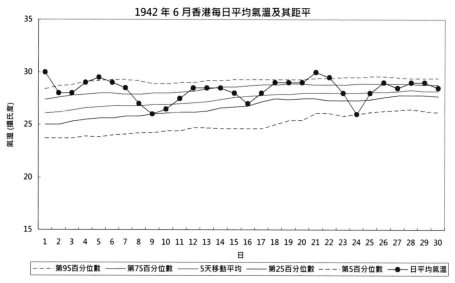

圖三十七：1942年6月香港每日平均氣溫及其距平

日期	1	2	3	4	5	6	7	8	9	10	11	12	13	14	15
天氣	 ☀	 🌧	 🌧	 ☀	 ☁	 ☁	 ☁	 ☁	 ☀	 ☀	 ☀	 ☀	 ☀	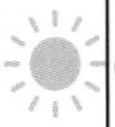 ☀	 🌧
日期	16	17	18	19	20	21	22	23	24	25	26	27	28	29	30
天氣	 🌧	 🌧	 ☀	 ☀	 ☀	 ☀	 ☀	 ☁	 ☁	 🌧	 🌧	 🌧	 🌧	 🌧	 🌧

表三十四：1942年6月香港每日天氣情況

56　圖中的每日氣溫及雨量為評估數值。

6.3.2　1942年7月香港天氣概況 – 天色非常陰暗、潮濕及錄得破
紀錄之雨量，天氣相對較涼

圖三十八：《華僑日報》於1942年7月30日報導有關第10號熱帶氣旋襲港之剪報

　　1942年7月長時間降雨，為香港氣象史上之其中一個難忘月份。受到活躍西南氣流及三股熱帶氣旋影響，香港於本月內每天均錄得雨量，是自1884年以來任何月份之首次；而月內經歷多場暴雨，更導致多宗山泥傾瀉及塌屋事件發生。總括來說，本月九龍市區及港島赤柱所錄得的總雨量分別達812.8毫米及954.9毫米，是正常值之約兩倍，或自1884年起7月之第二多雨量紀錄。由於大雨關係，1942年7月比正常清涼，平均氣溫為攝氏27.3度，比正常低0.6度。與此同時，月內總日照時間只介乎120至125小時之間，比正常值少約四成，亦為自1884年起7月之最低值。另一方面，月內平均相對濕度介乎86%至89%之間，高於正常水平，亦有機會為自1884年以來7月之最高值，或打破其後1947年7月所創下的紀錄（88%）。

　　受到一股活躍南至西南氣流影響，香港於1日至5日大致為密雲及間中有大雨，而2日錄得超過50毫米雨量。隨著一道高壓脊稍後向廣東沿岸伸展，雨勢於6日減弱；6日及7日除了有一兩陣驟雨外，為部分時間有陽光及炎熱。

　　香港於8日初時為大致天晴及炎熱，但稍後間中有驟雨。其後，隨著一股熱帶風暴[57]橫過南海北部及移向香港以南海域；本地之雨勢於9日轉為頻密，風勢於下午轉為清勁至強風程度。當熱帶氣暴橫過香港以南海域及直趨澳門，香港於9日晚間及10日早上有狂風驟雨，同時逐漸吹強風程度東風，離岸風勢間中達烈風程度。期間，本地錄得超過50毫米雨量；中環發生兩宗塌屋事件，導致1死5傷。隨著熱帶氣旋消散前於珠江口一帶徘徊，本地之風勢及雨勢於10日中午減弱；但10日餘下時間及11日清晨仍為密雲及有狂風驟雨。

　　於10日至12日期間，一股達強颱風強度之第5號熱帶氣旋自西太平洋向西北移動，及於11日晚間橫過台灣。其後，第5號熱帶氣旋繼續維持其西北路徑，及於12日早上於福建省沿岸登陸。受到第5號熱帶氣旋之外圍下沉氣流影響，香港於11日早上較後時間雨勢減弱。除了間中有驟雨外，香港於11日至

日期	天氣系統	對香港的影響
2日	活躍南至西南氣流	香港有大雨,錄得超過50毫米雨量。
7日	高壓脊	天氣炎熱,最高氣溫上升至攝氏32度,為本月之最高值。
9日及10日	熱帶氣暴	當熱帶氣暴橫過香港以南海域及直趨澳門,香港於9日晚間及10日早上有狂風驟雨,同時逐漸吹強風程度東風,離岸風勢間中達烈風程度。期間,本地錄得超過50毫米雨量;中環發生兩宗塌屋事件,導致1死5傷。
12日	第5號熱帶氣旋之外圍下沉氣流	天氣炎熱,最高氣溫上升至攝氏32度,為本月之最高值。
14日	活躍西南氣流	香港有大雨,本地錄得超過70毫米雨量。
15日及16日	活躍西南氣流	香港有大雨,每日雨量均超過100毫米;暴雨引致多區出現路陷,而灣仔道更發生塌屋事件,造成2死3傷。另一方面,這兩天天氣稍涼,日低溫下降至攝氏23度,為本月之最低值。
18日及19日	東南氣流	天氣炎熱,最高氣溫上升至攝氏32度,為本月之最高值。
20日	第6號熱帶氣旋	當第6號熱帶氣旋於20日晚間在大鵬半島登陸、橫過深圳,香港於20日大致為密雲及有狂風大雨,而離岸風力間中達烈風程度,本地錄得超過70毫米雨量,及繼續發生塌屋、山泥傾瀉及地陷事件;赤柱之氣壓下跌至997.6百帕斯卡。
21日及22日	活躍西南氣流	密雲及有大雨,21日早上至22日早上錄得超過100毫米雨量。
27日	東南氣流	天氣炎熱,最高氣溫上升至攝氏32度,為本月之最高值。
29日至31日	第10號熱帶氣旋	當第10號熱帶氣旋以偏西路徑橫過南海北部時,本地於29日日間稍後漸吹偏東強風,間中達烈風程度;該股熱帶氣旋為香港共帶來接近50毫米雨量。

表三十五:香港於1942年7月出現之特別天氣現象

12日漸見天晴及炎熱。

香港於13日上午仍為大致天晴及炎熱；但隨著第5號熱帶氣旋橫過江西，及引進一股活躍西南氣流，香港於當天下午轉為密雲及有大雨。

香港於14日早上雨勢減弱，但下午再度有大雨，整天錄得超過70毫米雨量。隨著活躍西南氣流其後繼續影響廣東沿岸，雨勢於15日及16日變得較為頻密，而這兩天之每日雨量均超過100毫米；暴雨引致多區出現路陷，而灣仔道更發生塌屋事件，造成2死3傷。與此同時，15日及16日天氣稍涼，每日最低氣溫均下降至攝氏23度，同為本月之最低值。

隨著一股較穩定東南氣流抵達，香港於17日之雨勢減弱，天色於黃昏時分轉為明朗；而18及19日早上為天晴及炎熱，間中有驟雨。其後，隨著第6號熱帶氣旋橫過南海北部及直趨香港，香港於19日下午再度轉為密雲及有雨。當該股熱帶氣旋於20日逼近，及晚間於大鵬半島登陸、橫過深圳，香港於20日大致為密雲及有狂風大雨，而離岸風力間中達烈風程度，本地錄得超過70毫米雨量，及繼續發生塌屋、山泥傾瀉及地陷事件；赤柱之氣壓下跌至997.6百帕斯卡。隨著熱帶氣旋移向內陸，西南氣流再度變為活躍；香港於21日，特別於晚間時分，繼續為密雲及有大雨；而香港於21日早上至22日早上再次錄得超過100毫米雨量。

香港於22日除了下午短暫時間有陽光外，全日仍大致為密雲及有雨。其後，隨著一股東南氣流抵達，香港於23日至28日大致為部分時間有陽光、炎熱、及間中有驟雨。期間，香港於27日錄得之日高溫為攝氏32度，與7日、12日、18日及19日之讀數同為本月最高值。

隨著位於南海東北部之第10號熱帶氣旋以偏西路徑橫過南海北部，香港

57 美國國家海洋與大氣管理局（NOAA）確認此系統為熱帶氣旋，並予熱帶風暴之強度。但日本氣象廳（JMA）則未有正式承認此為熱帶氣旋。

於29日為密雲、有雨，及風勢增強。當熱帶氣旋下午於距香港以南約260公里掠過時，本地於日間稍後漸吹偏東強風，間中達烈風程度。第10號熱帶氣旋之雨帶其後繼續影響廣東沿岸，本地天氣於30日持續不穩定，間中有雨。

隨著第10號熱帶氣旋開始移離香港，及趨向越南北部，香港於31日仍為多雲，但雨勢開始緩和；該股熱帶氣旋為香港共帶來接近50毫米雨量。

月內有五股熱帶氣旋闖入香港800公里警戒範圍之內，其路徑見於圖一百三十六。

表三十五列出香港於本月出現之特別天氣現象，圖三十九展示香港於本月所錄得之每日氣溫及雨量，圖四十展示香港於本月所錄得之每日平均氣溫及其距平，而表三十六則展示香港每日天氣情況。

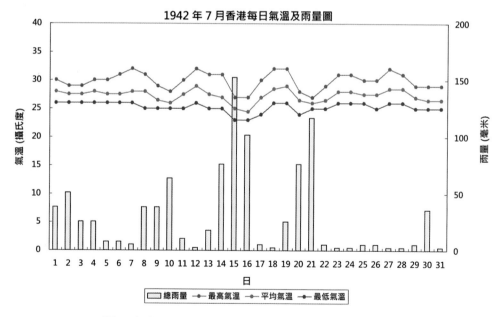

圖三十九：1942年7月香港每日氣溫及雨量圖[58]

58　圖中的每日氣溫為評估數值，而每日雨量則為天文台職員於赤柱集中營由每天日本時間早上9時至翌日早上9時錄得的雨量。

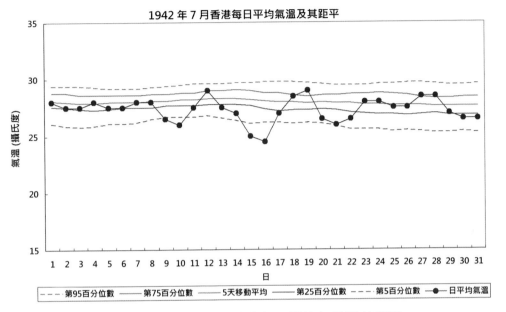

圖四十：1942年7月香港每日平均氣溫及其距平

日期	1	2	3	4	5	6	7	8	9	10	11	12	13	14	15	
天氣																
日期	16	17	18	19	20	21	22	23	24	25	26	27	28	29	30	31
天氣																

表三十六：1942年7月香港每日天氣情況

6.3.3 1942年8月香港天氣概況 – 陽光較充沛、炎熱及少雨

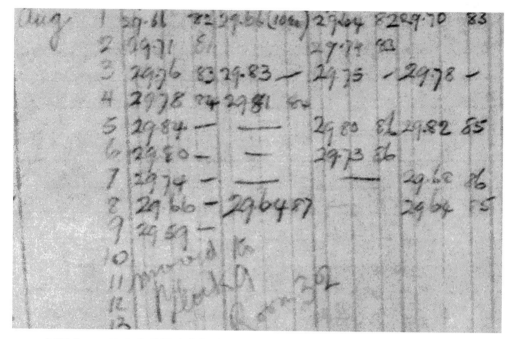

圖四十一：天文台職員於赤柱集中營所記錄有關1942年8月之香港氣象情況
（資料來源：香港政府檔案處歷史檔案館）

　　相對於上月，香港於本月天氣比正常晴朗，總日照時間介乎215至230小時之間，比正常值多約一成。由於陽光充沛的關係，本月天氣相對炎熱，平均氣溫為攝氏28.0度，比正常稍高0.2度。與此同時，本月相對乾旱，總雨量為288.5毫米，比正常值少約兩成；而平均相對濕度介乎80%至83%之間，低於正常水平。

日期	天氣系統	對香港的影響
1日	東至東南氣流	香港有大雨,錄得超過50毫米雨量。
9日及10日	第12號熱帶氣旋外圍下沉氣流	天氣酷熱,最高氣溫上升至攝氏34度,為本月之最高值。
19日	低壓槽	本地吹強風,間中達烈風程度。另本地於這天共錄得超過100毫米雨量。
19日及20日	低壓槽	天氣稍涼,最低氣溫下降至攝氏23度,為本月之最低值。
30日及31日	與第18號熱帶氣旋相關之雨帶	天氣稍涼,最低氣溫下降至攝氏23度,為本月之最低值。

表三十七:香港於1942年8月出現之特別天氣現象

受到一股潮濕東至東南氣流影響,香港於本月首日為密雲及有大雨,錄得超過50毫米雨量。隨著位於南海之第11號熱帶氣旋外圍下沉氣流區稍後開始覆蓋香港,本地雨勢於2日緩和,日間多雲。

當第11號熱帶氣旋以西至西北路徑橫過南海北部,及靠近海南島,香港於3日再度轉為密雲,及雨勢頻密。本地風向於日間轉為偏東,風勢清勁。隨著第11號熱帶氣旋橫過海南島及減弱,香港於4日早上仍然有雨,但下午為短暫時間有陽光。

隨著一股較穩定之東南氣流抵達,香港於5日為天晴及炎熱。其後,當位處台灣以東之第12號熱帶氣旋正移向台灣時,香港於6日至9日受到其外圍下沉氣流影響,大致為天晴、漸見酷熱,及吹西至西北微風。期間,9日錄得之最高氣溫為攝氏34度,與後來10日之讀數同為本月最高值。隨著該股熱帶氣旋靠近中國東部，香港風勢於9日晚間轉為清勁。

　　當第12號熱帶氣旋於福建省登陸後，香港於10日及11日仍大致為晴朗及炎熱。但當該股熱帶氣旋稍後引進一股活躍西南氣流時，雲層於11日晚間於本地結集。及後，香港於12日為多雲及有雨。

　　隨著第12號熱帶氣旋轉向東北方向移動及遠離香港，香港隨即受到一股較穩定西南氣流影響，於13日至16日為大致天晴及漸趨酷熱。其後，受到微弱的下沉氣流影響，香港於17日及18日日間繼續為天晴、酷熱及吹微風。

　　隨著一道低壓槽橫過廣東沿岸，香港於18日晚上轉為多雲及有雨，風勢增強。於19日正午至晚上，香港有狂風驟雨，風力增強至強風，間中達烈風程度。另一方面，本地於這天共錄得超過100毫米雨量。

　　隨著低壓槽北移及減弱，香港於20日之風勢及雨勢均見緩和；取而代之為多雲及有微雨的天氣。一道高壓脊其後伸展至廣東沿岸，香港於21日至27日大致為晴朗及炎熱。

　　一道冷鋒於27日黃昏至晚上橫過廣東沿岸，隨之而來的一股大陸氣流為香港於28日及29日較早時間帶來晴朗、乾燥，及炎熱的天氣。其後，隨著第18號熱帶氣旋以西北偏西路徑橫過南海北部，雲層於29日結集本地；而香港於當天日間為多雲及間中有驟雨。

　　隨著與第18號熱帶氣旋相關之雨帶靠近香港，香港於30日及31日為多雲及間中有雨。當該股熱帶氣旋於靠近廣東沿岸途中逐漸增強，及於31日早上達至強烈熱帶風暴之強度時，香港之風力於30日日間及31日期間轉為清勁，間中達強風程度。與此同時，香港於31日錄得之最低氣溫為攝氏23度，與19

日、20日及30日之讀數,同為本月之最低值。

月內有三股熱帶氣旋闖入香港800公里警戒範圍之內,其路徑見於圖一百三十七。

表三十七列出香港於本月出現之特別天氣現象,圖四十二展示香港於本月所錄得之每日氣溫及雨量,圖四十三展示香港於本月所錄得之每日平均氣溫及其距平,而表三十八則展示香港每日天氣情況。

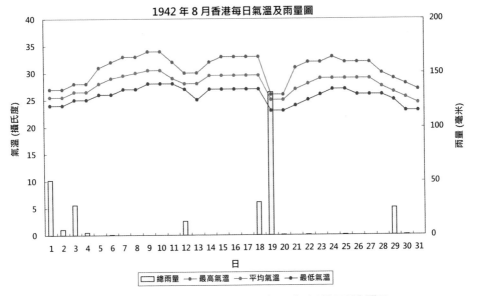

圖四十二:1942年8月香港每日氣溫及雨量圖[59]

59　圖中的每日氣溫為評估數值,而每日雨量則為天文台職員於赤柱集中營由每天日本時間
　　早上9時至翌日早上9時錄得的雨量。

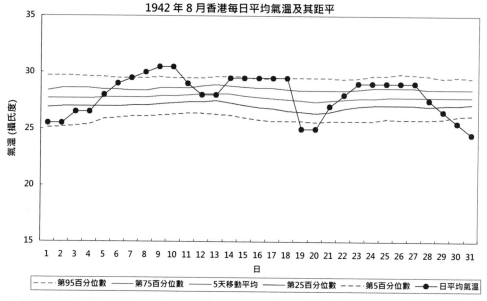

圖四十三：1942年8月香港每日平均氣溫及其距平

日期	1	2	3	4	5	6	7	8	9	10	11	12	13	14	15	
天氣																
日期	16	17	18	19	20	21	22	23	24	25	26	27	28	29	30	31
天氣																

表三十八：1942年8月香港每日天氣情況

6.4 1942年秋季：10月初吹襲香港之颱風與強烈東北季候風來襲之10月下旬

　　香港於1942年秋季首先經歷一股吹襲廣東沿岸之熱帶氣旋，令本地刮起達烈風程度的風力，引致傷亡。此外，香港民眾於該年10月下旬已經歷強烈東北季候風來襲，比常年較早面對寒冷天氣的考驗。

6.4.1 1942年9月香港天氣概況 – 陽光充沛及炎熱，同時較乾旱

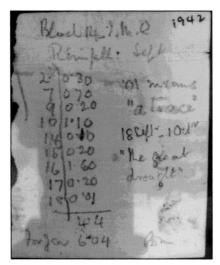

圖四十四：天文台職員於赤柱集中營所記錄有關1942年9月之香港雨量
（資料來源：香港政府檔案處歷史檔案館）

　　香港於本月比正常炎熱，平均氣溫為攝氏27.8度，比正常高0.7度。另一方面，本月較為少雨，只錄得共112.0毫米雨量，僅為正常值之四成半。由於廣東沿岸下半月持續受到較乾燥氣流影響，香港於本月19日至30日近兩星期間並沒有錄得雨量。與此同時，由於陽光充沛的關係，本月共錄得總日照時間介乎220至235小時之間，比正常值多約一至兩成。此外，本月相對乾燥，平均相對濕度介乎72%至75%之間，低於正常水平。

日期	天氣系統	對香港的影響
1日及2日	第18號熱帶氣旋	香港於1日為密雲、有雨,及吹強風。期間,1日及2日天氣稍涼,最低氣溫下降至攝氏23度,為本月之最低值。
11日	第19號熱帶氣旋外圍下沉氣流	天氣酷熱,最高氣溫上升至攝氏34度,為本月之最高值。
15日	冷鋒	多雲及有雨,本地錄得超過40毫米雨量。
20日	東北季候風	天氣稍涼,最低氣溫下降至攝氏23度,為本月之最低值。

表三十九:香港於1942年9月出現之特別天氣現象

第18號熱帶氣旋於本月1日集結於香港以南,並橫過南海北部;香港於當日為密雲、有雨,及吹強風。其後,當第18號熱帶氣旋於海南島登陸後,一道高壓脊自中國內陸延伸至廣東沿岸;香港於2日仍為多雲,但風勢及雨勢逐漸減退。

由於高壓脊持續覆蓋廣東沿岸,香港於3日至5日為大致天晴及漸趨酷熱。其後,雖然香港於6日日間仍為大致天晴,同時酷熱;但隨著一個低壓區於香港以南100多公里掠過,本地於黃昏前有雷雨。低壓區的殘餘雨帶於7日繼續為香港帶來大致多雲及間中有雨的天氣,同時本地亦短暫時間有陽光。

隨著一股較穩定東南氣流抵達,香港於8日轉為部分時間有陽光及酷熱。及後,香港於9日仍有驟雨,但日間為晴朗及炎熱。其後,隨著位於西太平洋之第19號熱帶氣旋正移向台灣,香港處於該股熱帶氣旋之外圍下沉氣流區域,於10至12日為晴朗及酷熱。香港於11日所錄得之攝氏34度高溫為本月之最高值。

　　與一股東北季候風相關之冷鋒於13日至15日影響廣東沿岸，香港漸轉為較涼、多雲，及有雨。期間，本地於15日錄得超過40毫米雨量。受到一股不穩定之東南氣流影響，香港於16日仍為多雲及間中有雨；但17日部分時間有陽光，天氣炎熱。其後，一道微弱冷鋒於18日凌晨橫過廣東沿岸，而緊隨著的一股東北季候風為香港於18日日間至22日早上帶來漸見晴朗及乾燥的天氣，相對濕度於19日至22日日間下跌至40％或以下；期間，早上稍涼，20日錄得之最低氣溫為攝氏23度，與1日及2日之低溫同為本月之最低值。

　　一股較穩定偏東氣流稍後抵達，香港於22日下午至28日期間為天晴、乾燥，及炎熱。隨著第24號熱帶氣旋移近南海北部，香港之風向於29日轉為偏北。由於廣東沿岸位處熱帶氣旋之外圍下沉氣流區域，香港於29日及30日為天晴、乾燥，及酷熱。

　　月內有三股熱帶氣旋闖入香港800公里警戒範圍之內，其路徑見於圖一百三十七。

　　表三十九列出香港於本月出現之特別天氣現象，圖四十五展示香港於本月所錄得之每日氣溫及雨量，圖四十六展示香港於本月所錄得之每日平均氣溫及其距平，而表四十則展示香港每日天氣情況。

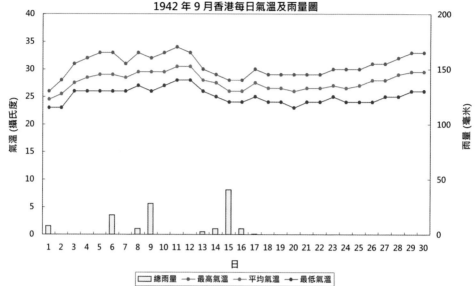

圖四十五：1942年9月香港每日氣溫及雨量圖[60]

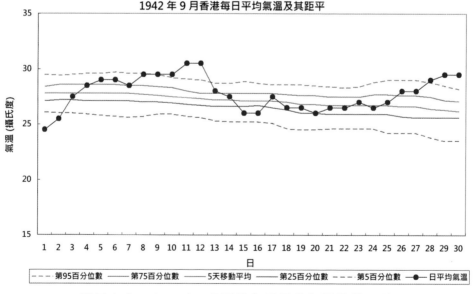

圖四十六：1942年9月香港每日平均氣溫及其距平

60 圖中的每日氣溫為評估數值，而每日雨量則為天文台職員於赤柱集中營由每天日本時間早上9時至翌日早上9時錄得的雨量。

日期	1	2	3	4	5	6	7	8	9	10	11	12	13	14	15
天氣	🌧	🌧	☁	☀	🌤	☁	🌧	☁	☁	🌤	☀	🌤	🌧	🌧	☁
日期	16	17	18	19	20	21	22	23	24	25	26	27	28	29	30
天氣	🌧	🌤	☁	☀	🌤	🌤	☀	🌤	🌤	🌤	🌤	☀	🌤	☀	🌤

表四十：1942年9月香港每日天氣情況

6.4.2　1942年10月香港天氣概況 – 相對多雲、較溫暖、潮濕及多雨，有一股熱帶氣旋襲港

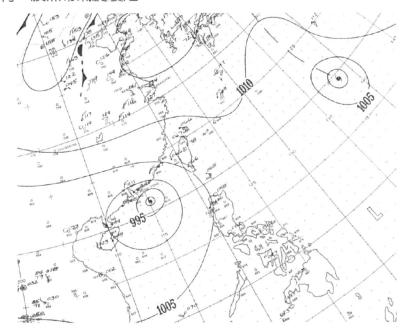

圖四十七：1942年10月1日下午9時30分(日治香港時間)之天氣圖
（資料來源：美國國家海洋與大氣管理局（NOAA）
中央圖書館國家海洋數據中心）

　　香港於本月比正常溫暖，平均氣溫為攝氏25.5度，比正常高1.0度。同時，本月錄得雨量為130.4毫米，比正常多約四成。另一方面，本月相對多雲，總日照時間只介乎160至175小時之間，比正常值少約兩至三成；同時亦較潮濕，平均相對濕度介乎75%至78%之間，高於正常水平。

　　本月有兩次錄得烈風：第一次於2日凌晨至上午錄得，當時第24號熱帶氣旋正橫過南海北部，及移向廣東西部；而另一次於24日錄得，當時一股強烈東北季候風正抵達廣東沿岸。

日期	天氣系統	對香港的影響
1日及2日	第24號熱帶氣旋	風力逐漸增強至烈風程度，同時間中有驟雨。熱帶氣旋吹襲香港期間，灣仔太原街有兩所房屋倒塌，引致1死1傷。
6日及7日	高壓脊	最高氣溫上升至攝氏32度，為本月之最高值。
17日及18日	冷鋒	17日晚間至18日早上風勢增強及有雨，雨勢有時頗大，本地錄得超過70毫米雨量。
24日及25日	強烈東北季候風之補充	本地吹北風，風勢於24日凌晨顯著增強至烈風程度，海面有非常大浪至巨浪。另天氣漸見清涼，最低氣溫於25日下跌至攝氏15度，為本月之最低值。

表四十一：香港於1942年10月出現之特別天氣現象

　　第24號熱帶氣旋於1日橫過南海北部，及趨向華南沿岸，香港於1日早上大致為多雲及炎熱。隨著該股熱帶氣旋逼近廣東沿岸，香港於當天下午初時轉為密雲、吹強風、及有雨。其後，本地於下午至晚間吹東北風，風力逐漸增強至烈風程度，同時間中有驟雨。

隨著第24號熱帶氣旋繼續逼近廣東沿岸，香港於2日凌晨至上午持續吹達烈風程度之東至東南風，密雲及有雨。其後，當第24號熱帶氣旋於下午逐漸移離香港，香港之風勢及雨勢減弱，但仍為密雲。熱帶氣旋吹襲香港期間，灣仔太原街有兩所房屋倒塌，引致1死1傷。

隨著第24號熱帶氣旋於2日晚間登陸廣東西部，及一道高壓脊正向廣東沿岸伸展，本地風勢其後緩和，香港於3日上午較後時間轉為晴朗及炎熱。

隨著高壓脊覆蓋廣東沿岸，香港於3日下午至8日日間為大致天晴及炎熱。期間，6日及7日所錄得之日最高氣溫為攝氏32度，為本月最高值。其後，位處南海中部之第26號熱帶氣旋正移向海南島以南海域，香港於9日部分時間有陽光，但雲量增加。受到東北季候風及第26號熱帶氣旋之共同影響，雨帶於南海北部被誘發及逼近廣東沿岸。期間，香港吹東風，風力於10日至11日期間增強至清勁至強風程度，同時天色為多雲，間中有雨。

隨著一股潮濕偏東氣流繼續影響廣東沿岸，香港於12日至15日仍為大致多雲、風勢清勁，及間中有雨。其後，結集於香港之雲層於16日至17日日間逐漸轉薄，本地漸轉天晴、部分時間有陽光，及天氣炎熱。一道冷鋒於17日晚間橫過廣東沿岸，雲層再度於香港結集。香港於17日晚間至18日早上風勢增強及有雨，雨勢有時頗大，本地錄得超過70毫米雨量。隨著一股東北季候風稍後抵達，香港於18日下午為多雲及較涼，同時風勢維持清勁至強風程度。

一股偏東氣流稍後影響香港，香港於19日至21日期間為大致多雲及短暫時間有陽光，日間天氣炎熱。其後，一道冷鋒於21日晚間橫過廣東沿岸，本地雲量增加及有微雨。及後，一股東北季候風抵達，香港於22日及23日為大致多雲及較涼。當中，22日短暫時間有陽光。

一股強烈東北季候風之補充於24日凌晨抵達廣東沿岸，香港吹北風，風勢顯著增強。本地風勢於凌晨達烈風程度，海有非常大浪至巨浪。受到東北季候風影響，香港之氣溫及相對濕度均開始顯著下跌，而雲層於24日日間逐漸消散。24日及25日大致為晴朗及非常乾燥，相對濕度於大部分時間維持在40%或以下。與此同時，最低氣溫於25日下跌至攝氏15度，為本月最低值。

隨著東北季候風繼續支配廣東沿岸，香港於26至31日仍為大致天晴及乾燥，同時漸見溫暖。期間，隨著28日、29日及30日晚間有東南氣流抵達，雲層間中於香港結集。

月內有兩股熱帶氣旋闖入香港800公里警戒範圍之內，其路徑見於圖一百三十七。

表四十一列出香港於本月出現之特別天氣現象，圖四十八展示香港於本月所錄得之每日氣溫及雨量，圖四十九展示香港於本月所錄得之每日平均氣溫及其距平，而表四十二則展示香港每日天氣情況。

日期	1	2	3	4	5	6	7	8	9	10	11	12	13	14	15
天氣	🌧	🌧	⛅	☀	☀	☀	☀	☀	🌧	☁	🌧	☁	☁	🌧	☁
日期	16	17	18	19	20	21	22	23	24	25	26	27	28	29	30	31
天氣	🌧	☁	🌧	☁	☁	☁	☁	☁	☀	☀	☀	☀	⛅	☀	☀	☀

表四十二：1942年10月香港每日天氣情況

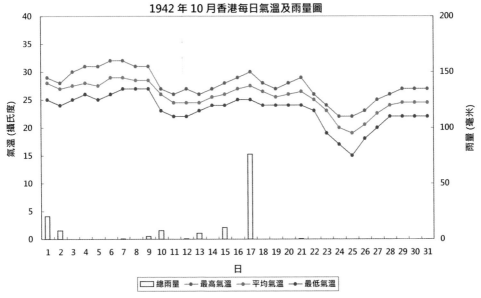

圖四十八：1942年10月香港每日氣溫及雨量圖[61]

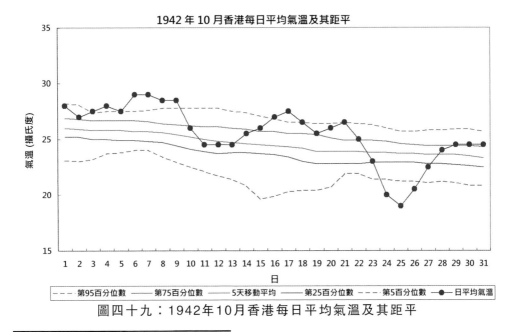

圖四十九：1942年10月香港每日平均氣溫及其距平

---

61 圖中的每日氣溫為評估數值，而每日雨量則為天文台職員於赤柱集中營由每天日本時間早上9時至翌日早上9時錄得的雨量。

6.4.3　1942年11月香港天氣概況 – 較溫暖、潮濕及多雨

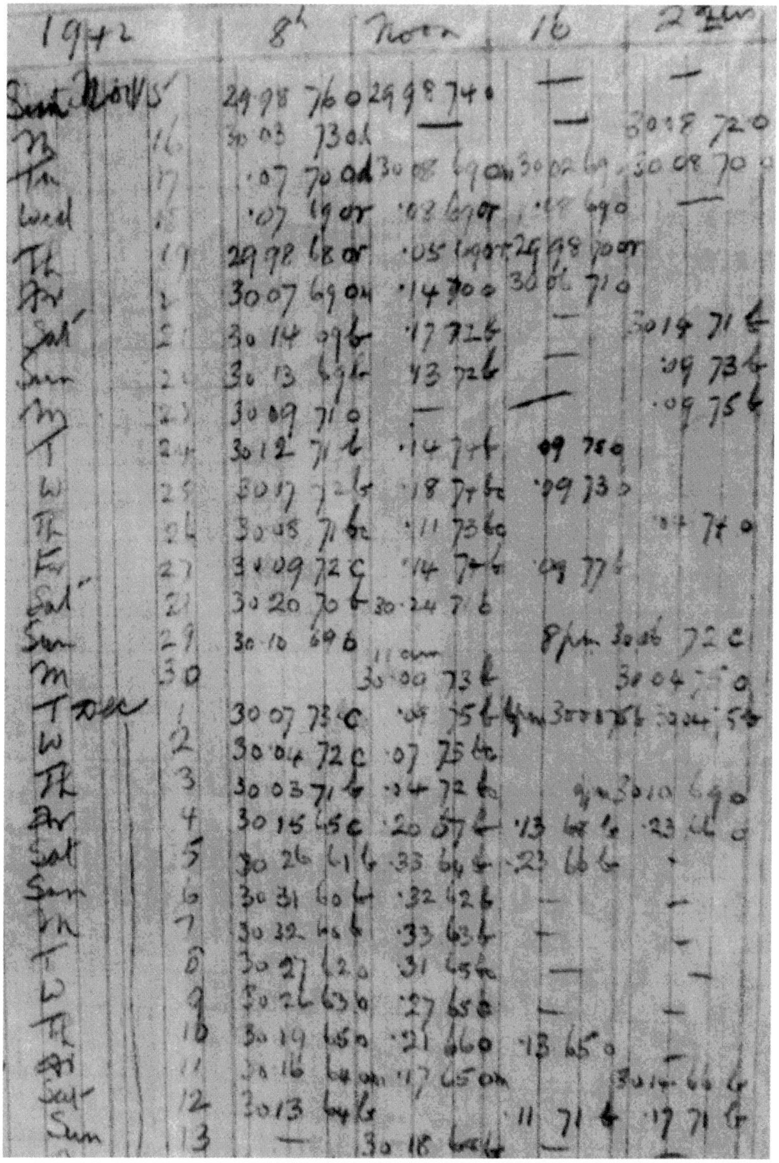

圖五十：天文台職員於赤柱集中營所保存有關1942年11月之香港氣象觀測
（資料來源：香港政府檔案處歷史檔案館）

香港於本月相對溫暖及潮濕，平均氣溫為攝氏22.3度，比正常高1.3度。另一方面，月內平均相對濕度介乎70%至73%之間，接近或高於正常水平；總雨量為55.9毫米，比正常值多一成半。與此同時，本月總日照時間介乎175至190小時之間，接近正常值。

日期	天氣系統	對香港的影響
6日	東南氣流	天氣炎熱，最高氣溫上升至攝氏30度，為本月之最高值。
15日至19日	東北季候風及第29號熱帶氣旋之共同影響	風勢大致為清勁，間中達強風程度。本地於18日及19日這兩天共錄得超過30毫米雨量，大雨導致上環發生塌樓事件，引致1死8傷。
28日	東北季候風	天氣清涼，最低氣溫下降至攝氏16度，為本月之最低值。

表四十三：香港於1942年11月出現之特別天氣現象

受到一股大陸氣流影響，香港於本月首兩天為晴朗及乾燥，日間天氣溫暖。隨著一股偏東氣流稍後抵達，香港於2日晚間轉吹清勁東風。

一股東南氣流稍後影響廣東沿岸，香港於3日至6日期間為大致晴朗及部分時間有陽光，同時漸見炎熱。期間，6日所錄得之攝氏30度高溫為本月之最高值。

一道冷鋒於6日晚間橫過廣東沿岸，隨後之一股東北季候風為香港於7日帶來較涼的天氣，當日短暫時間有陽光。該股季候風稍後被一股偏東氣流所取代，而香港於8日及9日為晴朗、溫暖，及部分時間有陽光。及後，風勢逐漸轉為清勁，及於9日晚間達至強風程度。

　　其後，偏東氣流被一股東南氣流所取代，香港於10日至14日為大致晴朗及部分時間有陽光，天氣漸見炎熱。一道冷鋒隨後於14日黃昏橫過廣東沿岸，一股東北季候風為香港於15日至17日帶來較涼的天氣。在東北季候風及位於南海中部正以西北偏西路徑移向海南島的第29號熱帶氣旋共同影響下，香港為多雲、有雨及吹東風，風勢大致為清勁，及間中達強風程度。

　　在東北季候風及位於越南中部之第29號熱帶氣旋殘餘雨帶共同影響下，香港於18日及19日為清涼、多雲，及有雨。本地於這兩天共錄得超過30毫米雨量。大雨期間，位於上環保良新街（即現今新街）之兩幢3層高樓宇逐告倒塌，引致1死8傷。

　　隨著一股較穩定之東南氣流稍後抵達，本地風勢及雨勢於20日逐漸減弱，天色大致為多雲，而天氣於21日轉為晴朗及和暖。一道冷鋒其後於當日深夜橫過廣東沿岸，隨後抵達的一股東北季候風繼續為香港於22日帶來晴朗、同時清涼及乾燥的天氣。

　　受到一股偏東氣流影響，香港於23日至25日日間為大致天晴及溫暖。一道冷鋒其後於25日晚間橫過廣東沿岸，緊隨著的另一股偏東氣流稍後抵達，香港於26日及27日日間繼續為大致天晴及和暖。

　　一道冷鋒於27日黃昏至晚間期間橫過廣東沿岸，而隨後的一股東北季候風於28日為香港帶來晴朗、乾燥及清涼的天氣；是日最低氣溫下降至攝氏16度，為本月之最低值。

　　受到一股穩定之偏東氣流影響，香港於29日為大致天晴及溫暖。其後，一道冷鋒於30日凌晨橫過廣東沿岸，緊隨著的一股大陸氣流繼續於30日為香港帶來晴朗及溫暖的天氣。

　　月內有一股熱帶氣旋闖入香港800公里警戒範圍之內,其路徑見於圖一百三十七。

　　表四十三列出香港於本月出現之特別天氣現象,圖五十一展示香港於本月所錄得之每日氣溫及雨量,圖五十二展示香港於本月所錄得之每日平均氣溫及其距平,而表四十四則展示香港每日天氣情況。

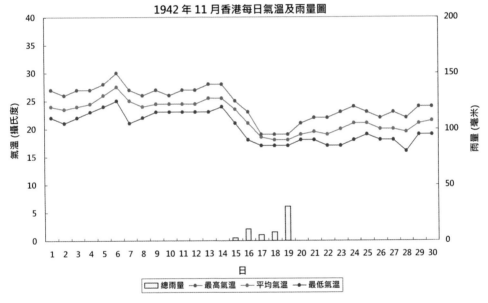

圖五十一:1942年11月香港每日氣溫及雨量圖[62]

62　圖中的每日氣溫為評估數值,而每日雨量則為天文台職員於赤柱集中營由每天日本時間早上9時至翌日早上9時錄得的雨量。

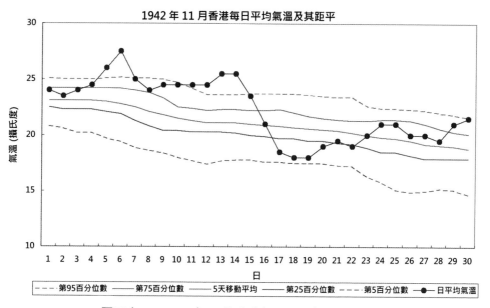

圖五十二：1942年11月香港每日平均氣溫及其距平

日期	1	2	3	4	5	6	7	8	9	10	11	12	13	14	15
天氣	☀	☀	⛅	☁	☁	☁	☁	☁	☁	⛅	☁	☁	☁	☁	🌧
日期	16	17	18	19	20	21	22	23	24	25	26	27	28	29	30
天氣	🌧	🌧	🌧	🌧	☁	☀	☀	☀	⛅	⛅	☀	⛅	☀	☀	☀

表四十四：1942年11月香港每日天氣情況

第七章
1943年香港季度天氣回顧

▲香港於1943年春季經歷了歷時40天之乾旱，
圖為香港民眾當年年中於中環街市配米站等候大米配給的情況。
（資料來源：不詳）

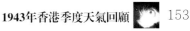

7.1 1942至1943年間之冬季：晴朗及異常乾旱的冬季

香港於1942至1943年間之冬季大致陽光充沛，總日照時間介乎540至585小時之間，比正常多三至四成。另一方面，香港於本季只錄得8.9毫米雨量，為自1884年至2022年間繼1954年至1955年冬季後之第二乾旱冬季。期間，本地農作物失收，物價上漲，民眾生活困苦。

7.1.1 1942年12月香港天氣概況 – 陽光充沛、天氣較清涼、乾燥及只下了微雨

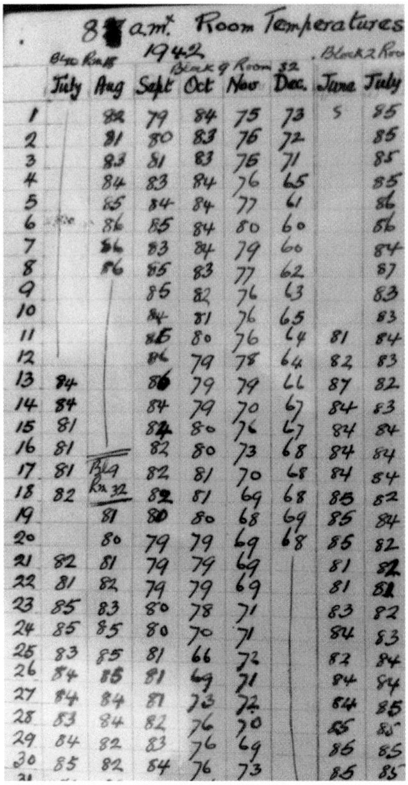

8 a.m. Room Temperatures

1942

	July	Aug	Sept	Oct	Nov	Dec.	June	July
1		82	79	84	75	73	5	85
2		81	80	83	76	72		85
3		83	81	83	75	71		85
4		84	83	84	76	65		85
5		85	84	84	77	61		86
6		86	85	84	80	60		86
7		86	83	84	79	60		84
8		86	85	83	77	62		87
9			85	82	76	63		83
10			84	81	76	65		83
11			85	80	76	64	81	84
12			86	79	78	64	82	83
13	84		86	79	79	66	87	82
14	84		84	79	70	67	84	83
15	81		84	80	76	67	84	84
16	81		82	80	73	68	84	84
17	81	Blg	82	81	70	68	84	84
18	82	Rm 32	82	81	69	68	85	82
19		81	80	80	68	69	85	84
20		80	79	79	69	68	85	82
21	82	81	79	79	69		81	82
22	81	82	79	79	69		81	82
23	85	83	80	78	71		83	82
24	85	85	80	70	71		84	83
25	83	85	81	66	72		82	84
26	84	85	81	69	71		84	84
27	84	84	81	73	72		84	85
28	83	84	82	76	70		85	85
29	84	82	83	76	69		86	85
30	85	82	84	76	73		85	85

圖五十三：天文台職員於赤柱集中營所保存有關1942年之香港每月氣溫紀錄
（資料來源：香港政府檔案處歷史檔案館）

香港於本月較正常清涼及晴朗，平均氣溫為攝氏17.1度，比正常值低0.3度；總日照時間介乎190至205小時之間，比正常值多約一至兩成。另一方面，本月天氣較乾燥，僅錄得微量雨量紀錄；同時，平均相對濕度介乎65%至68%之間，低於正常水平。

日期	天氣系統	對香港的影響
1日及2日	偏東氣流	天氣溫暖，最高氣溫上升至攝氏24度，為本月之最高值。
5日至7日	東北季候風	天氣寒冷。期間，5日錄得之最低氣溫為攝氏11度，為本月之最低值。

表四十五：香港於1942年12月出現之特別天氣現象

受到一股穩定之偏東氣流影響，香港於本月首天為晴朗、乾燥及溫暖。其後，一道冷鋒於當日晚間橫過廣東沿岸，而另一股偏東氣流稍後抵達，為香港於2日繼續帶來晴朗及溫暖的天氣。期間，1日及2日之最高氣溫上升至攝氏24度，為本月之最高值。

香港於3日早上為大致天晴及和暖。其後，一道冷鋒於下午較早時橫過香港。隨著一股東北季候風抵達，香港隨即轉吹北風，同時風勢增強，晚間轉為多雲及清涼。

香港於4日早上仍為多雲及清涼，但下午轉為大致天晴、和暖及乾燥。及後，一道冷鋒於晚間橫過廣東沿岸，香港再度轉為多雲。

隨著另一股東北季候風抵達，香港於5日至7日為天晴、寒冷，及非常乾燥，相對濕度偶有下降至40%或以下。期間，5日錄得之最低氣溫為攝氏11

度，為本月之最低值。類似天氣情況於8日及9日持續，但最低氣溫逐漸上升至清涼程度。

隨著東北季候風於10日增強，香港於10日及11日早上為多雲及較涼，而11日下午則轉為晴朗及乾燥。其後，香港於12日持續為天晴、清涼，及乾燥。

一道冷鋒於13日清晨橫過廣東沿岸，僅隨著之另一股東北季候風為香港於13日早上帶來多雲及清涼，下午為晴朗、和暖及乾燥的天氣。隨著一股偏東氣流於晚間抵達，香港於14日至17日為晴朗及和暖。其後，一道冷鋒於18日凌晨橫過廣東沿岸，本地雲量增加。

一股東至東南氣流稍後抵達，香港於18日至22日早上為清涼，下午為和暖，同時漸見晴朗。期間，風勢於20日晚間間中達強風程度。其後，一道冷鋒於23日初時接近及於下午橫過該區，香港於23日轉為大致多雲。隨著僅隨之一股東北季候風抵達，香港於23日晚間及24日為多雲及較涼。

一道冷鋒於25日早上橫過廣東沿岸，香港於25日早上為多雲及清涼。其後，受到一股偏東氣流影響，香港於當日下午部分時間有陽光。及後，另一道冷鋒於26日早上接近，及於下午橫過廣東沿岸，香港當日為大致多雲及清涼。

隨著一股東北季候風之補充，香港於27日仍為大致多雲及清涼；但隨著該股季候風減弱，香港於28日轉為晴朗及和暖。

及後，一股偏東氣流抵達，香港於29日為多雲及短暫時間有陽光，而30日為晴朗及較和暖。一道冷鋒隨後於30日黃昏橫過廣東沿岸，而僅隨著之一股東北季候風於31日為香港帶來大致晴朗及清涼的天氣。

本月並沒有熱帶氣旋闖入香港800公里警戒範圍之內。

表四十五列出香港於本月出現之特別天氣現象，圖五十四展示香港於本月所錄得之每日氣溫及雨量，圖五十五展示香港於本月所錄得之每日平均氣溫及其距平，而表四十六則展示香港每日天氣情況。

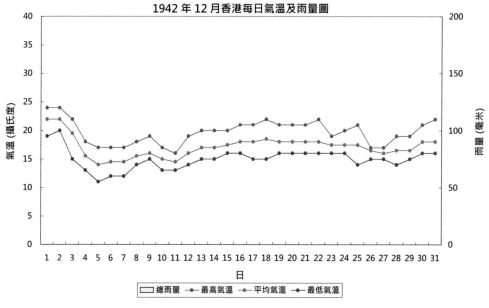

圖五十四：1942年12月香港每日氣溫及雨量圖[63]

63　圖中的每日氣溫為評估數值，而每日雨量則為天文台職員於赤柱集中營由每天日本時間早上9時至翌日早上9時錄得的雨量。

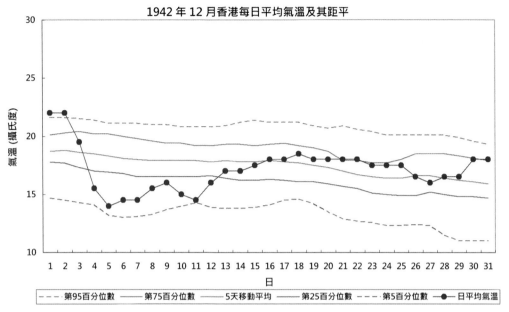

1942 年 12 月香港每日平均氣溫及其距平

氣溫（攝氏度）

日

- - - - 第95百分位數　—— 第75百分位數　—— 5天移動平均　—— 第25百分位數　- - - 第5百分位數　—●— 日平均氣溫

圖五十五：1942年12月香港每日平均氣溫及其距平

日 期	1	2	3	4	5	6	7	8	9	10	11	12	13	14	15	
天 氣																
日 期	16	17	18	19	20	21	22	23	24	25	26	27	28	29	30	31
天 氣																

表四十六：1942年12月香港每日天氣情況

7.1.2　1943年1月香港天氣概況 – 陽光充沛、天氣較寒冷、乾燥及只下了微雨

> *"11 Jan 1943: Strong NE or N wind early a.m. Sunny but wind cold."*
> （摘自天文台職員於亞皆老街集中營所保存有關香港天氣之日記）

　　受到乾燥東北季候風影響，香港於本月之天氣情況，跟上月（即1942年12月）相近，也是天氣乾燥，只錄得微量雨量；而平均相對濕度介乎62%至65%之間，低於正常水平。此外，本月比正常較晴朗，共錄得總日照時間介乎195至210小時之間，比正常值多約三至四成。另一方面，香港於本月相對寒冷，平均氣溫為攝氏14.7度，比正常低0.5度。

日期	天氣系統	對香港的影響
1日	偏東氣流	天氣和暖，最高氣溫上升至攝氏22度，為本月之最高值。
5日至19日	強烈東北季候風	天氣寒冷。期間，7日、8日、11日至13日之最低氣溫更下降至攝氏8度，為本月之最低值。
29日及30日	東北季候風	天氣寒冷。

表四十七：香港於1943年1月出現之特別天氣現象

　　隨著一股東北季候風支配廣東沿岸，香港於本月首天早上為晴朗、乾燥，及清涼。一股偏東氣流稍後抵達，本地於下午及2日日間為和暖；1日下午最高氣溫上升至攝氏22度，為本月之最高值。其後，一道冷鋒於2日晚間橫過廣東沿岸，而僅隨著之另一股東北季候風繼續為香港於3日帶來類似的天氣

情況。

隨著一股強烈東北季候風稍後抵達,香港於4日為晴朗、清涼及乾燥。其後,本地氣溫繼續下降,而5日及6日為晴朗、乾燥及寒冷。隨著季候風持續增強,香港於7日及8日為多雲及寒冷,而這兩天之最低氣溫均下降至攝氏8度,為本月之最低值。

一股偏東氣流稍後抵達,香港雖然於9日及10日早上仍為寒冷,但日間為多雲、較和暖及短暫時間有陽光。隨著一股強烈東北季候風稍後影響廣東沿岸,香港於11日至13日再度轉為大致晴朗、非常乾燥及寒冷,相對濕度偶有下降至40%或以下,另最低氣溫再度下降至本月最低之攝氏8度。

受到東北季候風影響,香港於14日為多雲,早上寒冷。其後,15日早上雖然仍為寒冷,但日間為大致晴朗、和暖及乾燥。

隨著一道冷鋒於15日黃昏抵達,另一股強烈東北季候風於16日至19日為香港帶來晴朗、寒冷及乾燥的天氣。其後,正當季候風緩和的同時,一股偏東氣流抵達,繼續為香港於20日及21日帶來晴朗、乾燥,但較為和暖的天氣。

一股東北季候風稍後抵達,並為香港於22日帶來晴朗、稍涼及乾燥的天氣。隨著潮濕偏東氣流抵達,香港於23日及24日為多雲及清涼,而這兩天清晨均錄得有微雨。其後,隨著雲量減少,香港於25日轉為晴朗及較和暖。

一股海洋氣流稍後抵達,香港於26日為多雲及和暖。雲層隨後消散,本地於27日為晴朗、部分時間有陽光及和暖。

隨著一道冷鋒於28日凌晨橫過廣東沿岸，香港於28日再度轉為大致多雲。及後，一股僅隨之東北季候風於29日及30日為香港帶來大致晴朗、寒冷及部分時間有陽光的天氣。隨著季候風稍後緩和，及被一股偏東氣流所取代，香港於31日為晴朗、清涼及部分時間有陽光。

　　本月並沒有熱帶氣旋闖入香港800公里警戒範圍之內。

　　表四十七列出香港於本月出現之特別天氣現象，圖五十六展示香港於本月所錄得之每日氣溫及雨量，圖五十七展示香港於本月所錄得之每日平均氣溫及其距平，而表四十八則展示香港每日天氣情況。

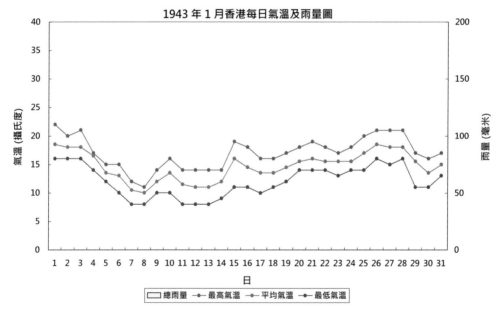

圖五十六：1943年1月香港每日氣溫及雨量圖[64]

64　圖中的每日氣溫為評估數值，而每日雨量則為天文台職員於亞皆老街集中營由每天日本時間早上10時至翌日早上10時錄得的雨量。

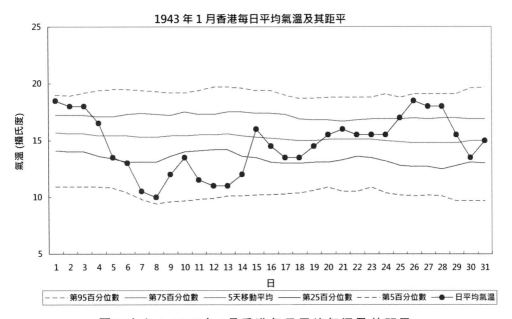

圖五十七：1943年1月香港每日平均氣溫及其距平

日期	1	2	3	4	5	6	7	8	9	10	11	12	13	14	15	
天氣	☀	☀	☀	☀	☀	☀	☁	☁	⛅	⛅	☀	☀	☀	☁	☀	
日期	16	17	18	19	20	21	22	23	24	25	26	27	28	29	30	31
天氣	☀	☀	☀	☀	☀	☀	☁	☁	☀	☁	☁	☁	⛅	⛅	⛅	⛅

表四十八：1943年1月香港每日天氣情況

7.1.3　1943年2月香港天氣概況 – 陽光充沛，天氣較乾燥、少雨及清涼

> *"17 Feb 1943: Lovely spring days - warm and pleasant."*
> （摘自天文台職員於亞皆老街集中營所保存有關香港天氣之日記）

僅接著上月，香港於本月繼續為乾燥，月內僅錄得8.9毫米雨量，只為正常值的兩成；而平均相對濕度介乎71%至74%之間，低於正常水平。此外，本月比正常晴朗，總日照時間介乎155至170小時之間，比正常值多約五至六成。另一方面，本月較正常清涼，平均氣溫為攝氏15.3度，比正常值稍低0.2度。

日期	天氣系統	對香港的影響
4日至11日	東北季候風	天氣寒冷。期間，7日及8日之最低氣溫更下降至攝氏8度，為本月之最低值。
18日	東至東南氣流	天氣和暖，最高氣溫上升至攝氏22度，為本月之最高值。
21日至23日	東北季候風	天氣寒冷。

表四十九：香港於1943年2月出現之特別天氣現象

受到一股東至東南氣流影響，香港於本月首日為多雲、短暫時間有陽光及有微雨，早上有薄霧及天氣清涼。其後，隨著一道位於廣東北部的冷鋒於2日橫過沿岸地區，香港轉為密雲、有微雨及薄霧。

受到隨後之一股東北季候風影響，香港於3日為多雲及短暫時間有陽光，

同時北風增強；而4日至6日為密雲、寒冷、有微雨及間中吹強風。該股季候風隨後增強，香港於7日及8日早上持續寒冷，最低氣溫下降至攝氏8度，為本月之最低值。雖然7日仍為多雲及有雨，但8日轉為晴朗、乾燥及部分時間有陽光。

東北季候風持續為香港於9日至11日帶來寒冷的天氣。當中，9日為大致晴朗及乾燥，而10日及11日則為大致多雲及有微雨。隨著季候風減弱，及一股東至東南氣流抵達，香港於12日至19日日間為大致天晴及和暖。期間，18日之最高氣溫上升至攝氏22度，為本月之最高值。

一道冷鋒於19日晚間橫過廣東沿岸，隨後之一股東北季候風為香港於20日至23日帶來大致晴朗、乾燥，及寒冷的天氣。其後，一股偏東氣流抵達，香港於24日至27日為晴朗、和暖，及乾燥；同時間中吹強風。

另一道冷鋒於28日初時接近，及於日間橫過廣東沿岸，香港隨即轉為密雲及間中有雨。及後，一股東北季候風於日間抵達，香港轉吹偏北風，天氣較涼。

本月並沒有熱帶氣旋闖入香港800公里警戒範圍之內。

表四十九列出香港於本月出現之特別天氣現象，圖五十八展示香港於本月所錄得之每日氣溫及雨量，圖五十九展示香港於本月所錄得之每日平均氣溫及其距平，而表五十則展示香港每日天氣情況。

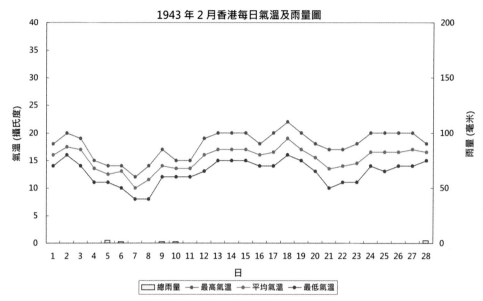

圖五十八：1943年2月香港每日氣溫及雨量圖[65]

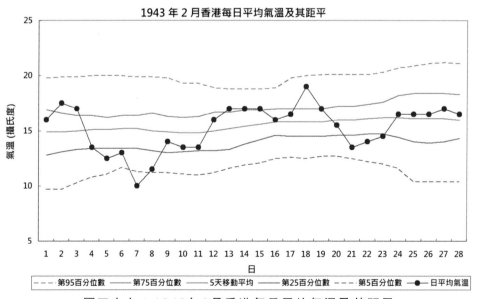

圖五十九：1943年2月香港每日平均氣溫及其距平

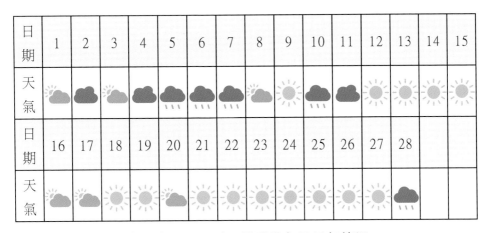

表五十：1943年2月香港每日天氣情況

7.2 1943年春季：相當和暖的3月與香港持續40天之乾旱

雖然香港於1943年春季之雨量比正常為多，但中期之4月8日至5月17日共40天卻只錄得微量雨量紀錄。據報章報導，當時普遍人認為本年將發生旱災，但幸好5月下旬漸趨多雨，令旱情得以紓緩。另一方面，本年3月之特點為天氣相當和暖，而4月及5月則為陽光充沛。

65　圖中的每日氣溫為評估數值，而每日雨量則為天文台職員於亞皆老街集中營由每天日本時間早上10時至翌日早上10時錄得的雨量。

7.2.1 1943年3月香港天氣概況 – 較多雲、相當和暖及潮濕

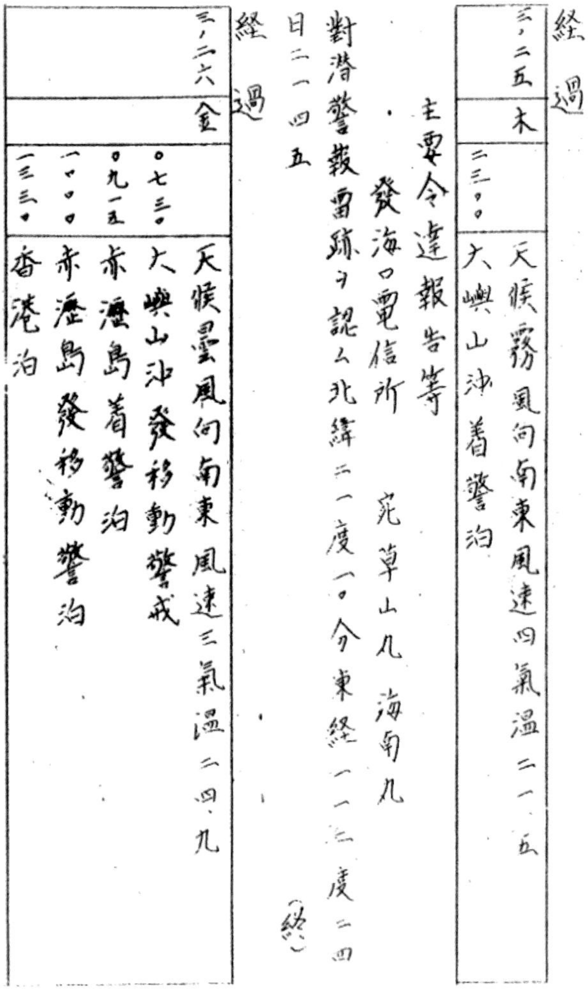
經過
三、二五 木
二三〇〇
天候霧 風向南東 風速四 氣温二一、五
大嶼山沖着警泊

主要令達報告等
・發海口電信所 宛草山丸 海南丸
對潜警報 雷跡ヲ認ム 北緯二一度一〇分 東経一一二度二四
日二一四五
(終)

經過
三、二六 金
天候曇 風向南東 風速三 氣温二四、九
〇七三〇 大嶼山沖發 移動警戒
〇九一五 赤瀝島着 警泊
一〇〇〇 赤瀝島發 移動警泊
一三三〇 香港泊

圖六十：日本軍艦草山丸於1943年3月行經香港附近水域時所進行之氣象觀測（資料來源：日本國立公文書館）

　　由於香港於本月大部分日子均受到海洋氣流支配的關係，本月為相當和暖，平均氣溫為攝氏19.6度，比正常高達2.1度。同時，本月亦較潮濕，平均相對濕度為介乎83%至86%之間，高於正常水平。另一方面，雖然月內總雨量為82.6毫米，接近正常水平，但本月比正常較少出現陽光，總日照時間介乎80至90小時之間，比正常值少約一至兩成。

日期	天氣系統	對香港的影響
9日	東北季候風	天氣寒冷，晚間氣溫下降至攝氏12度，為本月之最低值。
10日至11日	潮濕偏東氣流	10日晚上至11日凌晨下了本年首場較大的驟雨，雨量接近20毫米。
23日至24日	西南氣流/低壓槽	天氣溫暖，日最高氣溫上升至攝氏27度，為本月之最高值，也是本年自入春以來之最高氣溫。
28日至30日	低壓槽	密雲及有雨，本地共錄得超過30毫米雨量。

表五十一：香港於1943年3月出現之特別天氣現象

　　隨著一道低壓槽於本月首天於廣東沿岸徘徊，香港日間為多雲、有微雨，及吹微風。該道低壓槽於2日橫過廣東沿岸，香港於2日凌晨有雨。其後，一股海洋氣流抵達，香港於2日日間為大致多雲及和暖。

　　受到海洋氣流影響，香港於3日為大致天晴及和暖。隨著一股偏東氣流稍後抵達，香港於4日轉為多雲，及吹清勁至強風程度東風。多雲天氣其後於5日持續，但本地風勢減弱。

其後，較潮濕之偏東氣流持續影響廣東沿岸，香港於6日日間為多雲、溫暖、潮濕，及短暫時間有陽光。及後，一道冷鋒於晚間橫過廣東沿岸，本地雲量增加。一股東北季候風之補充稍後抵達，本地風勢增強及間中達強風程度；香港於7日至10日期間為多雲、大致清涼，及間中有驟雨。期間，9日晚間寒冷，氣溫下降至攝氏12度，為本月之最低值。

隨著一股較潮濕偏東氣流抵達，香港於10日晚上至11日凌晨下了本年首場較大的驟雨，雨量接近20毫米；而11日早上為清涼。其後，香港於11日日間轉為部分時間有陽光及和暖，晚間則轉吹微風。

一股海洋氣流稍後抵達，香港於12日清晨有微雨，日間為多雲及和暖。其後，海洋氣流持續影響廣東沿岸，香港於13日至18日為大致晴朗，天氣漸見溫暖及潮濕，間中有微雨。及後，本地雲量增加，香港於19日至21日為大致密雲，及間中有驟雨。

隨著一股偏南氣流稍後影響廣東沿岸，香港於22日凌晨有微雨，日間為多雲、潮濕及溫暖。一股溫暖西南氣流稍後抵達，香港於23日為溫暖及短暫時間有陽光。該天及稍後24日所錄得之攝氏27度高溫同為本月之最高值，也是本年自入春以來之最高氣溫。

一道低壓槽稍後於廣東沿岸徘徊，香港於24日為密雲及有雨。其後，一股潮濕偏東氣流抵達，香港於25日至27日期間為大致密雲、溫暖，及較頻密時間有雨。

一道低壓槽於28日至30日徘徊廣東沿岸，為香港帶來密雲及有雨的天氣，本地共錄得超過30毫米雨量。隨著東北季候風其後支配廣東沿岸，香港於31日早上為多雲及清涼。其後，一股偏東氣流抵達，本地持續多雲，但日間轉為和暖。

本月並沒有熱帶氣旋闖入香港800公里警戒範圍之內。

表五十一列出香港於本月出現之特別天氣現象，圖六十一展示香港於本月所錄得之每日氣溫及雨量，圖六十二展示香港於本月所錄得之每日平均氣溫及其距平，而表五十二則展示香港每日天氣情況。

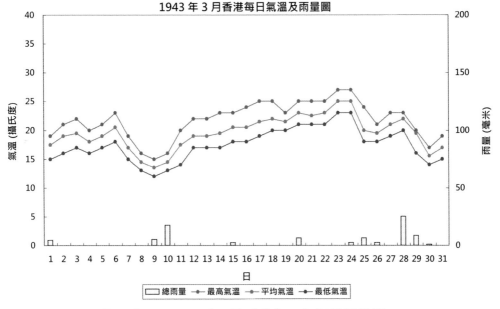

圖六十一：1943年3月香港每日氣溫及雨量圖[66]

66　圖中的每日氣溫為評估數值，而每日雨量則為天文台職員於亞皆老街集中營由每天日本時間早上10時至翌日早上10時錄得的雨量。

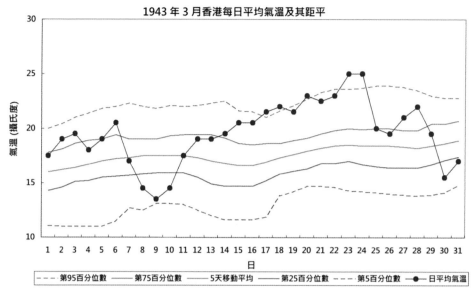

圖六十二：1943年3月香港每日平均氣溫及其距平

日期	1	2	3	4	5	6	7	8	9	10	11	12	13	14	15	
天氣	🌧	🌧	☀	☁	☁	🌦	🌧	🌧	🌧	🌧	🌦	☁	☀	☀	☀	
日期	16	17	18	19	20	21	22	23	24	25	26	27	28	29	30	31
天氣	🌦	🌦	🌦	☁	🌧	🌦	☁	☁	☁	☁	☁	☁	☁	🌧	☁	☁

表五十二：1943年3月香港每日天氣情況

7.2.2　1943年4月香港天氣概況 – 陽光充沛、天氣較乾燥及少雨

DATE	TEMPERATURE			RAINFALL		
	7AM	4PM	10PM	10AM	TOTAL	
FRID. 16	69	73	73			STRONG WIND RD. SUNNY + PLEASANT ON THE WHOLE.
	66	74	69	—	3.77	
SAT. 17	69	81	72			LOVELY DAY, FRESH S.E. SUNNY + FRESH.
	65	75	69	—	3.77	
SUN. 18	69	84	76			ANOTHER LOVELY SPRING DAY, ALSO LOVELY MOONLIGHT NIGHT.
	66	76	73		3.77	FULL MOON?

APRIL - 1943　　香港俘虜收容所

圖六十三：天文台職員於亞皆老街集中營記錄有關1943年4月之香港天氣情況
（資料來源：香港政府檔案處歷史檔案館）

　　總體來說，香港於本月比正常為晴朗，總日照時間介乎160至175小時之間，比正常值多約三至四成。此外，本月平均氣溫為攝氏21.3度，屬正常水平。另一方面，本月比正常稍為乾燥：總雨量為95.7毫米，比正常少接近三成；而平均相對濕度介乎79%至82%之間，低於正常水平。由於香港於4月8日至4月30日共23天期間，在穩定的偏東氣流及海洋氣流支配下，曾為大致晴朗及乾旱，因而只錄得微量雨量。

　　本月之特色為上半月相對多雲及清涼，而下半月則較為晴朗及溫暖。另外，本月8日錄得之10度低溫，與1939年4月5日、1941年4月6日及後來的1969年4月5日的低溫（分別是10.2度、10.0度及9.9度）同為自1884年以來4月份位列首四位之最低值。

日期	天氣系統	對香港的影響
5日及6日	潮濕偏東氣流	密雲及長時間下雨，雨勢有時頗大。期間，兩天共錄得約70毫米雨量。
8日及9日	強烈東北季候風	天氣寒冷。期間，8日錄得之攝氏10度低溫，為本月之最低值；亦為自1884年以來4月份位列首四位最低值。
28日	溫暖西南氣流	天氣炎熱，當天錄得最高氣溫為攝氏30度，為本月之最高值。
8日至30日	偏東氣流/海洋氣流	香港於4月8日至4月30日共23天期間，在穩定的偏東氣流及海洋氣流支配下，曾為大致晴朗及乾旱，因而只錄得微量雨量。

表五十三：香港於1943年4月出現之特別天氣現象

　　一股潮濕偏東氣流於本月首天為香港帶來大致密雲、清涼及有雨的天氣，同時風勢達清勁至強風程度。隨著一股潮濕海洋氣流稍後抵達，香港於2日持續為密雲及有雨，但轉為和暖。

　　香港於3日雨勢減弱，日間為大致多雲、溫暖，及短暫時間有陽光。一道冷鋒其後於4日清晨橫過廣東沿岸，雲層再次於本地結集，香港於4日清晨有一兩陣驟雨，但日間轉為晴朗及溫暖。

　　一道低壓槽於4日晚間橫過廣東沿岸，為香港帶來一兩陣驟雨。一股潮濕偏東氣流其後抵達，為香港於5日及6日帶來密雲及長時間有雨的天氣，雨勢有時頗大。期間，兩天共錄得約70毫米雨量。

　　隨著一道冷鋒接近，及於7日中午時分橫過廣東沿岸，香港於7日持續下雨，早上雨勢有時頗大，但雨勢於下午較後時間減弱。隨著一股強烈東北季候風抵達，本地於8日清晨北風增強，後達強風程度。與此同時，本地氣溫及濕度均開始下跌；8日日間漸轉天晴及非常乾燥，相對濕度偶有下降至40％或以下，而早上及晚間則為寒冷。是日早上錄得之攝氏10度低溫，為本月之最低值；亦位列自1884年以來4月份首四位最低值。由於風勢於黃昏開始緩和，至晚間達至無風狀態的關係，新界北部之氣溫於當晚天空無雲及輻射冷卻的情況下，下跌幅度較大。

隨著東北季候風繼續支配廣東沿岸，香港於9日為晴朗及乾燥。其後，一股偏東氣流於晚間抵達，本地濕度回升。一股海洋氣流稍後抵達，香港於10日日間為晴朗及溫暖。及後，一股西南氣流於11日抵達，香港於日間為部分時間有陽光及溫暖，雲量逐漸增加。

隨著一道冷鋒於12日凌晨橫過廣東沿岸，一股僅隨著之東北季候風於早上抵達；香港於早上北風增強，同時為清涼及有微雨。其後，香港於日間維持大致多雲及和暖的天氣，而氣溫於日間亦沒有太大轉變。

一股偏東氣流於12日晚間抵達，香港於13日及14日均為多雲及有微雨；期間，早上為清涼。雖然14日僅短暫時間有陽光，但15日轉為晴朗及溫暖。其後，東風於晚間增強，本地於16日凌晨至早上為多雲及吹強風。及後，日間為大致天晴及溫暖。

隨著偏東氣流繼續影響香港，香港除了20日及23日清晨有微雨外，於17日至23日為大致晴朗及溫暖。其後，當風向轉為較偏南，香港除了27日為多雲及有微雨外，於24日至28日持續為大致天晴及炎熱。期間，隨著一股溫暖西南氣流於28日影響廣東沿岸，香港錄得最高氣溫為攝氏30度，為本月之最高值。

一道微弱低壓槽於29日凌晨橫過廣東沿岸。其後，一股偏東氣流抵達，香港繼續為晴朗、炎熱及部分時間有陽光。隨著另一道低壓槽於30日凌晨橫過廣東沿岸，本地雲量增加及有微雨。一股偏東氣流其後抵達，香港為多雲及較涼。

　　本月並沒有熱帶氣旋闖入香港800公里警戒範圍之內。

　　表五十三列出香港於本月出現之特別天氣現象，圖六十四展示香港於本月所錄得之每日氣溫及雨量，圖六十五展示香港於本月所錄得之每日平均氣溫及其距平，而表五十四則展示香港每日天氣情況。

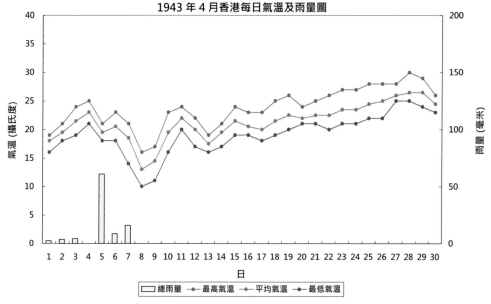

圖六十四：1943年4月香港每日氣溫及雨量圖[67]

67　圖中的每日氣溫為評估數值，而每日雨量則為天文台職員於亞皆老街集中營由每天日本時間早上10時至翌日早上10時錄得的雨量。

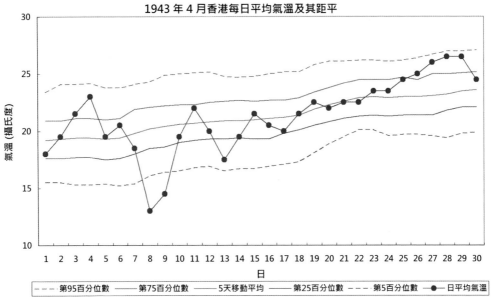

圖六十五：1943年4月香港每日平均氣溫及其距平

日期	1	2	3	4	5	6	7	8	9	10	11	12	13	14	15
天氣	🌧	🌧	⛅	⛅	🌧	🌧	🌧	⛅	☀	⛅	☁	☁	⛅	☀	⛅
日期	16	17	18	19	20	21	22	23	24	25	26	27	28	29	30
天氣	⛅	☀	☀	⛅	☁	☁	⛅	☀	☀	☁	☁	⛅	⛅	⛅	☁

表五十四：1943年4月香港每日天氣情況

7.2.3　1943年5月香港天氣概況 – 陽光充沛、天氣較炎熱及乾燥，月底有大暴雨

> *"9 May 1943: The weather is much better today and*
> *we have had no rain for weeks."*
> （摘自香港退役軍人紀念協會保存有關香港天氣情況之戰時日記）

雖然香港於本月錄得總雨量364.3毫米，比正常值多約三成；但香港於4月8日至5月17日共40天期間，在一股穩定的偏東氣流及海洋氣流支配下，曾為大致晴朗及乾旱，因而只錄得微量雨量。總括來說，本月之平均相對濕度介乎78%至81%之間，低於正常水平；而本月累積的大約七成雨量均為本月最後三天之大暴雨所貢獻。

本月比正常為晴朗，總日照時間介乎195至210小時之間，比正常值多約三至四成。另一方面，於月內大多數日子裡，廣東沿岸均受到溫暖海洋氣流所支配，香港於本月相對炎熱，平均氣溫達攝氏26.0度，比正常值高0.8度。

受到一股溫暖偏東氣流影響，香港於本月首兩天為大致天晴、溫暖、間中多雲及有微雨。及後，隨著一股海洋氣流支配廣東沿岸，香港於3日至16日除了間中有雲層結集之外，大致為天晴及炎熱。

一股南至西南氣流繼續於17日為香港帶來晴朗及酷熱的天氣。其後，隨著一道低壓槽於18日橫過廣東沿岸，香港於18日清晨開始下雨，及間中有雷暴，為本年首次。一股僅隨之偏東氣流其後抵達，香港於18日日間及19日為密雲、較涼、有雨及雷暴，期間共錄得約40毫米雨量。同時，本地風勢逐漸增強至強風程度。雨勢其後於20日減弱，而香港於當日大致為多雲及較涼，間中吹強風。

日期	天氣系統	對香港的影響
1日至17日	溫暖偏東氣流/海洋氣流/南至西南氣流	此段日子延續了本年4月8日起之晴朗及乾旱的天氣情況，本地連續40天只間中錄得微量雨量。當中，5月3日至17日期間，除了間中有雲層於本地結集之外，大致為天晴及炎熱。
1日及2日	偏東氣流	天氣較涼，最低氣溫下降至攝氏22度，為本月之最低值。
17日	南至西南氣流	天氣酷熱，最高氣溫上升至攝氏33度，為本月之最高值。
18日	低壓槽	出現本年首次雷暴。
18日及19日	低壓槽/偏東氣流	18日日間及19日為密雲、較涼、有雨及雷暴，期間共錄得約40毫米雨量。
19日至21日	東至東南氣流	天氣較涼，最低氣溫下降至攝氏22度，為本月之最低值。
26日	南至西南氣流	天氣酷熱，最高氣溫上升至攝氏33度，為本月之最高值。
28日至31日	低壓槽	密雲、間中有大暴雨及雷暴，風勢清勁，共錄得超過300毫米雨量，期間，29日及30日每天均錄得超過100毫米雨量。

表五十五：香港於1943年5月出現之特別天氣現象

　　隨著一股東南氣流抵達，香港於21日及22日早上仍大致為多雲，風勢清勁。及後，一道低壓槽移近廣東沿岸，香港於22日下午再度有雨，但風勢緩和。其後，一股南至西南氣流抵達，香港之雨勢減弱，及於23日至27日期間為大致天晴、部分時間有陽光及漸趨酷熱，而27日有驟雨。

　　一道低壓槽其後於28日至31日徘徊廣東沿岸及南海北部，令惡劣天氣再度影響香港。期間，香港大致為密雲、間中有大暴雨及雷暴，風勢清勁，共錄得超過300毫米雨量；而29日及30日每天均錄得超過100毫米雨量。

　　本月錄得之最低氣溫為攝氏22度，於1日、2日、19日至21日出現；而最高氣溫則為攝氏33度，於17日及26日出現。

　　本月並沒有熱帶氣旋闖入香港800公里警戒範圍之內。

　　表五十五列出香港於本月出現之特別天氣現象，圖六十六展示香港於本月所錄得之每日氣溫及雨量，圖六十七展示香港於本月所錄得之每日平均氣溫及其距平，而表五十六則展示香港每日天氣情況。

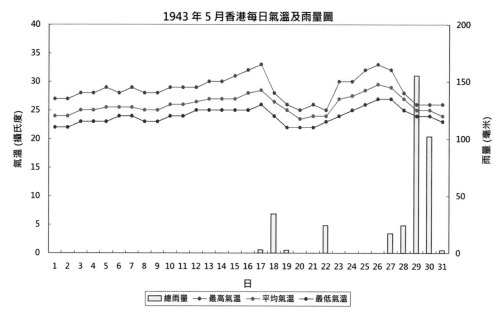

圖六十六：1943年5月香港每日氣溫及雨量圖[68]

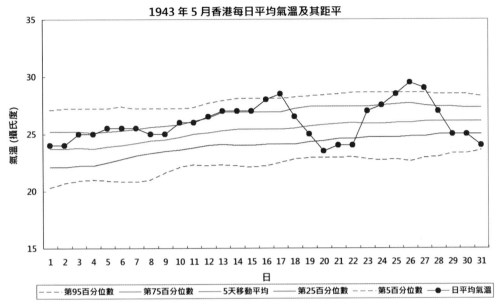

圖六十七：1943年5月香港每日平均氣溫及其距平

日期	1	2	3	4	5	6	7	8	9	10	11	12	13	14	15
天氣	☀️	☀️	⛅	☀️	☀️	⛅	☀️	⛅	☀️	⛅	☀️	☀️	⛅	☀️	☀️
日期	16	17	18	19	20	21	22	23	24	25	26	27	28	29	30	31
天氣	☀️	⛅	🌧️	🌧️	🌧️	🌧️	⛅	🌧️	⛅	⛅	🌧️	🌧️	🌧️	🌧️	🌧️	🌧️

表五十六：1943年5月香港每日天氣情況

68　圖中的每日氣溫為評估數值，而每日雨量則為天文台職員於亞皆老街集中營由每天日本時間早上10時至翌日早上10時錄得的雨量。

7.3 1943年夏季：雨量充沛之6月與7月路徑異常之熱帶氣旋

香港於1943年之夏季天色較為陰暗，較少有陽光出現，而單是6月份就有超過20天下雨，令全港水塘出現滿溢的情況（見圖六十八）。另一方面，7月出現了一股從台灣北部水域向西南深入福建省及廣東省東部內陸後直趨香港之熱帶氣旋（見圖七十一）。雖然其強度於靠近香港時已大為減弱，而未有為香港帶來嚴重威脅，但其路徑較一般襲港之熱帶氣旋異常，值得考究。此外，香港於本年8月之上半月差不多每天均下雨，導致港島有多宗塌屋事件發生，至少數十人死傷（見圖七十四）。

7.3.1 1943年6月香港天氣概況 – 天色陰暗、潮濕及多雨

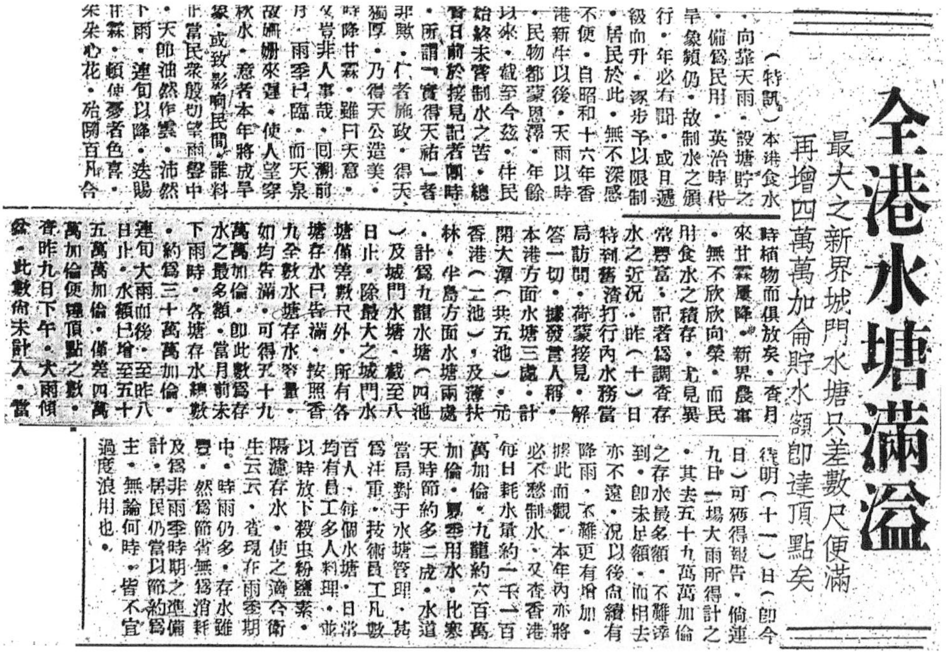

全港水塘滿溢

最大之新界城門水塘只差數尺便滿

再增四萬萬加侖貯水額即達頂點矣

（特訊）本港食水・向藉天雨・設塘貯之・備爲民用・英治時代旱象頻仍・故制水之須行・年必有聞・或且遞級而升・逐步予以限制・居民於此・無不深感不便・自昭和十六年香港新生以後・天雨以時・民物都蒙恩澤・年餘以來・截至今茲・住民始終未嘗制水之苦・總督日前於接見記者團時・所謂「實得天祐」者非歟・仁者施政・得天獨厚・乃得天公造美・時降甘霖・雖只天意・亦豈非人事哉・回溯前月・雨季已臨・而天泉故姍姍來遲・使人望穿秋水・意者本年將成旱象・或致影響民間・誰料正當民衆殷切望雨聲中・天即油然作雲・沛然下雨・連旬以降・迭賜甘霖・頓使憂者色喜・朵朵心花・殆關百凡合時植物而俱放矣・查月來甘霖屢降・新界農事・無不欣欣向榮・而民用食水之積存・尤見異常豐富・記者爲調查存水之近況・昨（十）日特到舊渣打行內水務當局訪問・荷蒙接見・解答一切・據發言人稱・本港方面水塘三處・計開大潭（共五池）・元香港（二池）・及薄扶林・半島方面水塘兩處・計爲九龍水塘（四池）及城門水塘・截至八日止・除最大之城門水塘僅差數尺外・所有各塘存水已告滿・按照香九全數水塘存水容量・如均告滿・可得五十九萬萬加倫・即此數爲存水之最多額・當此月前未下雨時・各塘存水總數・約爲三十萬萬加倫・連旬大雨而後・至昨八日止・水額已增至五十五萬萬加倫・僅差四萬萬加倫・便達頂點之數・查昨九日下午・大雨傾盆・此數尚未計入・當從明（十一）日（即今日）可獲得報告・倘連九日一場大雨所得計之・其去五十九萬萬加倫之存水最多額・不難達到・即未足額・而相去亦不遠・況以後尚續有降雨・不難更有增加・據此而觀・本年內亦將必不愁制水・又查香港每日耗水量約一千一百萬加倫・九龍約六百萬加倫・夏季用水・比寒天時節約多三成・水道當局對于水塘管理・甚爲注重・技術員工凡數百人・每個水塘・日常均有員工多人料理・並以時放下殺虫粉鹽素・隔濾存水・使之適合衛生云云・查現在雨季期中・時雨仍多・存水雖豐・然爲節省無謂消耗及爲非雨季時期之準備計・居民仍當以節約爲主・無論何時・皆不宜過度浪用也・

圖六十八：《華僑日報》於1943年6月11日報導有關香港水塘滿溢之剪報

香港於本月比正常多雨，共錄得總雨量457.7毫米，比正常多約兩成；同時，平均相對濕度介乎85%至88%之間，高於正常水平。此外，本月比正常較少出現陽光，總日照時間僅介乎100至115小時之間，比正常值少約三至四成。另一方面，本月平均氣溫為攝氏27.3度，與正常值相若。

　　隨著一道低壓槽於廣東沿岸徘徊，香港於本月首天為密雲、間中有大驟雨及雷暴。雖然本地於2日為短暫時間有陽光，但仍有驟雨。

日期	天氣系統	對香港的影響
1日	低壓槽	天氣較涼，最低氣溫下降至攝氏24度，為本月之最低值。
5日	低壓槽	為密雲及有大雨，本地錄得超過100毫米雨量。
5日至7日	低壓槽	天氣較涼，每日最低氣溫下降至攝氏24度，為本月之最低值。
10日	第6號熱帶氣旋	吹東北風，風勢逐漸增強至強風程度。期間，天氣較涼，最低氣溫下降至攝氏24度，為本月之最低值。
14日	偏南氣流	天氣酷熱，最高氣溫上升至攝氏33度，為本月之最高值。
16日至27日	活躍南至西南氣流	大致密雲、間中有大雨及狂風雷暴。期間，16日、20日至23日每日均錄得超過30毫米雨量。另一方面，22日及23日天氣較涼，每日最低氣溫下降至攝氏24度，為本月之最低值。

表五十七：香港於1943年6月出現之特別天氣現象

　　隨著低壓槽逐漸北移至廣東北部，香港之雨勢於3日緩和，但仍受到一股不穩定之東南氣流影響而大致多雲及有幾陣驟雨。其後，低壓槽再次逼近廣東沿岸，本地雨勢於4日日間短暫有陽光，但雨勢於黃昏時分再度轉為頻密；5日為密雲及有大雨，雨量超過100毫米。該系統其後減弱，本地之雨勢於6日早上緩和；而日間為大致晴朗及炎熱。

　　當一股較穩定西南氣流抵達後，香港於7日為晴朗及炎熱。其後，受到位於南海北部及正以西北偏西方向移動之第6號熱帶氣旋外圍下沉氣流影響，香港於8日凌晨有驟雨，但日間為大致晴朗及炎熱。其後，隨著第6號熱帶氣旋之外圍雨帶逼近廣東沿岸，香港於9日日間短暫有陽光，但黃昏轉為多雲及有雷雨。

　　及後，第6號熱帶氣旋於10日繼續以西至西北方向逼近廣東沿岸，香港於10日日間為多雲及有微雨；同時吹東北風，風勢逐漸增強至強風程度。當第6號熱帶氣旋於10日晚上轉向偏北移動，及於11日上午於香港以南僅100公里外轉向偏東移動及逐漸減弱，香港風勢於11日上午漸見緩和，下午為多雲及有驟雨。隨著第6號熱帶氣旋進一步向東至東南移離香港，香港於12日轉為天晴及炎熱。其後，一股較穩定南至西南氣流抵達，繼續為香港於13日及14日帶來晴朗及漸趨酷熱的天氣。隨著一股東南氣流抵達，香港於15日轉吹東南風，同時繼續為天晴及炎熱。

　　受到一股活躍南至西南氣流影響，香港於16日至27日期間為大致密雲、間中有大雨及狂風雷暴。期間，16日、20日至23日每日均錄得超過30毫米雨量。隨著西南氣流其後漸轉穩定，本地雨勢於28日至30日期間逐漸緩和；本地除了間中有驟雨外，為天氣炎熱及短暫時間有陽光。

　　本月錄得之最低氣溫為攝氏24度，於1日、5日至7日、10日、22日及23日出現；而最高氣溫則為攝氏33度，於14日出現。

　　月內有一股熱帶氣旋闖入香港800公里警戒範圍之內，其路徑見於圖一百三十八。

　　表五十七列出香港於本月出現之特別天氣現象，圖六十九展示香港於本月所錄得之每日氣溫及雨量，圖七十展示香港於本月所錄得之每日平均氣溫及其距平，而表五十八則展示香港每日天氣情況。

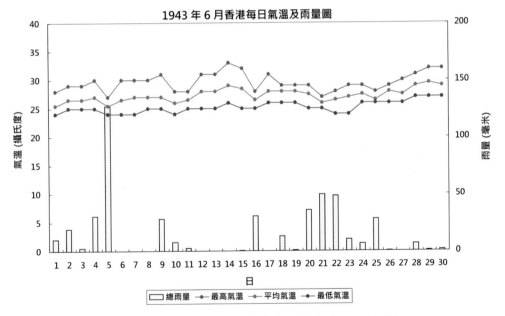

圖六十九：1943年6月香港每日氣溫及雨量圖[69]

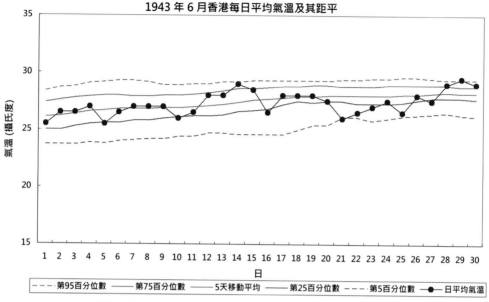

圖七十：1943年6月香港每日平均氣溫及其距平

日期	1	2	3	4	5	6	7	8	9	10	11	12	13	14	15
天氣	🌧	🌦	🌦	🌦	☀	☀	☁	☀	☁	☀	☀	☀	☀	☀	☀
日期	16	17	18	19	20	21	22	23	24	25	26	27	28	29	30
天氣	🌧	🌧	🌧	🌧	🌧	🌧	🌧	🌧	🌧	🌧	🌧	🌧	🌧	🌦	🌦

表五十八：1943年6月香港每日天氣情況

69　圖中的每日氣溫為評估數值，而每日雨量則為天文台職員於亞皆老街集中營由每天日本
　　時間早上10時至翌日早上10時錄得的雨量。

7.3.2　1943年7月香港天氣概況 – 較炎熱及多雲，但雨量偏少

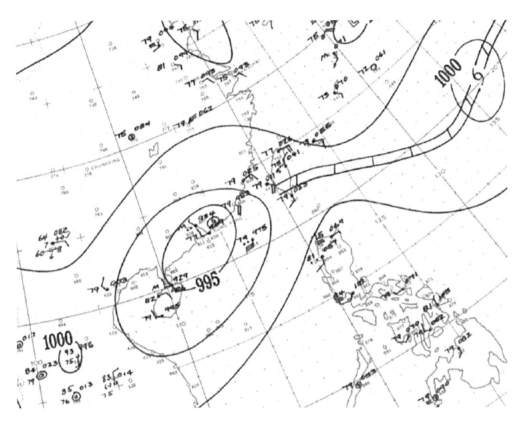

圖七十一：1943年7月19日下午9時30分（日治香港時間）之天氣圖
（資料來源：美國國家海洋與大氣管理局（NOAA）
中央圖書館國家海洋數據中心）

　　由於香港於月內普遍受到溫暖西南氣流影響，本月比正常炎熱，平均氣溫為攝氏28.3度，比正常值高0.4度；與此同時，本月大部分日子為多雲及部分時間有陽光，總日照時間介乎160至175小時之間，比正常值少約兩成。另一方面，香港於月內錄得總雨量為233.3毫米，比正常值少約四成半；而平均相對濕度則介乎82%至85%之間，接近或高於正常水平。

日期	天氣系統	對香港的影響
9日	活躍西南氣流	密雲、間中有大雨及狂風雷暴。期間，本地錄得超過30毫米雨量。
12日及13日	不穩定西南氣流	多雲、有雷暴及驟雨，雨勢有時頗大。期間，12日錄得超過50毫米雨量。
19日	第11號熱帶氣旋	第11號熱帶氣旋以西南偏西至西南較為異常之路徑自福建省移向珠江口，本地為密雲、有雨，及吹強風，而離岸風力間中達烈風程度。
20日及21日	第11號熱帶氣旋/不穩定東南氣流	天氣稍涼，每日最低氣溫下降至攝氏24度，為本月之最低氣溫。
21日	不穩定東南氣流	凌晨及早上有大雨，雨量超過50毫米。
29日	溫暖西南氣流	天晴及酷熱，下午最高氣溫上升至攝氏34度，為本月之最高氣溫，亦是本年自入夏以來之最高值。

表五十九：香港於1943年7月出現之特別天氣現象

　　受到一股較穩定西南氣流影響，香港於本月1日至5日，除了首兩天有一兩陣驟雨外，為大致天晴及漸趨酷熱。其後，由於受到位於巴士海峽以東，及正以西北路徑移向台灣之第9號熱帶氣旋外圍下沉氣流影響，香港於6日及7日為部分時間有陽光及炎熱，但間中有雨及雷暴。香港於8日日間大致為多雲，而隨著第9號熱帶氣旋橫過台灣，及於8日下午較後時間登陸福建省，香港於8日黃昏至9日開始受到其引進之一股活躍西南氣流影響，轉為密雲、間中有大雨及狂風雷暴。期間，本地於9日錄得超過30毫米雨量。

　　隨著一股潮濕東南氣流抵達，香港於10日至11日期間，除了11日早上較後及下午初時較為晴朗外，主要為大致密雲及有大雨。其後，當一股不穩定西南氣流抵達，香港於12日及13日仍為多雲、有雷暴及驟雨，雨勢有時頗大；期間，12日錄得超過50毫米雨量。其後，本地雨勢於14日減弱，而14日及15日為短暫時間有陽光、有零散驟雨及雷暴。

　　一道集結於福建省之低壓槽於16日移近廣東省，香港於16日及17日為大致多雲及間中有雨，初時短暫時間有陽光。另一方面，正當第11號熱帶氣旋於18日日間橫過台灣海峽時，由於香港受到其外圍下沉氣流影響，18日早上為晴朗，但稍後轉為多雲及有微雨。隨著該股熱帶氣旋於福建省登陸，香港當晚吹西風，同時風勢增強。

　　正當第11號熱帶氣旋於19日以西南偏西至西南較為異常之路徑移向珠江口時，香港為密雲、有雨，及吹強風，而離岸風力間中達烈風程度。其後，隨著第11號熱帶氣旋減弱，及20日凌晨於香港之西北約40公里處掠過，香港於20日日間繼續為密雲及有雨，同時風勢減弱。

　　當位於廣東西部之第11號熱帶氣旋之殘餘，誘發一股不穩定東南氣流繼續影響廣東沿岸的同時，香港於21日凌晨及早上有大雨，雨量超過50毫米。雨勢其後於下午緩和，但21日下午至22日期間仍為多雲及有驟雨。期間，20日及21日的每日最低氣溫均為攝氏24度，為本月之最低值。

　　隨著一道季風槽於23日至26日期間於廣東沿岸徘徊，香港為天晴、炎熱及部分時間有陽光，但間中多雲及有驟雨。當一股溫暖西南氣流其後於27日抵達，香港於27日至29日期間，除了有一兩陣驟雨外，為大致天晴及漸趨酷熱。29日下午最高氣溫上升至攝氏34度，為本月之最高氣溫，亦是本年自入夏以來之最高值。

　　隨著西南氣流稍後變為活躍，香港於30日及31日期間逐漸轉為多雲、間中有雨及雷暴。

　　月內有兩股熱帶氣旋闖入香港800公里警戒範圍之內，其路徑見於圖一百三十八。

　　表五十九列出香港於本月出現之特別天氣現象，圖七十二展示香港於本月所錄得之每日氣溫及雨量，圖七十三展示香港於本月所錄得之每日平均氣溫及其距平，而表六十則展示香港每日天氣情況。

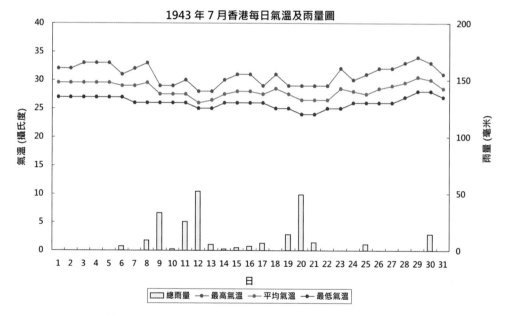

圖七十二：1943年7月香港每日氣溫及雨量圖[70]

70　圖中的每日氣溫為評估數值，而每日雨量則為天文台職員於亞皆老街集中營由每天日本時間早上10時至翌日早上10時錄得的雨量。

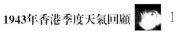

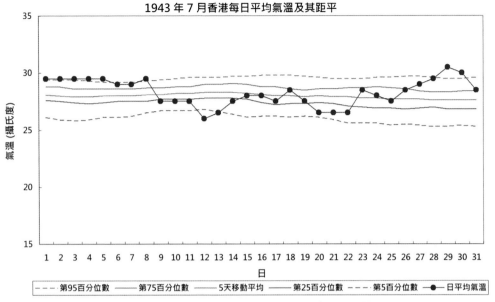

圖七十三：1943年7月香港每日平均氣溫及其距平

日期	1	2	3	4	5	6	7	8	9	10	11	12	13	14	15
天氣	⛅	☀️	⛅	☀️	☀️	🌧️	🌧️	🌧️	🌧️	🌧️	🌧️	🌧️	⛅		
日期	16	17	18	19	20	21	22	23	24	25	26	27	28	29	30	31
天氣	⛅	🌧️	🌧️	🌧️	🌧️	🌧️	⛅	⛅	⛅	⛅	⛅	☀️	☀️	⛅	🌧️

表六十：1943年7月香港每日天氣情況

7.3.3　1943年8月香港天氣概況 – 較多雲，上半月近乎每天均下雨

圖七十四：《華僑日報》於1943年8月13日報導有關大雨引致塌屋事件之剪報

香港於本月比正常稍為多雲，總日照時間介乎160至175小時之間，比正常值少約一至兩成；而平均氣溫及總雨量分別為攝氏27.9度及345.3毫米，與正常值相若。另一方面，本月之平均相對濕度介乎83%至86%之間，接近或高於正常水平。

日期	天氣系統	對香港的影響
4日至12日	不穩定南至西南氣流	天氣持續不穩定及雨勢間中頗大，本地於5日及7日錄得超過30毫米雨量，而10日至12日則共錄得超過150毫米雨量。中環及西營盤分別有舊樓全座傾塌，共釀成最少11人死亡及55人受傷。另一方面，6日及12日天氣較涼，日最低氣溫下降至攝氏24度，為本月之最低值。
21日	不穩定東南氣流	清晨及早上有大驟雨，雨量超過30毫米。
27日及28日	溫暖西南氣流	天氣酷熱，日最高氣溫上升至攝氏34度，為本月之最高值。

表六十一：香港於1943年8月出現之特別天氣現象

　　受到一股不穩定東南氣流影響，香港於本月首三天主要為多雲、間中有雨及雷暴。隨著一股不穩定南至西南氣流其後抵達，香港除了8日及9日較為明朗外，於4日至12日之天氣持續不穩定，大致為多雲、有雨，及間中有狂風雷暴。當中，雨勢於5日、7日、10日至12日頗大；本地於5日及7日錄得超過30毫米雨量，而10日至12日則共錄得超過150毫米雨量。中環及西營盤分別有舊樓全座傾塌，共釀成最少11人死亡及55人受傷。另一方面，6日及12日天氣較涼，日最低氣溫下降至攝氏24度，為本月之最低值。

　　隨著一股相對較穩定西南氣流稍後抵達，香港於13日至16日期間，除了間中有一兩陣雷暴外，逐漸轉為晴朗、炎熱，及部分時間有陽光。其後，當一股不穩定東南氣流再次抵達後，香港於17日至20日轉為大致多雲、間中有雨、雷暴及短暫時間有陽光。

香港於21日較早時間仍為多雲，清晨及早上有大驟雨，雨量超過30毫米。但隨著一道高壓脊開始覆蓋廣東沿岸，香港於21日下午至22日日間漸轉為天晴及炎熱。其後，一股溫暖西南氣流於22日晚間抵達，香港除了28日初時有微雨外，於23日至28日繼續為天晴，同時大致為酷熱；27日及28日所錄得之攝氏34度高溫為本月之最高氣溫。

一股較穩定東南氣流於29日及30日繼續為香港帶來晴朗及酷熱的天氣。隨著一道微弱低壓槽於30日黃昏橫過廣東沿岸，香港於30日較後時間轉為多雲。其後，香港於31日早上仍為多雲及有微雨；但隨著一股偏東氣流抵達，下午轉為天晴及酷熱。

本月並沒有熱帶氣旋闖入香港800公里警戒範圍之內。

表六十一列出香港於本月出現之特別天氣現象，圖七十五展示香港於本月所錄得之每日氣溫及雨量，圖七十六展示香港於本月所錄得之每日平均氣溫及其距平，而表六十二則展示香港每日天氣情況。

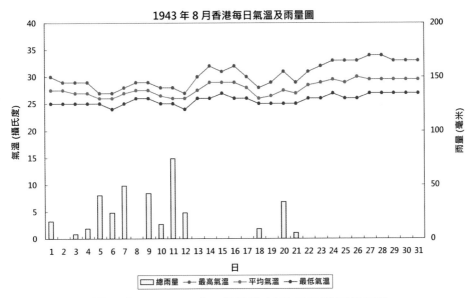

圖七十五：1943年8月香港每日氣溫及雨量圖[71]

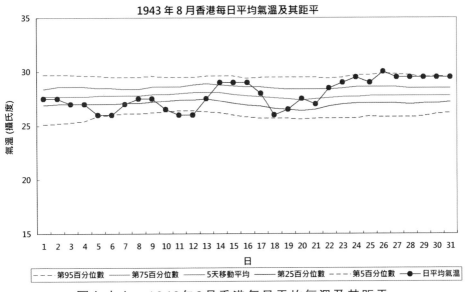

圖七十六：1943年8月香港每日平均氣溫及其距平

71　圖中的每日氣溫為評估數值，而每日雨量則為天文台職員於亞皆老街集中營由每天日本時間早上10時至翌日早上10時錄得的雨量。

日期	1	2	3	4	5	6	7	8	9	10	11	12	13	14	15
天氣															

日期	16	17	18	19	20	21	22	23	24	25	26	27	28	29	30	31
天氣																

表六十二：1943年8月香港每日天氣情況

7.4 1943年秋季：9月吹襲香港之熱帶氣旋與乾旱之秋季

香港於1943年秋季比正常炎熱，平均氣溫達攝氏25.0度，比正常高0.8度。另一方面，本地於9月先後受到多股熱帶氣旋影響，天色較為陰暗及有頻密狂風大驟雨，貢獻了本季大部分雨量。此外，香港於接近9月底的數天至11月期間則天氣較晴朗、陽光充沛。當中，香港於9月25日至10月21日經歷了共27天的乾旱，只錄得微量雨量紀錄。

在晴朗天氣下，盟軍於本季大規模空襲當時日治政府之據點。

7.4.1　1943年9月香港天氣概況 – 較多雲、炎熱、潮濕及多雨

> "5 Sep 1943: Typhoon all night. No. 9 signal at 5 am or so. Wind E. All
> am lots of rain and hut flooded. 27.50 at 8 am. Gusty all day SE. SE by 10."
> （摘自天文台職員於亞皆老街集中營所保存有關香港天氣之日記）

　　香港於本月比正常炎熱，平均氣溫為攝氏27.8度，比正常高0.7度；另比正常多雲，總日照時間只介乎170至185小時之間，比正常值少約一至兩成。與此同時，本月較潮濕，總雨量達383.6毫米，比正常多約五成半；而平均相對濕度介乎79%至82%之間，接近或高於正常水平。

　　受到一股偏東氣流影響，香港除了1日清晨有微雨外，於本月首兩天為天晴及酷熱。其後，受到正橫過南海北部之第23號熱帶氣旋外圍下沉氣流影響，3日日間仍為天晴及酷熱，最高氣溫上升至攝氏35度，為本月之最高氣溫值。隨著與第23號熱帶氣旋相關之外圍雲帶逼近廣東沿岸，香港稍後轉為間中多雲。

　　受到第23號熱帶氣旋之雨帶影響，香港於4日早上為多雲，下午較早時間轉為密雲及有雨。其後，本地東北風增強，並逐漸達強風、間中烈風之程度；4日至6日期間間中有狂風大驟雨。期間，香港共錄得超過150毫米雨量。

　　第23號熱帶氣旋於6日中午左右於雷州半島登陸後，開始減弱；香港於7日清晨及下午仍間中有大驟雨，但餘下時間仍短暫時間有陽光及炎熱。其後，當一股西南氣流抵達後，香港除了9日上午有一兩陣驟雨外，於8日及9日仍為大致晴朗及炎熱。隨著一道低壓槽稍後橫過廣東沿岸，香港於10日至11日期間為大致多雲及有雨，當中10日早上及11日凌晨雨勢有時頗大。本地於這兩天共錄得超過70毫米雨量。

　　受到一股較穩定偏東氣流影響，香港除了12日及13日早上有微雨外，於12日至15日期間為大致天晴及炎熱。及後，當第25號熱帶氣旋以大致偏西路徑橫過南海期間，在一股東北季候風及該股熱帶氣旋之外圍雨帶共同影響下，香港於16日及17日早上為密雲、間中有雨，及吹強風，風勢有時疾勁；初時吹東至東北風，漸轉吹東至東南風，同時錄得超過30毫米雨量。本地雨勢其後於17日下午減弱，轉為部分時間有陽光。

　　當第25號熱帶氣旋18日凌晨於北部灣減弱為一個低壓區，香港於早上為密雲、間中有雨及吹清勁之東南風；但風勢於下午緩和，本地轉為部分時間有陽光。其後，隨著低壓區殘餘進一步減弱，香港於19日除了黃昏有微雨外，大致晴朗及炎熱。

　　隨著一道高壓脊開始覆蓋廣東沿岸，香港除了21日清晨有驟雨外，於20日及21日為大致天晴及炎熱。其後，與一股正直趨海南島南部之熱帶風暴[72]相關的外圍雨帶，及一股偏東氣流之共同影響下，香港於22日及23日再度轉為密雲、有大雨，及吹強風，風勢有時疾勁。隨著該股熱帶氣旋於海南島消散，本地之風勢於24日緩和，但仍為密雲及間中有大驟雨。於22日至24日期間，香港共錄得約90毫米雨量。

　　隨著一道高壓脊其後覆蓋廣東沿岸，香港於25日至28日日間為大致天晴及炎熱。一道冷鋒於28日晚間橫過廣東沿岸，香港於29日除了間中有微雨外，隨後之一股東北季候風為香港於29日及30日帶來漸趨晴朗及相對較涼的天氣；這兩天之每日最低氣溫為攝氏23度，為本月最低值。此外，本地於29日間中吹強風。

　　月內有三股熱帶氣旋闖入香港800公里警戒範圍之內，其路徑見於圖一百三十八。

　　表六十三列出香港於本月出現之特別天氣現象，圖七十七展示香港於本月所錄得之每日氣溫及雨量，圖七十八展示香港於本月所錄得之每日平均氣溫及其距平，而表六十四則展示香港每日天氣情況。

日期	天氣系統	對香港的影響
3日	第23號熱帶氣旋外圍下沉氣流	天氣酷熱，最高氣溫上升至攝氏35度，為本月之最高值。
4日至6日	第23號熱帶氣旋之雨帶	東北風增強，間中有狂風大驟雨。期間，本地共錄得超過150毫米雨量。
10日及11日	低壓槽	大致多雲及有雨，10日早上及11日凌晨雨勢有時頗大，本地共錄得超過70毫米雨量。
16日及17日	東北季候風及第25號熱帶氣旋之外圍雨帶共同影響	密雲、間中有雨及吹強風，風勢有時疾勁。本地於這兩天共錄得超過30毫米雨量。
22日至24日	偏東氣流及熱帶風暴之外圍雨帶共同影響	密雲、有大雨，初時吹強風，風勢有時疾勁。期間，香港共錄得約90毫米雨量。
29日及30日	東北季候風	天氣較涼，每日最低氣溫為攝氏23度，為本月之最低值。

表六十三：香港於1943年9月出現之特別天氣現象

---

72 美國國家海洋與大氣管理局（NOAA）確認此系統為熱帶氣旋，並予熱帶風暴之強度。但日本氣象廳（JMA）則未有正式承認此為熱帶氣旋。

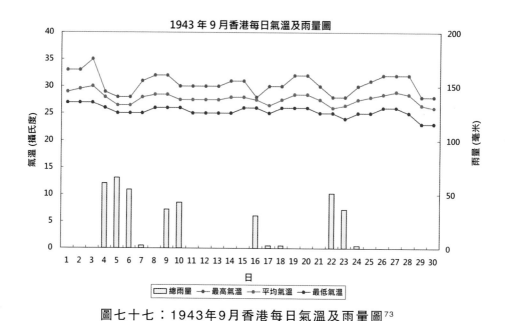

圖七十七：1943年9月香港每日氣溫及雨量圖[73]

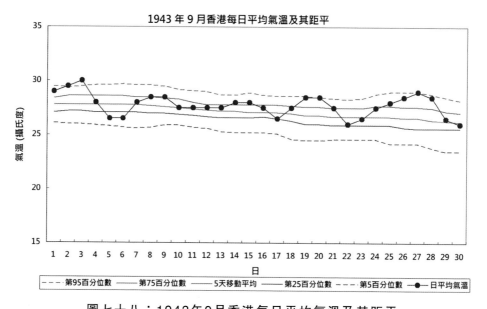

圖七十八：1943年9月香港每日平均氣溫及其距平

73 圖中的每日氣溫為評估數值，而每日雨量則為天文台職員於亞皆老街集中營由每天日本時間早上10時至翌日早上10時錄得的雨量。

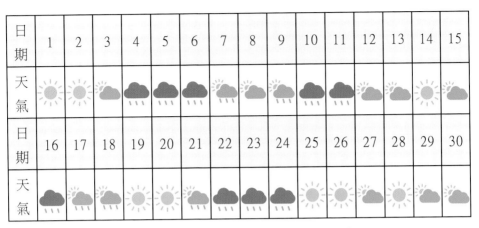

日期	1	2	3	4	5	6	7	8	9	10	11	12	13	14	15
天氣	☀	☀	☁	⛆	⛆	⛆	⛆	☁	⛅	⛆	⛆	☁	⛅	⛅	☁
日期	16	17	18	19	20	21	22	23	24	25	26	27	28	29	30
天氣	⛆	⛅	⛆	☀	☀	⛆	⛆	⛆	⛆	☀	☀	⛅	☀	☁	☁

表六十四：1943年9月香港每日天氣情況

7.4.2　1943年10月香港天氣概況 – 較炎熱及乾旱

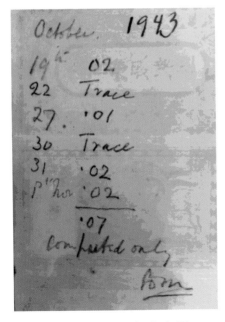

圖七十九：天文台職員於赤柱集中營所記錄有關1943年10月之香港雨量
（資料來源：香港政府檔案處歷史檔案館）

　　由於南海於這月沒有熱帶氣旋形成，同時西北太平洋沒有熱帶氣旋進入南海，較少雨雲帶於廣東沿岸集結而為香港帶來降雨。因此，香港於本月較正常為乾旱，僅兩天下雨，總雨量為8.9毫米，僅為正常值的一成；另平均相對濕度介乎66%至69%之間，低於正常水平。

　　基於月內沒有強烈東北季候風影響廣東沿岸，本月比正常炎熱，平均氣溫為攝氏25.3度，比正常高0.8度；而本月大部分日子之平均氣溫均維持在攝氏24至26度之間。此外，本月總日照時間介乎225至240小時之間，與正常值相若。

日期	天氣系統	對香港的影響
4日及5日	大陸氣流	天氣稍涼，最低氣溫下降至攝氏21度，為本月之最低值。
7日至10日	大陸氣流/偏東氣流	天氣稍涼，最低氣溫下降至攝氏21度，為本月之最低值。
16日、17日及24日	東南氣流	天氣炎熱，每日最高氣溫上升至攝氏30度，為本月之最高值。
31日	東北季候風	天氣稍涼，最低氣溫下降至攝氏21度，為本月之最低值。

表六十五：香港於1943年10月出現之特別天氣現象

　　受到一股大陸氣流影響，香港於本月首五天為晴朗、炎熱及乾燥；期間，2日至5日日間之相對濕度偶有下降至40%或以下。

　　隨著大陸氣流於6日日間被一股偏東氣流所取代，香港於6日至8日期間繼續為晴朗及炎熱。其後,另一股大陸氣流於9日抵達,及於下午被一股偏東氣流所取代,香港於9日至12日繼續為大致晴朗及炎熱。

一股東南氣流稍後影響廣東沿岸,香港於13日日間仍為大致晴朗、炎熱及部分時間有陽光,晚間轉吹清勁東至東南風。隨著一道冷鋒於14日清晨橫過廣東沿岸,香港轉為密雲及有微雨。一股大陸氣流隨後抵達,本地雲層於午間左右轉薄,下午部分時間有陽光。隨著一股東南氣流稍後抵達,香港於15日至17日期間為天晴及炎熱。

及後,東南氣流變為不穩定,香港於18日早上雖然部分時間有陽光,但下午轉為多雲及有微雨。其後,香港於19日進一步轉為密雲,早上有驟雨。

隨著一股溫暖東南氣流抵達廣東沿岸,香港於20日及21日為天晴、炎熱,及部分時間有陽光。其後,22日及23日大致為多雲、炎熱及短暫時間有陽光,間中有驟雨。隨著東南氣流稍後變得穩定,香港於24日及25日雲層轉薄,轉為大致晴朗及炎熱。

一道冷鋒於26日凌晨至清晨期間橫過廣東沿岸,香港轉為多雲及有微雨。當一股東北季候風稍後抵達該區,香港於26日日間維持大致多雲。其後,隨著一股東南氣流抵達,本地風向於晚間轉為南至東南。

另一道冷鋒於27日凌晨至清晨期間橫過廣東沿岸,本地有微雨。僅隨之一股大陸氣流其後為香港於27日日間及28日帶來晴朗、炎熱,及乾燥的天氣;本地同時部分時間有陽光。

隨著大陸氣流逐漸被一股偏東氣流取代,香港於29日轉為多雲及部分時間有陽光,間中有微雨。其後,當一道冷鋒於30日早上橫過廣東沿岸,香港轉為密雲及有雨。隨著一股東北季候風稍後抵達，本地東北風於日間增強，香港於31日為較涼、密雲及有雨。

本月錄得之最低氣溫為攝氏21度，於4日、5日、7日至10日及31日出現；而最高氣溫則為攝氏30度，於16日、17日及24日出現。

本月並沒有熱帶氣旋闖入香港800公里警戒範圍之內。

表六十五列出香港於本月出現之特別天氣現象，圖八十展示香港於本月所錄得之每日氣溫及雨量，圖八十一展示香港於本月所錄得之每日平均氣溫及其距平，而表六十六則展示香港每日天氣情況。

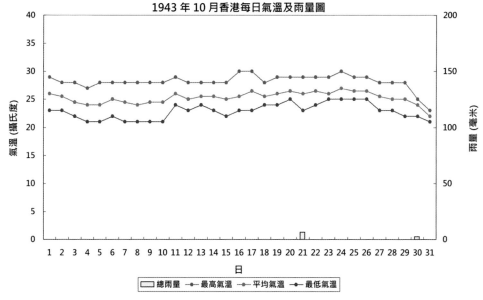

圖八十：1943年10月香港每日氣溫及雨量圖[74]

---

74 圖中的每日氣溫為評估數值，而每日雨量則為天文台職員於亞皆老街集中營由每天日本時間早上10時至翌日早上10時錄得的雨量。

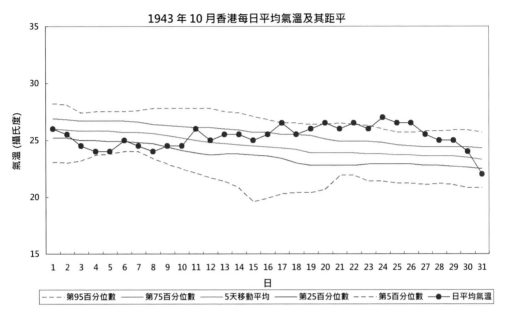

圖八十一：1943年10月香港每日平均氣溫及其距平

日期	1	2	3	4	5	6	7	8	9	10	11	12	13	14	15	
天氣	☀	☀	☀	☀	☀	☀	☀	☀	☀	☀	☀	☁	☁	☁	☀	
日期	16	17	18	19	20	21	22	23	24	25	26	27	28	29	30	31
天氣	☀	☀	☁	🌧	☀	☁	🌧	☁	☀	☀	☁	☁	☁	☁	☁	🌧

表六十六：1943年10月香港每日天氣情況

7.4.3　1943年11月香港天氣概況 – 陽光充沛、天氣較溫暖、乾燥及少雨

> *"18 Nov 1943: NE gale night; colder strong NE and*
> *63 degrees [17 degrees Celsius] outside at 10 a.m.　PM: Fresh NE gray."*
> （摘自天文台職員於亞皆老街集中營所保存有關香港天氣之日記）

僅接著上月，香港於本月大部分日子繼續為晴朗及乾旱，總日照時間介乎210至225小時之間，比正常值多約兩成。另一方面，本月下雨日數僅為兩天，總雨量只為8.9毫米，僅為正常值的約兩成；另一方面，本月平均相對濕度介乎62%至65%之間，低於正常水平。總體來說，本月相對溫暖，平均氣溫為攝氏21.9度，比正常高0.9度。

日期	天氣系統	對香港的影響
15日	西南氣流	天氣炎熱，最高氣溫上升至攝氏30度，為本月之最高值。
19日及21日	強烈東北季候風	天氣寒冷。期間，19日最低氣溫更下降至攝氏10度，為本月之最低值。

表六十七：香港於1943年11月出現之特別天氣現象

受到一股東北季候風影響，香港於本月首日早上為多雲及相對較涼。其後，一股東南氣流抵達，香港於當天下午及2日早上期間漸轉天晴及炎熱。隨著東南氣流稍後變為不穩定，本地於2日下午及3日為多雲及間中有微雨。及後，雲層轉薄，4日至9日日間為大致天晴、炎熱，及漸趨陽光充沛。

隨著一道冷鋒於9日黃昏橫過廣東沿岸，一股東北季候風稍後抵達。香港

除了10日日間短暫時間有陽光外，於9日晚間至12日早上為大致多雲、間中有雨及天氣轉涼；同時，風勢逐漸增強，稍後達強風程度。隨著一股較穩定之東至東南氣流抵達，香港於12日下午至14日漸趨晴朗及炎熱。

一股溫暖西南氣流稍後抵達，香港於15日至17日日間繼續為晴朗及炎熱。期間，15日之最高氣溫上升至攝氏30度，為本月最高值。及後，一道冷鋒於17日黃昏橫過廣東沿岸，而一股強烈東北季候風隨即抵達沿岸區域。其後，本地晚間吹北風，風勢增強至強風程度，同時氣溫開始下降。

香港於18日為多雲、清涼及乾燥。及後，香港於19日除了多雲及天氣乾燥外，亦為寒冷，清晨氣溫下降至本月最低之攝氏10度。其後，香港於20日早上仍為多雲、清涼及乾燥，但下午轉為晴朗、和暖及非常乾燥，相對濕度於日間大部分時間處於40%或以下。

香港於21日早上為寒冷，而日間為晴朗、和暖及非常乾燥。由於繼續受到東北季候風影響，香港於22日至25日期間為晴朗、清涼及非常乾燥，相對濕度於日間大部分時間處於40%或以下。隨著一股偏東氣流稍後抵達，香港於26日為晴朗、溫暖及乾燥。

受到一股東南氣流影響，香港於27日至29日日間大致為晴朗及溫暖；期間，風向逐漸轉為偏南。一道冷鋒其後於29日晚間橫過廣東沿岸，而一股東北季候風稍後抵達沿岸區域。受到季候風影響，香港於30日為晴朗、清涼及乾燥。

月內有一股熱帶氣旋闖入香港800公里警戒範圍之內，其路徑見於圖一百三十八。

　　表六十七列出香港於本月出現之特別天氣現象，圖八十二展示香港於本月所錄得之每日氣溫及雨量，圖八十三展示香港於本月所錄得之每日平均氣溫及其距平，而表六十八則展示香港每日天氣情況。

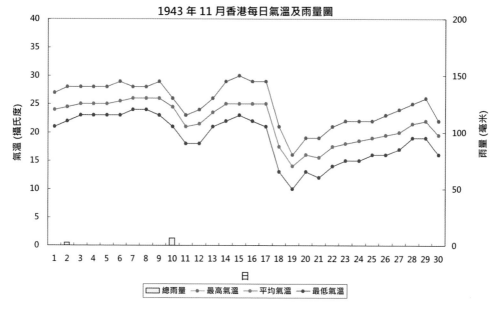

圖八十二：1943年11月香港每日氣溫及雨量圖[75]

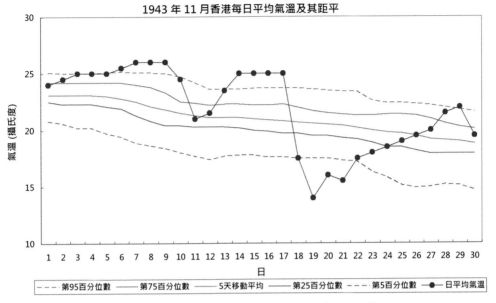

圖八十三：1943年11月香港每日平均氣溫及其距平

日期	1	2	3	4	5	6	7	8	9	10	11	12	13	14	15
天氣															
日期	16	17	18	19	20	21	22	23	24	25	26	27	28	29	30
天氣															

表六十八：1943年11月香港每日天氣情況

第八章
1944年香港季度天氣回顧

▲盟軍於1944年10月16日下午3時30分在晴空下誤炸了位於觀音街之前紅磡街坊會小學、防空洞及大批民房。受乾燥大陸氣流影響，火乘風勢，整個紅磡區呈現一片火海。（資料來源：富蘭克林・德拉諾・羅斯福總統圖書館暨博物館）

8.1　1943至1944年間之冬季：相對晴朗、和暖及乾旱的冬季

香港於1943年至1944年間之冬季為相對和暖，平均氣溫為16.7度，比正常高0.7度。另本季較為晴朗及乾旱，錄得總日照時間介乎525至570小時之間，比正常多兩至三成；另總雨量為57.8毫米，僅為正常的約六成。

8.1.1 1943年12月香港天氣概況 – 陽光充沛、天氣較乾燥及少雨

> *"4 Dec 1943: Strong NE gales all night and still blowing 10 a.m.*
> *56 degrees [F]. Drier miserable. Rain Drizzly day.*
> *Hut 57 degrees [F] at noon."*
> （摘自天文台職員於亞皆老街集中營所保存有關香港天氣之日記）

僅接著之前兩個月份，香港於本月大部分日子繼續為相對晴朗及乾燥。當中，本月總日照時間介乎210至225小時之間，比正常值多約三成。另一方面，本月平均相對濕度介乎63%至66%之間，低於正常水平；而總雨量為20.1毫米，比正常值少約兩成。與此同時，本月平均氣溫為攝氏17.4度，屬正常水平。

受到一股海洋氣流影響，香港於本月首日為晴朗及溫暖。其後，本地雲量增加，香港於2日轉為多雲及間中有微雨。

一道冷鋒於2日晚間橫過廣東沿岸，而一股僅隨之東北季候風稍後抵達。期間，本地於3日凌晨北風增強；3日及4日為密雲、有微雨，風勢逐漸增強至強風程度，而4日間中吹烈風及天氣寒冷，氣溫下降至本月最低的攝氏10度。

　　香港於5日早上雨勢減弱，天氣轉為晴朗，但繼續為寒冷。其後，雲層於下午集結，本地於晚上再度有微雨。

日期	天氣系統	對香港的影響
1日及2日	海洋氣流	天氣溫暖，最高氣溫上升至攝氏23度，為本月之最高值。
4日及5日	東北季候風	天氣寒冷。期間，4日之最低氣溫下降至攝氏10度，為本月之最低值；同時，本地吹強風，風勢間中達烈風程度。
8日、9日及11日	東北季候風	天氣寒冷。
15日、22日及23日	海洋氣流	天氣溫暖，最高氣溫上升至攝氏23度，為本月之最高值。
30日	東至東南氣流	天氣溫暖，最高氣溫上升至攝氏23度，為本月之最高值。

表六十九：香港於1943年12月出現之特別天氣現象

　　受到東北季候風影響，香港於6日早上為大致多雲及清涼，但下午及晚間轉為晴朗及乾燥。該股季候風其後繼續為香港於7日至11日帶來晴朗、大致寒冷及非常乾燥的天氣，相對濕度於大部分時間維持在40%或以下。其後，隨著季候風減弱，香港於12日為多雲及清涼。

　　受到一股潮濕海洋氣流影響，香港於13日及14日為密雲及有雨。其後，隨著雲層轉薄，香港於15日至24日日間為大致天晴及和暖。及後，一道冷鋒於24日晚間橫過廣東沿岸；而一股僅隨之東北季候風為香港於25日及26日帶來晴朗及清涼的天氣。

　　一股東至東南氣流稍後抵達，並於27日至30日期間為香港帶來大致晴朗及漸見溫暖的天氣；期間，本地部分時間有陽光，而29日早上有微雨。隨著一股不穩定海洋氣流抵達，香港於31日轉為密雲及有雨。

本月錄得之最低氣溫為攝氏10度，於4日出現；而最高氣溫則為攝氏23度，於1日、2日、15日、22日、23日及30日出現。

本月並沒有熱帶氣旋闖入香港800公里警戒範圍之內。

表六十九列出香港於本月出現之特別天氣現象，圖八十四展示香港於本月所錄得之每日氣溫及雨量，圖八十五展示香港於本月所錄得之每日平均氣溫及其距平，而表七十則展示香港每日天氣情況。

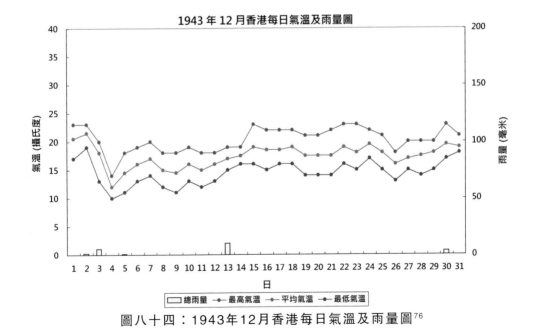

圖八十四：1943年12月香港每日氣溫及雨量圖[76]

---

76 圖中的每日氣溫為評估數值，而每日雨量則為天文台職員於亞皆老街集中營由每天日本時間早上10時至翌日早上10時錄得的雨量。

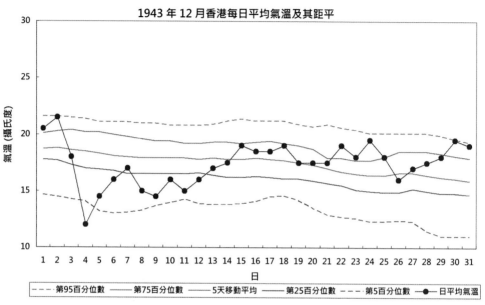

圖八十五：1943年12月香港每日平均氣溫及其距平

日期	1	2	3	4	5	6	7	8	9	10	11	12	13	14	15	
天氣	☀️	🌧️	🌧️	🌧️	🌥️	🌧️	☀️	☀️	☀️	☀️	☀️	🌧️	🌧️	🌧️	☀️	
日期	16	17	18	19	20	21	22	23	24	25	26	27	28	29	30	31
天氣	☀️	☀️	🌥️	☀️	☀️	☀️	☀️	☀️	☀️	☀️	☀️	🌥️	☀️	🌥️	☀️	🌧️

表七十：1943年12月香港每日天氣情況

8.1.2 1944年1月香港天氣概況 – 陽光充沛、天氣較和暖、乾燥 及只下了微雨

"25 Jan 1944: Lovely morning. Nippy but no wind. Kung hei fat choi. Warmest day for spring time. Wind SW in afternoon."

（摘自天文台職員於亞皆老街集中營所保存有關香港天氣之日記）

　　由於厄爾尼諾現象正在發展中，月內沒有強烈東北季候風造訪廣東沿岸；香港於本月較正常和暖，平均氣溫為攝氏16.9度，比正常高1.7度。與此同時，本月比正常晴朗，總日照時間介乎200至215小時之間，比正常值多約三至四成。另一方面，本月大致為乾旱，只錄得微量雨量紀錄，為1943年1月以來首次；而平均相對濕度則介乎68%至71%之間，低於正常水平。

日期	天氣系統	對香港的影響
4日	海洋氣流	天氣溫暖，最高氣溫上升至攝氏23度，為本月之最高值。
7日	東北季候風	天氣寒冷，早上氣溫下跌至攝氏10度，為本月之最低值。
21日	東北季候風	清晨為寒冷。

表七十一：香港於1944年1月出現之特別天氣現象

　　受到一股不穩定海洋氣流影響，香港於本月首兩天為密雲及和暖，而1日有微雨。隨著雲層稍後轉薄，本地於3日及4日日間漸見天晴及溫暖；4日錄得的攝氏23度高溫為月內之最高值。隨著一道冷鋒其後於4日晚間橫過廣東沿岸，香港於4日晚間及5日清晨轉為多雲。

一股緊隨之東北季候風於5日至7日期間影響廣東沿岸，為香港帶來較晴朗、乾燥及漸見寒冷的天氣。期間，7日早上錄得之攝氏10度低溫為本月之最低值。隨著一股偏東氣流於8日影響廣東沿岸，香港為大致多雲及部分時間有陽光，天氣清涼。當一道冷鋒其後於9日凌晨橫過廣東沿岸，香港於凌晨至早上期間轉為密雲。

另一股緊隨之偏東氣流於9日下午至15日期間為香港帶來大致晴朗及和暖的天氣。隨著一道冷鋒其後於15日晚間橫過廣東沿岸，香港轉為多雲，但16日日間為天晴及和暖。其後，一股東北季候風抵達，香港除了18日早上有微雨外，17日至21日為大致晴朗、乾燥及漸見清涼。期間，21日清晨為寒冷。

隨著一股偏東氣流於22日至24日影響廣東沿岸，香港為大致晴朗及和暖。一股海洋氣流隨後於25日抵達，香港繼續為晴朗及和暖。其後，一道冷鋒於25日晚間橫過廣東沿岸，香港轉為多雲，風勢增強。及後，一股偏東氣流抵達，為香港於26日及27日帶來多雲及清涼的天氣。

受到一股海洋氣流影響，香港除了28日凌晨有微雨外，28日及29日均為大致晴朗及和暖。其後，隨著一股偏東氣流抵達，香港於30日早上為密雲，但下午轉為天晴及和暖。

一道冷鋒於30日晚間橫過廣東沿岸，香港於31日凌晨有微雨。一股緊隨之東北季候風其後於31日早上為香港帶來多雲及清涼的天氣。及後，一股偏東氣流抵達，香港於當日下午轉為晴朗及和暖。

本月並沒有熱帶氣旋闖入香港800公里警戒範圍之內。

表七十一列出香港於本月出現之特別天氣現象，圖八十六展示香港於本

月所錄得之每日氣溫及雨量，圖八十七展示香港於本月所錄得之每日平均氣溫及其距平，而表七十二則展示香港每日天氣情況。

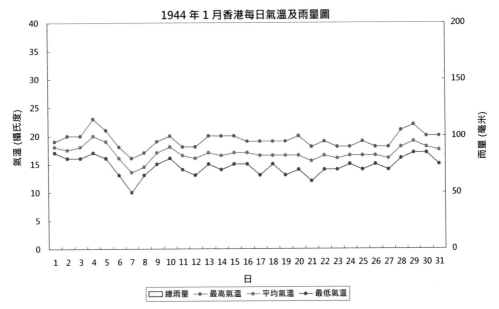

圖八十六：1944年1月香港每日氣溫及雨量圖[77]

---

77 圖中的每日氣溫為評估數值，而每日雨量則為天文台職員於亞皆老街集中營由每天日本時間早上10時至翌日早上10時錄得的雨量。

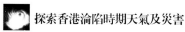

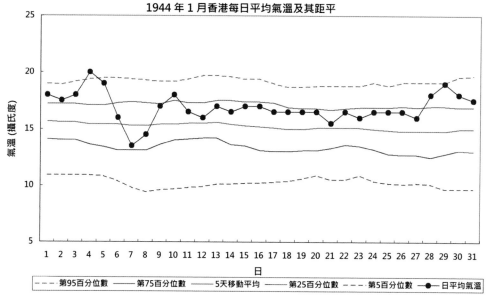

圖八十七：1944年1月香港每日平均氣溫及其距平

日期	1	2	3	4	5	6	7	8	9	10	11	12	13	14	15	
天氣	☁️	☁️	⛅	🌤️	🌤️	🌤️	🌤️	☁️	🌤️	🌤️	🌤️	🌤️	🌤️	🌤️	☁️	
日期	16	17	18	19	20	21	22	23	24	25	26	27	28	29	30	31
天氣	🌤️	🌤️	☁️	🌤️	🌤️	🌤️	🌤️	☁️	🌤️	🌤️	☁️	☁️	🌤️	🌤️	☁️	☁️

表七十二：1944年1月香港每日天氣情況

8.1.3　1944年2月香港天氣概況 – 較晴朗、和暖及乾旱

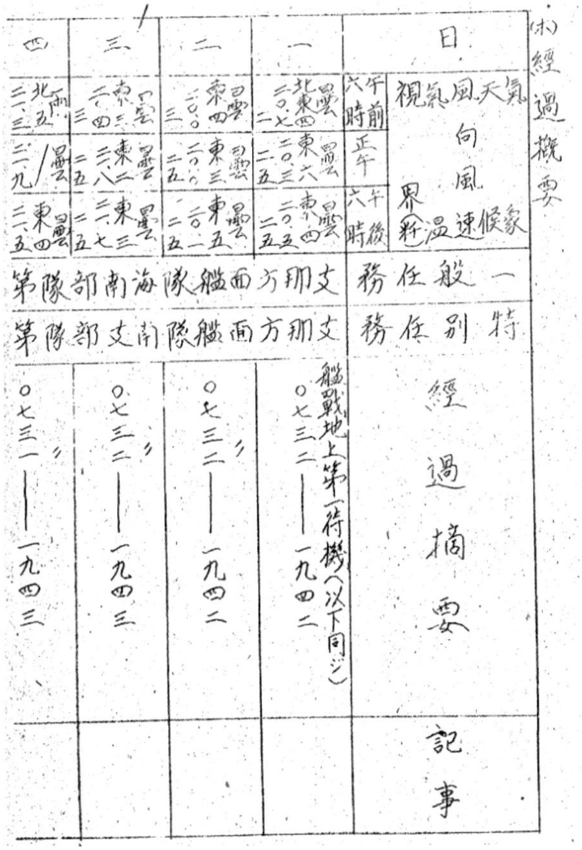

圖八十八：日本第二五四海軍航空隊於1944年2月在香港附近水域所進行之氣象觀測
（資料來源：日本國立公文書館）

　　由於厄爾尼諾現象持續發展，本月造訪廣東沿岸之東北季候風繼續比正常偏弱，令香港於本月相對和暖，平均氣溫繼上月後再次高於正常，為攝氏15.8度，比正常高0.3度。與此同時，本月比正常晴朗，總日照時間介乎115至130小時之間，比正常值多一至兩成。另本月亦相對乾旱，總雨量為37.7毫米，比正常值少約兩成；平均相對濕度則介乎75%至78%之間，低於正常水平。

日期	天氣系統	對香港的影響
3日	海洋氣流	最高氣溫上升至攝氏23度，為本月之最高值。
4日	冷鋒	清晨有雷暴發生，為本年首次；日間有雨，整天共錄得約30毫米雨量。
4日晚間至7日	東北季候風	天氣寒冷。
17日至19日	東北季候風	天氣寒冷。期間，18日早上錄得之攝氏8度低溫為本月之最低氣溫。
25日及26日	東北季候風	天氣寒冷。

表七十三：香港於1944年2月出現之特別天氣現象

　　受到一股較強偏東氣流影響，香港於本月首天為密雲、清涼、有微雨，及吹強風。其後，一股海洋氣流抵達，香港於2日至3日日間為多雲、有微雨及有霧，同時漸見溫暖。期間，3日之最高氣溫上升至攝氏23度，為本月之最高值。

　　隨著一道冷鋒於3日晚間橫過廣東沿岸，香港開始有雨，4日清晨有雷暴發生，為本年首次；日間有雨，整天共錄得約30毫米雨量。一股東北季候風其後抵達，本地氣溫開始下降，4日晚間至7日期間為密雲、寒冷及間中有雨。

　　及後，一股偏東氣流抵達，香港於8日及9日兩天早上為密雲及清涼，下午則為晴朗及較和暖。一道冷鋒其後於9日晚上橫過廣東沿岸，香港轉為密雲。緊隨之東北季候風稍後抵達，為香港於10日日間及11日帶來晴朗、清涼及乾燥的天氣。

隨著一股海洋氣流於11日晚間抵達，香港轉為多雲及有微雨，12日為多雲、和暖，及短暫時間有陽光。其後，香港於13日及14日為晴朗、和暖，及部分時間有陽光，風勢清勁及間中吹強風。

及後，一道冷鋒於15日凌晨橫過廣東沿岸，一股偏東氣流隨即抵達。其後，香港於15日轉為多雲及清涼，16日為清涼及部分時間有陽光。

香港於17日早上仍為密雲及清涼。其後，一道冷鋒於下午橫過廣東沿岸，而一股緊隨之東北季候風為香港於17日下午至18日早上期間帶來多雲天氣，同時本地風勢於17日黃昏增強及天氣漸見寒冷。期間，18日早上錄得之攝氏8度低溫為本月之最低氣溫。

隨著一股偏東氣流稍後抵達，香港於18日下午至21日日間漸見和暖。當中，18日及19日為大致天晴，而20日至21日則漸轉多雲。其後，一道冷鋒於21日晚間橫過廣東沿岸，而一股緊隨之偏東氣流為香港於22日及23日帶來密雲及清涼的天氣。

隨著一股海洋氣流抵達，香港於24日早上為密雲及清涼，而下午初時為大致晴朗及和暖。一道冷鋒其後於接近黃昏時橫過廣東沿岸，而一股緊隨之東北季候風抵達，本地風勢於當晚增強。其後，香港於25日為晴朗、寒冷及非常乾燥，相對濕度偶有下跌至40％或以下。

一股偏東氣流稍後抵達，香港於26日除了早上為寒冷外，大致為晴朗、清涼及乾燥。其後，一股海洋氣流抵達，香港於27日為多雲、和暖，及部分時間有陽光。

　　香港於28日初時為晴朗，而一道冷鋒於28日上午橫過廣東沿岸；一股緊隨之東北季候風稍後影響香港，本地風勢增強，28日至29日上午為大致多雲及漸轉清涼，吹清勁東風。其後，本地於29日下午為多雲及和暖。

　　本月並沒有熱帶氣旋闖入香港800公里警戒範圍之內。

　　表七十三列出香港於本月出現之特別天氣現象，圖八十九展示香港於本月所錄得之每日氣溫及雨量，圖九十展示香港於本月所錄得之每日平均氣溫及其距平，而表七十四則展示香港每日天氣情況。

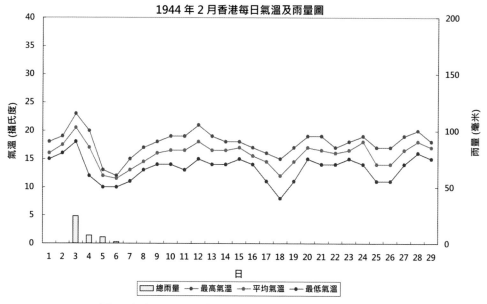

圖八十九：1944年2月香港每日氣溫及雨量圖[78]

---

[78] 圖中的每日氣溫為評估數值，而每日雨量則為天文台職員於亞皆老街集中營由每天日本時間早上10時至翌日早上10時錄得的雨量。

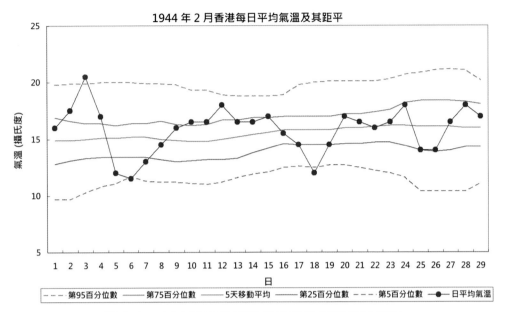

圖九十：1944年2月香港每日平均氣溫及其距平

日期	1	2	3	4	5	6	7	8	9	10	11	12	13	14	15
天氣															
日期	16	17	18	19	20	21	22	23	24	25	26	27	28	29	
天氣															

表七十四：1944年2月香港每日天氣情況

8.2 1944年春季：厄爾尼諾現象初現與多雨之春季

由於厄爾尼諾現象之影響於本年春季逐漸呈現，香港於1944年春季開始較上季為陰暗、潮濕及多雨。本季總雨量為751.8毫米，比正常多了約五成雨量。於個別下大雨的日子，港島有舊式樓宇在風雨中倒塌，造成傷亡。

雖然本年3月罕有地有日子處嚴寒水平，但本季總體上較為溫暖，平均氣溫為攝氏21.7度，比正常高0.4度。

8.2.1 1944年3月香港天氣概況 – 較晴朗及乾旱

"10 Mar 1944: Cleared early a.m. Lovely "frosty" morning.
Coldest this winter. Lovely day with light W or SW breeze."
（摘自天文台職員於亞皆老街集中營所保存有關香港天氣之日記）

香港於本月相對乾旱，總雨量為71.2毫米，比正常少兩成；另平均相對濕度介乎78%至81%之間，低於正常水平。與此同時，本月相對晴朗，總日照時間介乎115至130小時之間，比正常值多一至兩成。另一方面，本月平均氣溫為攝氏17.6度，接近正常值。

受到一股溫暖偏東氣流影響，香港於本月首五天為大致晴朗及和暖，風勢間中清勁。一道冷鋒於5日下午橫過廣東沿岸，雲層於本地結集。其後，一股緊隨之東北季候風為香港於6日早上帶來部分時間有陽光、清涼，及乾燥的天氣。該股季候風於下午被一股偏東氣流所取代。期間，香港仍為大致天晴，同時和暖及風勢間中清勁。

隨著一道冷鋒於7日凌晨橫過廣東沿岸，香港轉為密雲及有微雨。其後，一股強烈東北季候風抵達，風勢於晚間增強至強風程度。及後，香港於8日日間為密雲、清涼及有雨。本地氣溫其後開始下降，9日為多雲、寒冷及有雨。接著，氣溫於10日清晨進一步下跌至攝氏7度之嚴寒水平，為本月最低值，亦是自1884年以來位列3月首十位內之日最低氣溫。其後，10日日間為晴朗、和暖及乾燥。

日期	天氣系統	對香港的影響
9日至12日	強烈東北季候風	天氣寒冷至嚴寒，10日清晨錄得最低氣溫為攝氏7度，為本月之最低值；亦是自1884年以來位列3月首十位內之日最低氣溫。
27日	低壓槽	最高氣溫上升至攝氏24度，為本月之最高值。
29日	潮濕偏東氣流	密雲、有驟雨及狂風雷暴，早上雨勢有時頗大，共錄得接近30毫米雨量。灣仔廈門街兩幢4層高舊式樓宇在惡劣天氣下倒塌，造成2死3傷。

表七十五：香港於1944年3月出現之特別天氣現象

由於持續受到東北季候風影響，香港於11日為晴朗、寒冷及乾燥。雖然12日早上仍為晴朗及寒冷，但一股偏東氣流其後於下午抵達，令香港於下午轉為部分時間有陽光及和暖。

受到一股海洋氣流影響，香港於13日為晴朗及和暖。隨著一股偏東氣流稍後抵達，14日仍為晴朗及和暖。其後，一股潮濕海洋氣流影響廣東沿岸，香港於15日及16日上午均為多雲、和暖及間中有微雨。及後，一道冷鋒於16日下午橫過廣東沿岸，一股僅隨之潮濕偏東氣流為香港於16日下午及17日帶來大致密雲及有雨的天氣。

　　一股東北季候風於18日抵達，香港於18日凌晨吹東北風，風勢增強；同時，早上為清涼。本地風勢隨後於日間緩和，天氣轉為晴朗、和暖及乾燥。其後，一道微弱低壓槽靠近廣東沿岸，香港於19日為大致多雲。隨著一股偏東氣流抵達，香港於20日轉為晴朗、溫暖及部分時間有陽光。及後，一股潮濕東至東南氣流影響廣東沿岸，香港於21日至25日持續為密雲及間中有微雨，風勢漸轉清勁。

　　一股偏南氣流稍後抵達，香港於26日為密雲、潮濕、和暖、間中有微雨及雷暴。其後，一道低壓槽於27日徘徊廣東沿岸，香港於當天早上為密雲及有微雨，下午為多雲及短暫時間有陽光，最高氣溫上升至攝氏24度，為本月之最高值；同時間中有雷暴。其後，一股東北季候風抵達，香港於28日為密雲、較涼及有雨。

　　一股潮濕偏東氣流於29日抵達，香港於29日為密雲、有驟雨及狂風雷暴，早上雨勢有時頗大，共錄得接近30毫米雨量。灣仔廈門街兩幢4層高舊式樓宇在惡劣天氣下倒塌，造成2死3傷。其後，香港於30日及31日為密雲及間中有微雨，同時風勢減弱。

　　本月並沒有熱帶氣旋闖入香港800公里警戒範圍之內。

　　表七十五列出香港於本月出現之特別天氣現象，圖九十一展示香港於本月所錄得之每日氣溫及雨量，圖九十二展示香港於本月所錄得之每日平均氣溫及其距平，而表七十六則展示香港每日天氣情況。

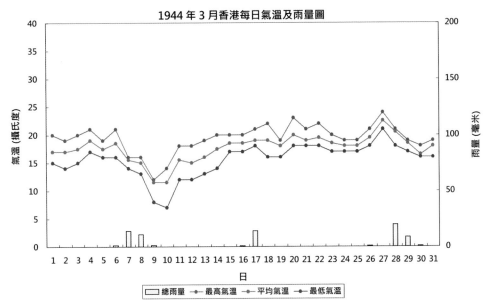

圖九十一：1944年3月香港每日氣溫及雨量圖[79]

---

79 圖中的每日氣溫為評估數值，而每日雨量則為天文台職員於亞皆老街集中營由每天日本時間早上10時至翌日早上10時錄得的雨量。

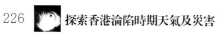

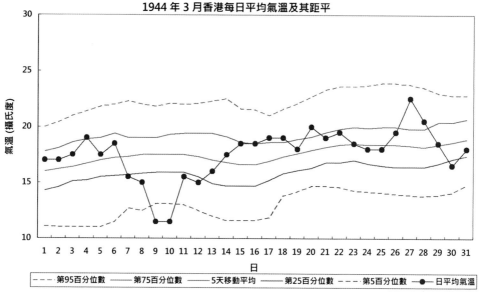

圖九十二：1944年3月香港每日平均氣溫及其距平

日期	1	2	3	4	5	6	7	8	9	10	11	12	13	14	15	
天氣	☀	☀	☀	⛅	☀	☁	🌧	🌧	🌧	☀	☁	☀	☀	☀	☁	
日期	16	17	18	19	20	21	22	23	24	25	26	27	28	29	30	31
天氣	☁	🌧	☀	☁	⛅	☁	☁	☁	☁	⛅	☁	🌧	🌧	🌧	🌧	☁

表七十六：1944年3月香港每日天氣情況

8.2.2　1944年4月香港天氣概況 – 較多雲、溫暖、潮濕及多雨

"3 Apr 1944: Wet, cold, miserable. Many plants destroyed in the wind."

（摘自殖民地監獄官 *Raymond Eric Jones*

於赤柱集中營所保存有關香港天氣情況之日記）

　　由於香港於本月多次受到低壓系統造訪，整體上比正常較為潮濕，總雨量為215.8毫米，比正常多約六成；而平均相對濕度介乎86％至89％之間，高於正常水平。與此同時，本月比正常為多雲，總日照時間只介乎75至90小時之間，比正常值少約三至四成。另一方面，由於香港於本月大部分日子受到較溫暖氣流影響，本月較正常溫暖，平均氣溫為攝氏21.8度，比正常高0.5度。

日期	天氣系統	對香港的影響
3日至5日	潮濕偏東氣流	密雲及間中有大雨，香港共錄得超過70毫米雨量。期間，本地天氣清涼，3日最低氣溫下降至攝氏15度，為本月之最低值。
22日及23日	低壓槽	密雲及有大雨，香港共錄得接近100毫米雨量。
25日	偏東氣流	天氣溫暖，最高氣溫上升至攝氏27度，為本月之最高值。
30日	溫暖西南氣流	天氣溫暖，最高氣溫上升至攝氏27度，為本月之最高值。

表七十七：香港於1944年4月出現之特別天氣現象

　　由於受到一股潮濕偏東氣流影響，香港於本月首天為密雲、有微雨及雷暴。隨著一道冷鋒於2日早上橫過廣東沿岸，一股隨後之東北季候風抵達，令香港持續密雲、有雨及雷暴，同時風勢增強。該股季候風稍後於晚間被一股潮濕偏東氣流所取代，香港持續為密雲。其後，香港於3日及4日均為密雲、清涼及間中有大雨，同時有雷暴及吹強風；3日之最低氣溫下降至攝氏15度，為本月之最低值。隨著一股海洋氣流稍後抵達，香港於5日風勢減弱，但仍為密雲及間中有雨，同時天氣和暖。香港於3日至5日期間共錄得超過70毫米雨量。

受到一股潮濕西南氣流影響，香港於6日至8日期間為密雲、溫暖及有微雨。其後，一道低壓槽於9日橫過廣東沿岸，香港持續為密雲及間中有微雨。隨著一股不穩定東南氣流抵達，香港於10日至12日期間仍為密雲及間中有雨，天氣轉為較涼；同時風勢達清勁至強風程度。

一股較穩定偏東氣流其後抵達，香港於13日至14日期間為大致晴朗及溫暖；14日亦為部分時間多雲。其後，隨著一股溫暖海洋氣流抵達，香港於15日為多雲，但16日至20日期間除了間中有微雨外，為大致晴朗及漸見溫暖。

一道低壓槽其後於廣東沿岸發展，香港於21日為密雲及溫暖。及後，隨著低壓槽於廣東沿岸徘徊，香港於22日及23日為密雲、有雨，雨勢有時頗大，同時間中有雷暴。香港於這兩天共錄得接近100毫米雨量。

隨著一股偏東氣流抵達，香港於24日為多雲、溫暖、短暫時間有陽光，及間中有雨。及後，香港於25日初時為多雲，日間轉為晴朗、溫暖，及部分時間有陽光，最高氣溫上升至攝氏27度，為本月之最高值。

一道低壓槽於26日徘徊廣東沿岸，香港為密雲及間中有微雨。隨著低壓槽轉化為冷鋒，及於27日下午橫過廣東沿岸，香港於同日為密雲及有狂風驟雨。其後，當緊隨之一股東北季候風於當日較後時間抵達後，本地風勢增強；28日持續為密雲及有雨，同時天氣較涼。

　　隨著一股潮濕偏東氣流於28日晚間抵達，香港於29日及30日早上為密雲及間中有雨。其後，一股溫暖西南氣流抵達，香港於30日日間為溫暖及部分時間有陽光，最高氣溫上升至攝氏27度，為本月之最高值。

　　本月並沒有熱帶氣旋闖入香港800公里警戒範圍之內。

　　表七十七列出香港於本月出現之特別天氣現象，圖九十三展示香港於本月所錄得之每日氣溫及雨量，圖九十四展示香港於本月所錄得之每日平均氣溫及其距平，而表七十八則展示香港每日天氣情況。

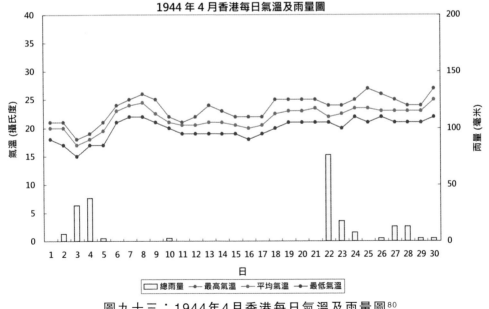

圖九十三：1944年4月香港每日氣溫及雨量圖[80]

80　圖中的每日氣溫為評估數值，而每日雨量則為天文台職員於赤柱集中營由每天日本時間早上8時半至翌日早上8時半錄得的雨量。

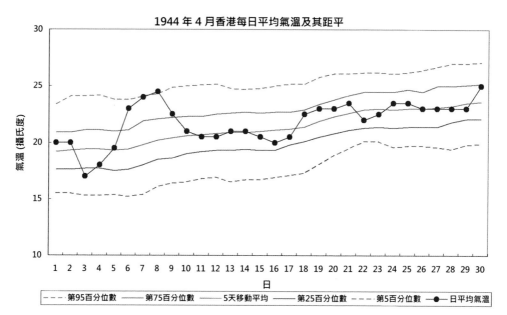

圖九十四：1944年4月香港每日平均氣溫及其距平

日期	1	2	3	4	5	6	7	8	9	10	11	12	13	14	15
天氣	🌧	🌧	🌧	🌧	🌧	🌧	☁	☁	☁	☁	☁	☁	🌤	⛅	☁
日期	16	17	18	19	20	21	22	23	24	25	26	27	28	29	30
天氣	⛅	⛅	☀	⛅	☀	☁	🌧	⛅	⛅	🌧	🌧	🌧	🌧	☁	🌧

表七十八：1944年4月香港每日天氣情況

8.2.3　1944年5月香港天氣概況 – 較炎熱、陰暗、潮濕及多雨

"20 May 1944: Overcast, rained all day,
some of the heaviest showers this year."
（摘自殖民地監獄官 *Raymond Eric Jones*
於赤柱集中營所保存有關香港天氣情況之日記）

由於受到厄爾尼諾現象支配，香港於本月比正常多雨，錄得總雨量為464.8毫米，比正常多約六成半；而平均相對濕度為86%，高於正常值。另一方面，本月總日照時間只介乎95至110小時之間，比正常值少約三至四成。與此同時，本月平均氣溫為攝氏25.7度，比正常值高0.5度。

受到一股溫暖西南氣流影響，香港於1日日間為多雲及炎熱。一道低壓槽於晚上靠近廣東沿岸，香港隨即轉為密雲、有大雨及狂風雷暴，晚上錄得超過40毫米雨量。

隨著一股潮濕偏東氣流抵達廣東沿岸，香港於2日繼續為密雲及間中有大雨，全日共錄得超過40毫米雨量，同時天氣稍涼。本地雨勢其後於3日減弱，而當天大致為密雲及溫暖，晚上轉為無風。

隨著位於南海北部之低壓槽再次靠近廣東沿岸，香港於4日凌晨至清晨為密雲及有大雨，本地錄得超過50毫米雨量。當一股溫暖西南氣流稍後於早上抵達，香港於日間轉為大致多雲、炎熱及部分時間有陽光。及後，一股較穩定之偏東氣流抵達，香港於5日及6日為大致天晴及炎熱；5日最高氣溫上升至32.4度，為本月之最高值。其後，當一股東南氣流抵達後，香港於7日及8日為大致多雲、短暫時間有陽光及間中有驟雨，天氣炎熱。

日期	天氣系統	對香港的影響
1日晚上	低壓槽	密雲、有大雨及狂風雷暴，本地錄得超過40毫米雨量。
2日	潮濕偏東氣流	密雲及間中有大雨，本地錄得超過40毫米雨量。
4日凌晨至清晨	低壓槽	密雲及有大雨，本地錄得超過50毫米雨量。
5日	偏東氣流	天氣炎熱，最高氣溫上升至攝氏32.4度，為本月之最高值。
18日	潮濕偏東氣流	密雲及有大雨，本地於下午雨勢頗大，共錄得超過30毫米雨量。
20日及21日	冷鋒	密雲、有大雨及雷暴，雨勢於20日晚上至21日清晨為頗大；本地於這兩天各錄得超過50毫米雨量。
24日	偏東氣流	天氣稍涼，最低氣溫下降至攝氏21.0度，為本月之最低值。
27日	偏南氣流	天氣炎熱，最高氣溫上升至攝氏32.4度，為本月之最高值。
29日及30日	低壓槽	29日晚上及30日凌晨為密雲、有大雨及雷暴，本地於這兩天共錄得超過70毫米雨量。
31日	東北季候風	密雲、有雨及雷暴，本地錄得約30毫米雨量。

表七十九：香港於1944年5月出現之特別天氣現象

　　隨著一股活躍南至西南氣流抵達，香港於9日及10日為密雲、間中有狂風驟雨及雷暴。其後，一道低壓槽於11日徘徊廣東沿岸，香港大致為密雲及局部地區有驟雨。及後，隨著一股潮濕偏東氣流抵達，香港於12日至15日期間為多雲及有驟雨，同時短暫時間有陽光及炎熱。

　　低壓槽稍後於廣東沿岸徘徊，香港於16日及17日為密雲及有驟雨。其後，一股潮濕偏東氣流持續為香港於18日帶來密雲及有大雨的天氣；本地於下午雨勢頗大，共錄得超過30毫米雨量。隨著一股較穩定海洋氣流抵達，本地雨勢於19日緩和，轉為大致晴朗及炎熱。及後，一道冷鋒於20日至21日期間靠近及橫過香港，香港轉為密雲、有大雨及雷暴，雨勢於20日晚上至21日清晨為頗大；本地於這兩天各錄得超過50毫米雨量。其後，香港於21日上午仍為密雲及有驟雨；下午為密雲，但雨勢減弱。

　　一股東北季候風於21日黃昏抵達，並為香港於當晚至23日上午帶來大致密雲及稍涼的天氣。及後，一股偏東氣流抵達，香港於23日下午及24日仍為密雲及溫暖，同時風勢增強，間中達強風程度及有驟雨；期間，天氣稍涼，24日最低氣溫下降至攝氏21.0度，為本月之最低值。雲層其後轉薄，香港於25日及26日漸趨晴朗及炎熱。

　　當一股較穩定之偏南氣流稍後抵達，香港於27日為晴朗及炎熱，日間氣溫再次上升至攝氏32.4度，為本月之最高值。隨著一道低壓槽靠近廣東沿岸，香港於28日及29日日間為大致密雲、有驟雨及間中有雷暴。其後，低壓槽橫過廣東沿岸，香港於29日晚上及30日凌晨為密雲、有大雨及雷暴。及後，本地於30日日間為晴朗、炎熱及部分時間有陽光，黃昏及晚上有幾陣雷暴；這兩天共錄得超過70毫米雨量。

　　一股東北季候風於31日繼續為香港帶來密雲、有雨及雷暴的天氣，本地天氣稍涼及錄得約30毫米雨量。

　　本月並沒有熱帶氣旋闖入香港800公里警戒範圍之內。

　　表七十九列出香港於本月出現之特別天氣現象，圖九十五展示香港於本月所錄得之每日氣溫及雨量，圖九十六展示香港於本月所錄得之每日平均氣溫及其距平，而表八十則展示香港每日天氣情況。

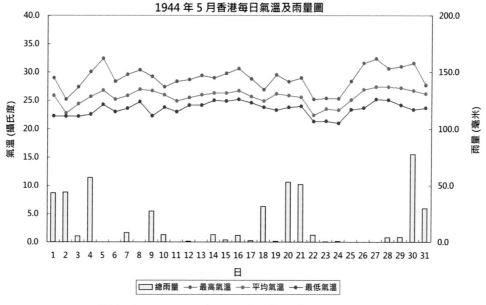

圖九十五：1944年5月香港每日氣溫及雨量圖[81]

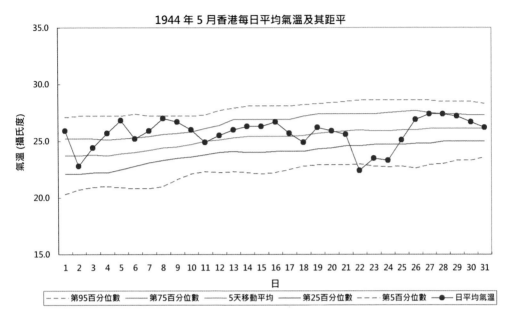

圖九十六：1944年5月香港每日平均氣溫及其距平

日期	1	2	3	4	5	6	7	8	9	10	11	12	13	14	15	
天氣	🌧	🌧	🌧	⛅	☀	☁	☁	☁	☁	🌤	🌧	🌧	🌧	🌧	🌧	
日期	16	17	18	19	20	21	22	23	24	25	26	27	28	29	30	31
天氣	🌧	🌧	🌧	⛅	☁	☁	☁	☁	☁	☀	☀	☁	☁	🌤	🌧	🌧

表八十：1944年5月香港每日天氣情況

8.3　1944年夏季：日治時期吹襲香港之最強烈熱帶氣旋與異常多雨之夏季

　　於1944年夏季，香港遭受日治時期對香港構成最大威脅之熱帶氣旋吹襲，最少有一人溺斃（見圖一百）。此外，有一股較弱之熱帶氣旋於以上熱帶氣旋襲港後不足三天即直趨香港，實屬較少見。另香港於本季繼續受厄爾尼諾現象之影響而大部分時間天色陰暗，異常多雨，雨量比正常多接近三成。港島中西區繼續有舊式樓宇在風雨中倒塌，造成傷亡（見圖九十七）。

8.3.1　1944年6月香港天氣概況 – 多雲、相對較涼、潮濕及多雨

圖九十七：《華僑日報》於1944年6月24日報導有關大雨引致塌屋之剪報

　　由於持續受到厄爾尼諾現象支配，香港於本月繼續比正常錄得較多雨量；全月共錄得481.6毫米雨量，比正常多約三成。同時，平均相對濕度介乎86％至89％之間，高於正常水平。另一方面，本月比正常多雲，總日照時間

介乎85至100小時之間，比正常值少約四至五成。此外，由於月內出現多場大雨，本月相對較涼，平均氣溫為攝氏26.9度，比正常低0.5度。

日期	天氣系統	對香港的影響
1日及2日	低壓槽	香港有大雨，每日均錄得超過50毫米雨量。
2日及3日	不穩定南至東南氣流	天氣較涼，最低氣溫下降至攝氏24度，為本月之最低值。
4日	不穩定東南氣流	香港於下午間中有大驟雨，錄得約30毫米雨量。
8日至12日	冷鋒/潮濕偏東氣流	香港間中有大雨，共錄得接近100毫米雨量。期間，10日至12日天氣較涼，最低氣溫下降至攝氏24度，為本月之最低值。
13日至26日	低壓槽	香港有大雨，雨勢於14日凌晨、21日日間及26日凌晨較大。低壓槽影響香港期間，本地共錄得接近250毫米雨量。於大雨下，西環荷李活道兩幢4層高舊樓於23日不勝負荷全座傾塌，造成4死4傷。期間，15日及19日天氣較涼，最低氣溫下降至攝氏24度，為本月之最低值。
29日及30日	東南氣流	天氣炎熱，最高氣溫上升至攝氏32度，為本月之最高值。

表八十一：香港於1944年6月出現之特別天氣現象

隨著一道低壓槽於本月首兩天在廣東沿岸徘徊，香港為密雲、有大雨及狂風雷暴，每日均錄得超過50毫米雨量。其後，隨著一股不穩定南至東南氣流抵達，3日初時為密雲及有大雨，下午為多雲。及後，雖然4日大致為部分時間有陽光，但下午再度間中有大驟雨，本地錄得約30毫米雨量。本地雨勢隨後於5日緩和，下午為部分時間有陽光及炎熱。

　　一股較穩定之南至西南氣流於6日至8日日間影響廣東沿岸；期間，香港為大致晴朗及炎熱。隨著一道冷鋒於8日晚上橫過廣東沿岸，香港轉為密雲及有雨。當一股潮濕偏東氣流稍後抵達，香港於9日至12日早上期間持續有雨，雨勢有時頗大，及間中有狂風雷暴。其後，本地雨勢於12日下午減弱，同時短暫時間有陽光。本地於8日至12日共錄得接近100毫米雨量。

　　隨著一道低壓槽稍後於廣東沿岸徘徊，香港於13日至26日期間為大致密雲、間中有大雨及狂風雷暴，雨勢於14日凌晨、21日日間及26日凌晨較大。低壓槽影響香港期間，本地共錄得接近250毫米雨量。於大雨下，西環荷李活道兩幢4層高舊樓於23日不勝負荷全座傾塌，造成4死4傷。

　　隨著一股較穩定之偏南氣流稍後抵達，香港於27日雨勢減弱，部分時間有陽光。一道高壓脊其後於28日覆蓋廣東沿岸，香港轉為大致晴朗及炎熱。及後，一股較穩定之東南氣流抵達，持續為香港於29日及30日帶來大致晴朗及炎熱的天氣。

　　本月錄得之最低氣溫為攝氏24度，於2日、3日、10日至12日、15日及19日出現；而最高氣溫則為攝氏32度，於29日及30日出現。

　　本月並沒有熱帶氣旋闖入香港800公里警戒範圍之內。

　　表八十一列出香港於本月出現之特別天氣現象，圖九十八展示香港於本月所錄得之每日氣溫及雨量，圖九十九展示香港於本月所錄得之每日平均氣溫及其距平，而表八十二則展示香港每日天氣情況。

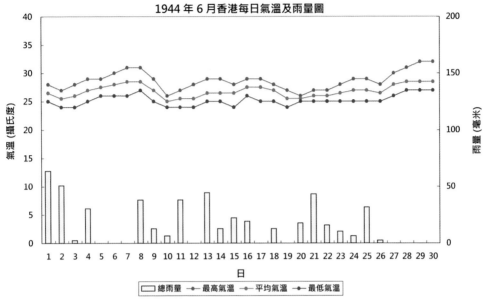

圖九十八：1944年6月香港每日氣溫及雨量圖[82]

82　圖中的每日氣溫為評估數值，而每日雨量則為天文台職員於赤柱集中營由每天日本
　　時間早上7時半至翌日早上7時半錄得的雨量。

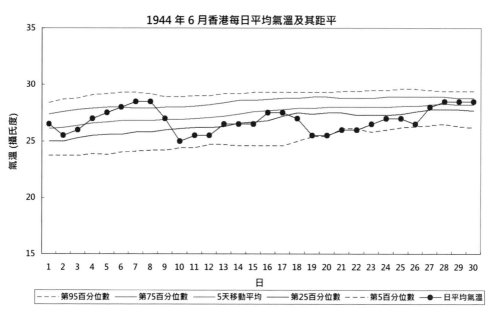

圖九十九：1944年6月香港每日平均氣溫及其距平

日期	1	2	3	4	5	6	7	8	9	10	11	12	13	14	15
天氣	🌧️	🌧️	🌧️	🌦️	🌦️	🌤️	☀️	☁️	☁️	☁️	☁️	🌦️	🌦️	🌧️	🌧️
日期	16	17	18	19	20	21	22	23	24	25	26	27	28	29	30
天氣	🌧️	🌦️	🌧️	🌧️	🌧️	🌧️	🌧️	🌧️	☁️	☁️	🌦️	☀️	☀️	☀️	☀️

表八十二：1944年6月香港每日天氣情況

8.3.2 1944年7月香港天氣概況 – 多雲、潮濕及多雨，另有兩股熱帶氣旋襲港

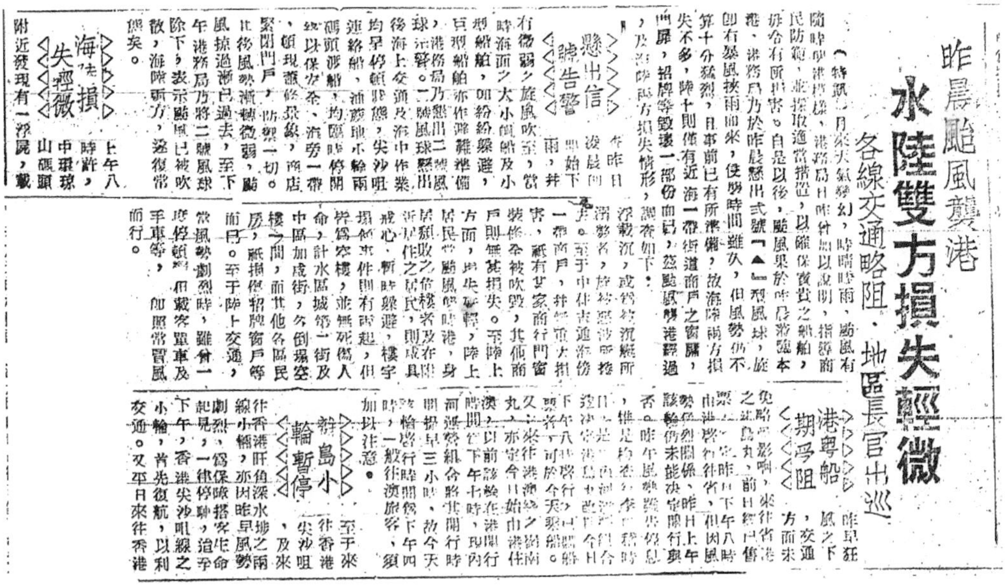
昨晨颱風襲港
水陸雙方損失輕微
各線交通略阻，地區長官出巡
懸出信號告警
海上損失輕微
港粵船期受阻
離島小輪暫停

圖一百：《華僑日報》於1944年7月23日報導有關第8號熱帶氣旋襲港之剪報

僅隨著之前三個月，香港於本月繼續比正常為潮濕。當中，總雨量為474.5毫米，比正常稍多約一成；平均相對濕度則介乎84%至87%之間，高於正常水平。與此同時，本月比正常多雲，總日照時間僅介乎130至145小時之間，比正常值少約三至四成。另一方面，本月平均氣溫為攝氏27.9度，屬正常水平。

本月有兩次機會令官方需要懸掛二號風球，即烈風來襲警告。懸掛風球的時間分別是當第8號熱帶氣旋及第9號熱帶氣旋靠近廣東沿岸時。當中，第8號熱帶氣旋是戰時對香港構成最大威脅之熱帶氣旋，這是由於第8號熱帶氣旋與香港相距較近及於香港以南掠過，令香港感受到其較強風力。另一方面，

兩股熱帶氣旋襲港的時間相距僅為不足三天。

日期	天氣系統	對香港的影響
1日	東南氣流	天氣炎熱,最高氣溫上升至攝氏32度,為本月之最高值。
3日凌晨至清晨	不穩定東南氣流	有大雨,本地錄得接近30毫米雨量。於惡劣天氣下,上環必列者士街之一幅石牆塌下,壓毀多所荷李活道民居,造成1死1傷。另天氣稍涼,最低氣溫下降至攝氏24度,為本月之最低值。
4日至5日凌晨	不穩定偏南氣流	多雲及有狂風驟雨,錄得接近50毫米雨量。
8日至10日	第7號熱帶氣旋	香港於8日中午開始風勢增強及轉為密雲;而9日及10日早上有狂風驟雨,共錄得約50毫米雨量。
11日至15日	低壓區	為大致密雲及有雨,同時風勢逐漸增強,13日至15日間中吹強風及雨勢頗大,而每日雨量均超過50毫米。於大雨下,上環必列者士街再有危牆倒塌,壓死一名途經的中年婦人。
21日至22日	第8號熱帶氣旋	香港於21日初時為密雲,下午起有頻密狂風驟雨,及風勢增強;風勢於21日晚間及22日早上達至烈風,間中達暴風程度。同時,香港於21日晚間至22日早上雨勢頗大,錄得超過50毫米雨量。於惡劣天氣下,本地最少有一人溺斃。

24日	高壓脊	天氣炎熱，最高氣溫上升至攝氏32度，為本月之最高值。
24日至25日	第9號熱帶氣旋	本地西北風於24日黃昏至25日早上期間增強至強風，間中達烈風程度；天色同時轉為密雲、有大雨及雷暴。此外，24日晚間至25日早上雨勢頗大，本地錄得超過80毫米雨量。熱帶氣旋稍後於25日午間左右橫過香港。
28日及29日	南至東南氣流	天氣炎熱，最高氣溫上升至攝氏32度，為本月之最高值。
30日及31日	西南氣流	天氣炎熱，最高氣溫上升至攝氏32度，為本月之最高值。

表八十三：香港於1944年7月出現之特別天氣現象

受到一股東南氣流影響，香港於本月首天為晴朗及炎熱。其後，當該股氣流漸轉不穩定，香港於2日早上有驟雨，但日間為部分時間有陽光及炎熱。其後，3日凌晨至清晨有大雨及雷暴，本地錄得接近30毫米雨量。於惡劣天氣下，上環必列者士街之一幅石牆塌下，壓毀多所荷李活道民居，造成1死1傷。雨勢其後於3日早上較後時間緩和，本地於當日下午轉為晴朗、炎熱及部分時間有陽光。

一股不穩定偏南氣流於3日晚間抵達，香港於4日至5日凌晨為多雲及有狂風驟雨，錄得接近50毫米雨量。隨著一道高壓脊稍後覆蓋廣東沿岸，香港於5日上午至8日上午期間，除了初時有驟雨外，大致為部分時間有陽光及炎熱。

當位於南海之第7號熱帶氣旋正朝海南島以南海域方向移動，香港於8日中午開始風勢增強及轉為密雲，而9日及10日早上有狂風驟雨，共錄得約50

毫米雨量。隨著該股熱帶氣旋減弱，及其雨帶移離廣東沿岸、向越南北部進發，香港於10日下午之雨勢及風勢均告緩和。

其後，位於南海北部之一個低壓區正朝向海南島附近區域移動，雲層隨後再次於本地結集；香港於11日至15日為大致密雲及有雨，同時風勢逐漸增強，13日至15日間中吹強風及雨勢頗大，而每日雨量均超過50毫米。於大雨下，上環必列者士街再有危牆倒塌，壓死一名途經的中年婦人。隨著低壓區移離廣東沿岸後，香港於16日繼續受到其引進之活躍偏南氣流影響，仍大致為多雲，及間中有狂風驟雨。

一道高壓脊其後覆蓋華南沿岸，香港於17日至20日除了間中有驟雨外，漸轉為部分時間有陽光及炎熱。其後，隨著位於南海北部之第8號熱帶氣旋正以較西北路徑逼近廣東沿岸，香港於21日初時為密雲，下午起有頻密狂風驟雨，及風勢增強；風勢於21日晚間及22日早上達至烈風，間中達暴風程度。同時，香港於21日晚間至22日早上雨勢頗大，錄得超過50毫米雨量。於惡劣天氣下，本地最少有一人溺斃。其後，當第8號熱帶氣旋於22日早上登陸廣東西部及於內陸減弱，香港之風勢及雨勢於22日下午緩和。

隨著一道高壓脊向廣東沿岸伸展，香港於23日大致為多雲，初時有驟雨；而24日日間漸轉為晴朗及炎熱。其後，第9號熱帶氣旋從東面移近香港，本地西北風於24日黃昏至25日早上期間增強至強風，間中達烈風程度；天色同時轉為密雲、有大雨及雷暴。此外，24日晚間至25日早上雨勢頗大，本地錄得超過80毫米雨量。當第9號熱帶氣旋於25日午間左右橫過香港，及開始於內陸減弱後，香港風勢及雨勢開始緩和；但當日下午及黃昏繼續有大雨。

一股較穩定之南至東南氣流其後抵達，香港除了29日晚間有驟雨外，於26日至29日漸轉為晴朗及炎熱。及後，受到一股西南氣流影響，香港於30日及31日為大致晴朗及炎熱，間中有驟雨。

本月錄得之最低氣溫為攝氏24度，於3日出現；而最高氣溫則為攝氏32度，於1日、24日、28日至31日出現。

月內有三股熱帶氣旋闖入香港800公里警戒範圍之內，其路徑見於圖一百三十九。

表八十三列出香港於本月出現之特別天氣現象，圖一百零一展示香港於本月所錄得之每日氣溫及雨量，圖一百零二展示香港於本月所錄得之每日平均氣溫及其距平，而表八十四則展示香港每日天氣情況。

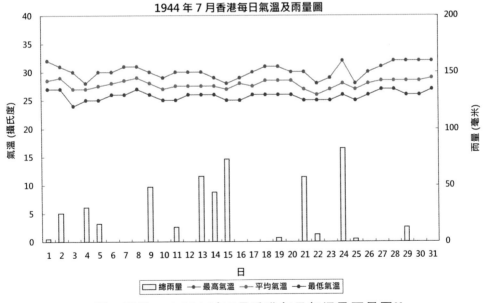

圖一百零一：1944年7月香港每日氣溫及雨量圖[83]

---

83 圖中的每日氣溫為評估數值，而每日雨量則為天文台職員於赤柱集中營由每天日本時間早上7時半至翌日早上7時半錄得的雨量。

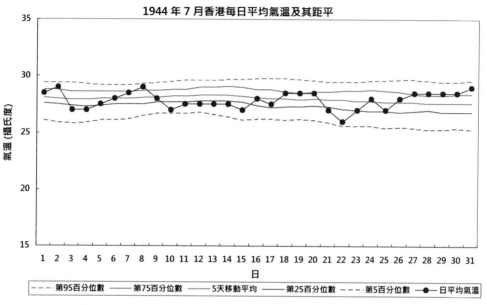

圖一百零二：1944年7月香港每日平均氣溫及其距平

日期	1	2	3	4	5	6	7	8	9	10	11	12	13	14	15	
天氣	☀️	🌦️	🌧️	☁️	🌦️	🌦️	☀️	⛅	🌧️	🌧️	🌧️	🌧️	🌧️	🌧️	🌧️	
日期	16	17	18	19	20	21	22	23	24	25	26	27	28	29	30	31
天氣	🌧️	🌧️	🌦️	🌦️	🌧️	🌧️	🌧️	☁️	🌧️	⛅	⛅	☀️	🌦️	🌧️	🌦️	🌦️

表八十四：1944年7月香港每日天氣情況

8.3.3　1944年8月香港天氣概況 – 多雲、潮濕及多雨

"18 Aug 1944: Heavy rain squalls from the E.
Apparently a stationary typhoon slowly filling up close by.
Wind dropped somewhat during forenoon, rained all day."
（摘自殖民地監獄官 *Raymond Eric Jones*
於赤柱集中營所保存有關香港天氣情況之日記）

　　僅隨著之前四個月，香港於本月繼續為較潮濕，總雨量達560.8毫米，比正常值多約五成；而單是15日至23日期間之暴雨已貢獻了這總量的約七成。與此同時，本月之平均相對濕度介乎85％至88％之間，也高於正常水平。另一方面，本月比正常多雲，總日照時間只介乎120至135小時之間，比正常值少約三至四成。另一方面，本月平均氣溫為攝氏27.7度，與正常值相若。

　　受到一股不穩定西南氣流影響，香港於首三天大致為多雲、有驟雨，及間中有雷暴。隨著一道低壓槽於廣東沿岸徘徊，本地於4日至6日之雨勢轉為頻密及間中頗大，每日均錄得超過30毫米雨量。

　　隨著位於香港西南面之一個低壓區外圍雲帶於香港集結，香港於7日仍為多雲，但短暫時間有陽光。其後，與廣東內陸一道低壓槽相關之一股微弱偏西氣流，為香港於8日及9日帶來大致晴朗及炎熱的天氣。

　　隨著低壓槽移向廣東沿岸，香港於10日早上為密雲及有驟雨，下午則轉為大致天晴及炎熱；可是，香港於當天晚間再度轉為密雲及有大雨。其後，香港於11日繼續有雨，但雨勢於12日中午前減弱。期間，本地於10日至12日錄得之總雨量超過60毫米。

日期	天氣系統	對香港的影響
4日至6日	低壓槽	雨勢間中頗大，每日均錄得超過30毫米雨量。
9日	偏西氣流	天氣炎熱，最高氣溫上升至攝氏32度，為本月之最高值。
10日至12日	低壓槽	為大致密雲及有大雨，累積總雨量超過60毫米。
15日至23日	廣闊低壓區	為大致密雲、間中有狂風驟雨及雷暴。當中，香港於17日至20日每日錄得之雨量均超過50毫米；而18日之雨量更超過100毫米。另一方面，17日至19日天氣稍涼，每日最低氣溫下降至攝氏24度，為本月之最低值。
28日及29日	太平洋高壓脊	天氣炎熱，每日最高氣溫上升至攝氏32度，為本月之最高值。

表八十五：香港於1944年8月出現之特別天氣現象

　　當位於西北太平洋之第13號熱帶氣旋正移向台灣時，由於香港正受到其外圍下沉氣流影響，香港於12日下午至14日期間為大致晴朗及炎熱；13日早上有驟雨。其後，隨著一個廣闊低壓區於海南島及北部灣附近徘徊，香港於15日至23日期間風勢增強，同時為大致密雲、間中有狂風驟雨及雷暴。當中，香港於17日至20日每日錄得之雨量均超過50毫米；而18日之雨量更超過100毫米。

　　隨著低壓區南移並遠離，一股大陸氣流隨之抵達；香港除了於24日晚上有一兩陣狂風雷暴外，於24日至27日為大致晴朗、炎熱，及部分時間有陽光，同時有煙霞。其後，一道太平洋高壓脊為香港於28日至31日帶來部分時間有陽光及炎熱的天氣，同時本地間中有驟雨。

　　本月錄得之最低氣溫為攝氏24度，於17日至19日出現；而最高氣溫則為攝氏32度，於9日、28日及29日出現。

　　月內有一股熱帶氣旋闖入香港800公里警戒範圍之內，其路徑見於圖一百三十九。

　　表八十五列出香港於本月出現之特別天氣現象，圖一百零三展示香港於本月所錄得之每日氣溫及雨量，圖一百零四展示香港於本月所錄得之每日平均氣溫及其距平，而表八十六則展示香港每日天氣情況。

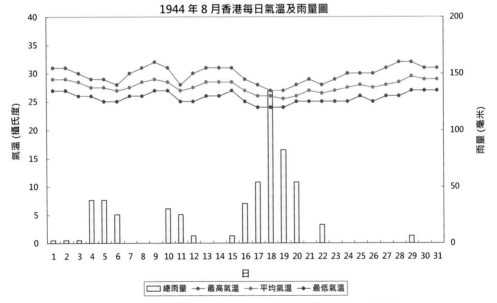

圖一百零三：1944年8月香港每日氣溫及雨量圖[84]

84　圖中的每日氣溫為評估數值，而每日雨量則為天文台職員於赤柱集中營由每天日本時間早上7時半至翌日早上7時半錄得的雨量。

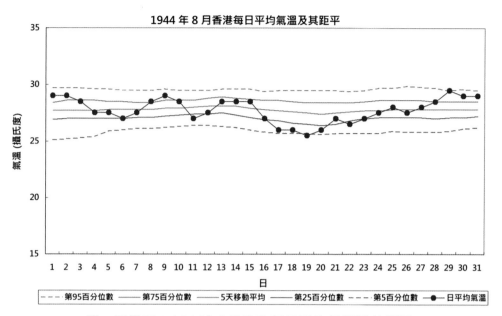

圖一百零四：1944年8月香港每日平均氣溫及其距平

日期	1	2	3	4	5	6	7	8	9	10	11	12	13	14	15	
天氣	🌧	🌧	🌧	🌧	🌧	🌧	🌦	🌦	☀	🌧	☁	🌦	🌦	🌧	🌧	
日期	16	17	18	19	20	21	22	23	24	25	26	27	28	29	30	31
天氣	🌧	🌧	🌧	🌧	🌧	🌧	🌧	🌧	🌤	🌦	🌤	🌦	🌦	🌧	🌧	🌦

表八十六：1944年8月香港每日天氣情況

8.4　1944年秋季：相對炎熱及少雨之秋季

香港於1944年秋季為相對炎熱，平均氣溫達26.0度，比正常高1.8度，為1884年至2022年排行第四炎熱之秋季。同時，本季錄得總雨量（239.8毫米）偏少，只為正常值的約六成。

8.4.1　1944年9月香港天氣概況 – 較晴朗、炎熱、乾燥及少雨

圖一百零五：天文台職員於赤柱集中營所保存有關1944年9月之香港氣象紀錄
（資料來源：香港政府檔案處歷史檔案館）

　　相比於之前三個月份，香港於本月較正常炎熱，平均氣溫為攝氏28.5度，比正常值高1.4度。同時，本月較乾旱，總雨量僅157.4毫米，比正常值少接近四成；而平均相對濕度介乎75%至78%之間，低於正常水平。與此同時，本月較正常晴朗，總日照時間介乎210至225小時之間，稍多於正常值。

日期	天氣系統	對香港的影響
3日	低壓槽	密雲、有大雨及雷暴，本地錄得超過60毫米雨量。
10日至13日	東南氣流/西南氣流	天氣炎熱，每日之最高氣溫上升至攝氏33度，為本月之最高值。
18日至22日	海南島附近之熱帶風暴及東北季候風共同影響	風勢增強，20日及21日轉為密雲、有雨及間中有狂風雷暴，風勢達清勁至強風程度；另雨勢間中頗大，期間本地錄得超過70毫米雨量。另一方面，20日與之後21日及22日天氣稍涼，最低氣溫下降至攝氏24度，為本月之最低值。

表八十七：香港於1944年9月出現之特別天氣現象

　　隨著一個廣闊高氣壓覆蓋南海，香港於本月首兩天為大致晴朗及炎熱。其後，一道位於廣東內陸之低壓槽靠近，及於3日清晨橫過廣東沿岸，香港轉為密雲、有大雨及雷暴。其後，一股偏東氣流抵達，香港於3日日間仍然有雨，但雨勢稍後減弱；全日錄得超過60毫米雨量。及後，香港於4日及5日早上大致為晴朗、炎熱及部分時間有陽光。

　　隨著一股較穩定東南氣流於5日下午抵達，香港繼續為晴朗、炎熱及部分時間有陽光。該股氣流其後被一股西南氣流所取代，香港於6日至9日為晴朗及炎熱。

　　一股東南氣流稍後抵達，香港於10日及11日繼續為晴朗，同時為酷熱。隨著一股較溫暖西南氣流再次抵達，類似天氣情況於12日及13日持續。期間，10日至13日之每日最高氣溫上升至攝氏33度，為本月之最高值。

　　一道冷鋒於14日凌晨至清晨期間橫過廣東沿岸，隨後之一股乾燥大陸氣流為香港於14日至16日帶來晴朗、炎熱及乾燥的天氣。其後，另一道冷鋒於16日黃昏橫過該區，一股緊隨之乾燥大陸氣流抵達，持續為香港於17日帶來晴朗、炎熱及乾燥的天氣。

　　當一股位於南海中部之熱帶風暴[85]正移向海南島，香港於18日至19日受到其外圍雲帶及一股東北季候風之共同影響，逐漸轉為多雲，同時風勢增強。隨著熱帶氣旋正靠近海南島，香港於20日及21日為密雲、有雨及間中有狂風雷暴，風勢達清勁至強風程度；另雨勢間中頗大，期間本地錄得超過70毫米雨量。另一方面，20日與之後21日及22日之最低氣溫下降至攝氏24度，為本月之最低值。

　　正當位於海南島附近之熱帶氣旋其後減弱，及其相關雨帶移離香港，香港於22日至24日早上逐漸受到正直趨台灣南部之第17號熱帶氣旋外圍下沉氣流影響，為大致晴朗及炎熱。隨著該股熱帶氣旋其後趨向福建及於內陸減弱，一股被其誘發之潮濕南至西南氣流逐漸影響香港；香港於24日下午轉為密雲。另一方面，香港於25日及26日為密雲、有幾陣雨及雷暴。

　　隨著一道高壓脊開始伸展及覆蓋廣東沿岸，香港之雨勢其後減弱；27日至29日日間為大致晴朗及炎熱。及後，隨著一股潮濕偏東氣流抵達，香港於29日晚間轉為密雲，而30日日間為密雲、有雨及雷暴。

一道冷鋒於30日黃昏橫過廣東沿岸，香港持續為密雲及間中有雷暴。

月內有兩股熱帶氣旋闖入香港800公里警戒範圍之內，其路徑見於圖一百三十九。

表八十七列出香港於本月出現之特別天氣現象，圖一百零六展示香港於本月所錄得之每日氣溫及雨量，圖一百零七展示香港於本月所錄得之每日平均氣溫及其距平，而表八十八則展示香港每日天氣情況。

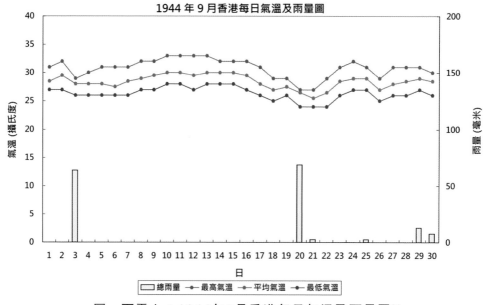

圖一百零六：1944年9月香港每日氣溫及雨量圖[86]

85　美國國家海洋與大氣管理局（NOAA）確認此系統為熱帶氣旋，並予熱帶風暴之強度。但日本氣象廳（JMA）則未有正式承認此為熱帶氣旋。

86　圖中的每日氣溫為評估數值，而每日雨量則為天文台職員於赤柱集中營由每天日本時間早上7時半至翌日早上7時半錄得的雨量。

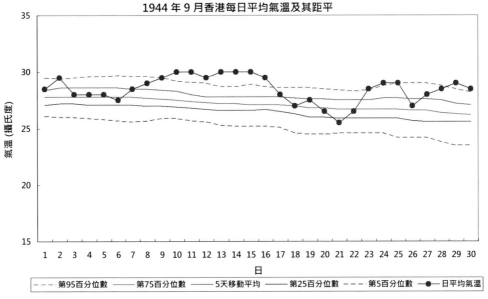

圖一百零七：1944年9月香港每日平均氣溫及其距平

日期	1	2	3	4	5	6	7	8	9	10	11	12	13	14	15
天氣															
日期	16	17	18	19	20	21	22	23	24	25	26	27	28	29	30
天氣															

表八十八：1944年9月香港每日天氣情況

8.4.2　1944年10月香港天氣概況 – 多雲、較炎熱、潮濕，但少雨

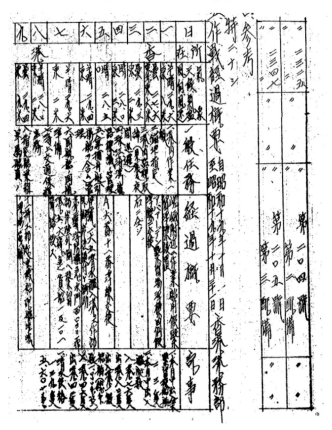

圖一百零八：香港港務局於1944年10月保存有關香港氣象情況之軍用紀錄
（資料來源：日本國立公文書館）

　　僅接著上月，香港於本月繼續較正常炎熱，平均氣溫為攝氏26.2度，比正常高1.7度；同時總雨量只為40.5毫米，比正常值少約五成半。縱然如此，由於香港於月內大部分日子受到潮濕偏東氣流影響，本月相對多雲，總日照時間只介乎150至165小時之間，比正常值少約三成。另一方面，本月亦較為潮濕，平均相對濕度介乎73%至76%之間，高於正常水平。

日期	天氣系統	對香港的影響
20日	大陸氣流	天氣炎熱，最高氣溫上升至攝氏31度，為本月之最高值。
30日	東北季候風	天氣稍涼，最低氣溫下降至攝氏21度，為本月之最低值。

表八十九：香港於1944年10月出現之特別天氣現象

　　一股東北季候風於本月首天之較早時間抵達，香港於早上為大致多雲、短暫時間有陽光。該股季候風於日間被一股偏東氣流取代，為香港帶來多雲及炎熱的天氣。及後，風勢於晚間轉為清勁。

　　一股東北季候風其後抵達，香港於2日及3日均為大致多雲及間中有微雨；而4日至6日初時為晴朗、炎熱及部分時間有陽光。該股季候風於6日稍後逐漸被一股偏東氣流所取代，香港隨即轉為多雲，下午有微雨，同時風勢緩和；而7日為多雲及短暫時間有陽光，初時有微雨。其後，本地於8日至11日日間為大致晴朗、炎熱及部分時間有陽光，風勢間中達清勁至強風程度。

　　一道冷鋒於11日晚間橫過廣東沿岸，一股東北季候風其後抵達；香港於12日至14日期間大致為較涼、部分時間有陽光及間中有雨。其後，受到一股大陸氣流影響，香港於15日至20日轉為晴朗、炎熱及部分時間有陽光，初時風勢清勁；期間，20日之最高氣溫上升至攝氏31度，為本月最高值。及後，一股偏東氣流抵達，本地於21日清晨為多雲及有雨，但當天上午較後至24日則為晴朗、炎熱及部分時間有陽光。本地雲量隨後增加，香港於25日轉為多雲，而26日則為多雲及有雨。

　　一道冷鋒於26日晚間橫過廣東沿岸，香港於27日初時轉為密雲、有雨及雷暴。及後，一股大陸氣流抵達，本地雨勢減弱，而香港於27日黃昏及28日早上為晴朗及溫暖。隨著一股較潮濕偏東氣流抵達，香港於28日下午轉為多雲。

　　及後，一道冷鋒於29日上午接近，及下午橫過廣東沿岸，香港於29日及30日為多雲及有微雨。隨著一股東北季候風抵達，本地氣溫開始下跌，30日錄得之攝氏21度低溫為本月最低值。其後，東北季候風逐漸被一股較溫暖之偏東氣流所取代，香港於31日為晴朗、溫暖及部分時間有陽光。

　　本月並沒有熱帶氣旋闖入香港800公里警戒範圍之內。

　　表八十九列出香港於本月出現之特別天氣現象，圖一百零九展示香港於本月所錄得之每日氣溫及雨量，圖一百一十展示香港於本月所錄得之每日平均氣溫及其距平，而表九十則展示香港每日天氣情況。

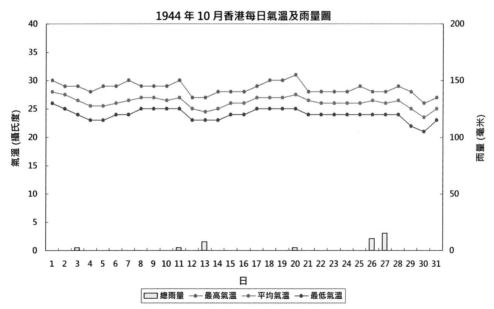

圖一百零九：1944年10月香港每日氣溫及雨量圖[87]

---

[87] 圖中的每日氣溫為評估數值，而每日雨量則為天文台職員於赤柱集中營由每天日本時間早上7時半至翌日早上7時半錄得的雨量。

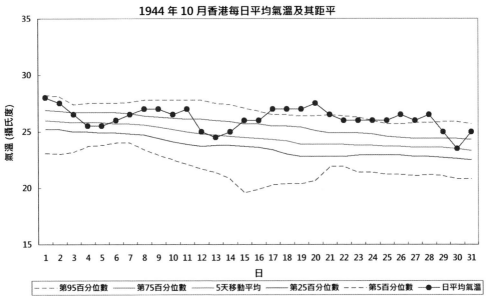

圖一百一十：1944年10月香港每日平均氣溫及其距平

日期	1	2	3	4	5	6	7	8	9	10	11	12	13	14	15	
天氣																
日期	16	17	18	19	20	21	22	23	24	25	26	27	28	29	30	31
天氣																

表九十：1944年10月香港每日天氣情況

8.4.3 1944年11月香港天氣概況 – 多雲、較溫暖及潮濕,但少雨

> *"16 Nov 1944: Raid early am despite low cloud & rain. Fine, cloudy."*
> (摘自殖民地監獄官 *Raymond Eric Jones*
> 於赤柱集中營所保存有關香港天氣情況之日記)

由於月內缺少強烈東北季候風影響香港,香港於本月比正常溫暖,平均氣溫為攝氏23.4度,比正常值高2.4度。另一方面,本月比正常多雲,總日照時間介乎135至150小時之間,比正常值少約兩至三成。與此同時,本月比正常潮濕,平均相對濕度介乎73%至76%之間,高於正常水平;而總雨量則為41.9毫米,比正常值稍少約一成。

日期	天氣系統	對香港的影響
2日	東南氣流	天氣炎熱,最高氣溫上升至攝氏28度,為本月之最高值。
8日	冷鋒前緣	天氣炎熱,最高氣溫上升至攝氏28度,為本月之最高值。
16日及17日	偏東氣流	天氣稍涼,最低氣溫下降至攝氏18度,為本月之最低值。
21日	大陸氣流	天氣稍涼,最低氣溫下降至攝氏18度,為本月之最低值。
30日	東至東南氣流	天氣炎熱,最高氣溫上升至攝氏28度,為本月之最高值。

表九十一:香港於1944年11月出現之特別天氣現象

受到一股東至東南氣流影響，香港除了於2日早上受到第22號熱帶氣旋之外圍雨帶影響而有驟雨外，本月首兩天為部分時間有陽光及漸趨炎熱。其後，隨著一道冷鋒於3日早上橫過廣東沿岸，及位於海南島附近之第22號熱帶氣旋逐漸減弱為一個低壓區，一股清勁至強風程度之偏東氣流僅隨之，為香港於3日至7日帶來多雲及間中有雨的天氣，同時風勢間中達清勁至強風程度。

隨著另一道冷鋒於8日接近，香港於8日為大致多雲、短暫時間有陽光及天氣炎熱。冷鋒其後於晚間橫過廣東沿岸，一股東北季候風隨之抵達，為香港於9日至11日日間帶來清涼、乾燥及漸轉晴朗的天氣。另一道冷鋒於11日黃昏橫過廣東沿岸，而一股僅隨之東北季候風抵達；香港於12日至15日為大致密雲及風勢清勁。隨著一股較穩定之偏東氣流稍後抵達，香港於16日凌晨及清晨有雷暴及驟雨，但16日日間及17日漸趨晴朗及乾燥，同時天氣較涼及部分時間有陽光。

一道冷鋒於18日早上橫過廣東沿岸，香港轉為密雲及有微雨。其後，另一股僅隨之大陸氣流為香港於18日日間至22日期間帶來大致晴朗、溫暖及漸見乾燥的天氣；期間，21日日間之相對濕度曾下降至40%或以下。及後，一股偏東氣流抵達，香港於23日及24日大致為多雲及短暫時間有陽光，風勢漸轉清勁。

隨著一股東北季候風抵達，香港於25日及26日大致為多雲、稍涼及有微雨，風勢清勁。受到一股其後抵達之東至東南氣流影響，香港於27日至29日為多雲及溫暖。雲層隨後稍為轉薄，30日為部分時間有陽光及炎熱。

本月錄得之最低氣溫為攝氏18度，於16日、17日及21日出現；而最高氣溫則為攝氏28度，於2日、8日及30日出現。

　　月內有一股熱帶氣旋闖入香港800公里警戒範圍之內，其路徑見於圖一百三十九。

　　表九十一列出香港於本月出現之特別天氣現象，圖一百一十一展示香港於本月所錄得之每日氣溫及雨量，圖一百一十二展示香港於本月所錄得之每日平均氣溫及其距平，而表九十二則展示香港每日天氣情況。

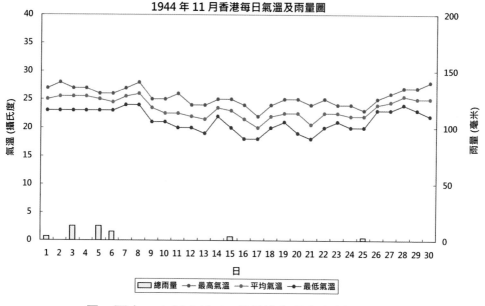

圖一百十一：1944年11月香港每日氣溫及雨量圖[88]

88　圖中的每日氣溫為評估數值，而每日雨量則為天文台職員於赤柱集中營由每天日本時間早上7時半至翌日早上7時半錄得的雨量。

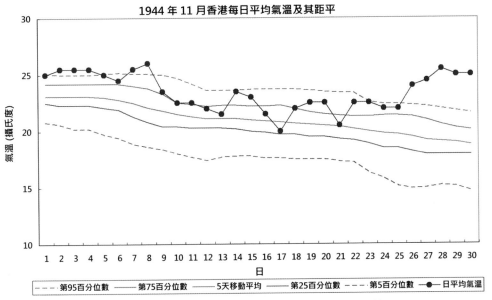

圖一百十二：1944年11月香港每日平均氣溫及其距平

日期	1	2	3	4	5	6	7	8	9	10	11	12	13	14	15
天氣															
日期	16	17	18	19	20	21	22	23	24	25	26	27	28	29	30
天氣															

表九十二：1944年11月香港每日天氣情況

第九章
1945年香港季度天氣回顧

▲香港於1945年8月30日天晴及炎熱，
原被日軍拘留之英國及加拿大戰俘正等待離開集中營。
（資料來源：加拿大國防部）

9.1 1944至1945年間之冬季：異常昏暗及有史而來最 寒冷的冬季

    1944年至1945年間的冬季（1944年12月至1945年2月）是香港有史以來最寒冷的冬季，平均氣溫為攝氏13.4度，為自1884年以來最低紀錄。另外，由於1945年2月異常昏暗，平均雲量遠比正常多。因此，這月是1945年1月至8月香港重光前，一個香港據點相對較少受盟軍轟炸的月份。此外，在本季嚴冬下，因寒冷及饑餓而不幸死亡的香港民眾多不勝數。

9.1.1 1944年12月香港天氣概況 – 多雲、乾燥及有史而來最寒冷之12 月，同時雨量較多

> "15 Dec 1944: The nights are miserably unpleasant, with a damp cold; we all
> wear every piece of clothes available but still we are cold."
> （摘自香港退役軍人紀念協會保存有關香港天氣情況之戰時日記）

    由於強烈冬季季候風不尋常地支配廣東沿岸，香港於本月為不合季節常態地持續寒冷。月內平均氣溫只為攝氏13.9度，比正常值低3.5度，這是自1884年以來12月的最低平均氣溫。總括來說，香港於本月共有17天為寒冷，而當中更有5天達嚴寒水平。同時，19日所錄得之攝氏6度低溫，是1884年至2022年間12月位列約為第十四之低溫紀錄，或自1934年12月6日以來12月之最低氣溫。

    香港於本月相對多雲，總日照時間介乎125至140小時之間，比正常值少約兩成。另一方面，本月總雨量為55.9毫米，是正常值的兩倍多；另本月相對乾燥，平均相對濕度介乎66%至69%之間，低於正常水平。

日期	天氣系統	對香港的影響
1日凌晨及清晨	冷鋒	有大雨，累積雨量約為40毫米。
1日日間	大陸氣流	天氣溫暖，最高氣溫上升至攝氏23度，為本月之最高值。
3日	東北季候風	天氣寒冷。
6日至10日	東北季候風	天氣寒冷。
13日至21日	強烈東北季候風	天氣寒冷。期間，16日至19日及21日為嚴寒。19日所錄得之攝氏6度低溫，為本月之最低氣溫、自1934年12月6日以來12月之最低氣溫，或自1884年以來12月位列約為第十四之低溫紀錄。
24日	東北季候風	天氣寒冷。
28日	東北季候風	天氣寒冷。

表九十三：香港於1944年12月出現之特別天氣現象

　　一道冷鋒於本月首天凌晨橫過廣東沿岸，與其相關之雨帶為香港於凌晨及清晨帶來密雲及大雨的天氣，累積雨量約為40毫米。其後，受到大陸氣流影響，香港於日間為多雲及溫暖，最高氣溫為攝氏23度，為本月之最高值。隨著一股東北季候風稍後抵達，本地氣溫開始下降；2日為大致多雲及清涼，3日則為密雲及寒冷，初時有微雨。及後，香港於4日早上仍為密雲及清涼，但雲層同時於當天早上較後時間轉薄，而本地於下午則為大致晴朗及和暖。

　　隨著季候風緩和，香港於5日清晨為短暫時間有陽光及清涼。其後，隨著一道冷鋒移近，香港於5日早上較後時間轉為密雲，下午有微雨。及後，冷鋒

於6日日間橫過廣東沿岸，香港於6日持續為密雲，同時氣溫開始下降，晚上漸轉為寒冷。

受到一股僅隨之東北季候風影響，香港於7日及8日為密雲、寒冷及間中有雨。其後，9日早上仍為多雲及寒冷，但雲層於午間左右轉薄，而下午為晴朗及乾燥。晴朗、寒冷及乾燥的天氣於10日持續，本地之相對濕度於9日及10日曾下降至40％或以下。

隨著季候風減弱，香港於11日及12日日間均為密雲及和暖。及後，一道冷鋒於12日下午橫過廣東沿岸，香港之氣溫於當日晚間開始下降。其後，另一股東北季候風抵達廣東沿岸，香港於13日至15日期間為大致密雲、寒冷及間中有雨。隨著東北季候風增強，香港於16日上午為密雲及嚴寒，下午轉為晴朗及乾燥。

香港於17日早上為密雲及嚴寒，但雲層其後轉薄，下午轉為晴朗、乾燥及短暫時間有陽光。其後，18日及20日分別再有東北季候風補充，而香港於18日至21日期間大致為嚴寒、晴朗及乾燥，日最低相對濕度曾下降至40％或以下。期間，19日所錄得之攝氏6度低溫，為本月最低氣溫、自1934年12月6日以來12月之最低氣溫，或自1884年以來12月位列約為第十四之低溫紀錄。

隨著季候風減弱，香港於22日為晴朗、乾燥及較為和暖。及後，一道冷鋒於23日橫過香港，本地於當日轉為密雲。另一股東北季候風隨後抵達，氣溫於晚間開始下降，香港於24日為晴朗、寒冷及乾燥。隨著一股偏東氣流抵達，雲層於24日晚間於本地結集。

另一股東北季候風於25日抵達，香港為晴朗及清涼。其後，26日及27日為大致多雲、清涼、乾燥及部分時間有陽光。隨著季候風增強，香港於28日為密雲、寒冷及有微雨。

　　一股偏東氣流稍後抵達，香港於29日及30日轉為晴朗、和暖及部分時間有陽光。其後，隨著另一股東北季候風抵達，香港於31日為密雲及清涼。

　　本月並沒有熱帶氣旋闖入香港800公里警戒範圍之內。

　　表九十三列出香港於本月出現之特別天氣現象，圖一百一十三展示香港於本月所錄得之每日氣溫及雨量，圖一百一十四展示香港於本月所錄得之每日平均氣溫及其距平，而表九十四則展示香港每日天氣情況。

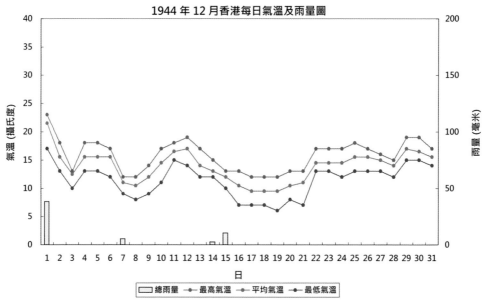

圖一百十三：1944年12月香港每日氣溫及雨量圖[89]

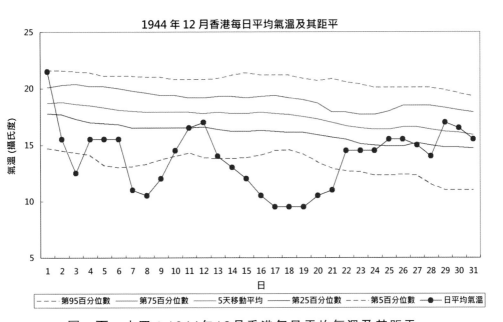

圖一百一十四：1944年12月香港每日平均氣溫及其距平

日期	1	2	3	4	5	6	7	8	9	10	11	12	13	14	15	
天氣	🌧️	🌧️	🌧️	⛅	☁️	🌧️	🌧️	🌧️	☀️	☀️	🌧️	🌧️	🌧️	🌧️	🌧️	
日期	16	17	18	19	20	21	22	23	24	25	26	27	28	29	30	31
天氣	🌤️	🌤️	☀️	☀️	☀️	☀️	☀️	☁️	☀️	🌤️	☁️	☀️	☁️	🌤️	☀️	☁️

表九十四：1944年12月香港每日天氣情況

---

89 圖中的每日氣溫為評估數值，而每日雨量則為天文台職員於赤柱集中營由每天日本時間早上8時至翌日早上8時錄得的雨量。

9.1.2 1945年1月香港天氣概況 – 多雲、較清涼及潮濕，但少雨

> *"10 Jan 1945: Colder, overcast.　NE wind.　Drizzly later."*
> （摘自殖民地監獄官 *Raymond Eric Jones*
> 於赤柱集中營所保存有關香港天氣情況之日記）

　　香港於本月較正常清涼，平均氣溫為攝氏14.7度，比正常低0.5度。與此同時，本月相對多雲，總日照時間只介乎75至90小時之間，比正常值少約四至五成。另一方面，雖然本月相對潮濕，平均相對濕度介乎76%至79%之間，高於正常水平；但只錄得7.6毫米總雨量，比正常值少約七成。

日期	天氣系統	對香港的影響
1日	東北季候風	天氣寒冷。
4日	偏東氣流	天氣和暖，最高氣溫上升至攝氏21度，為本月之最高值。
9日至20日	東北季候風	天氣寒冷，10日清晨氣溫下降至攝氏9度，為本月之最低值。
27日及28日	東北季候風	天氣寒冷。

表九十五：香港於1945年1月出現之特別天氣現象

　　受到一股東北季候風影響，香港於本月首天為密雲、寒冷及乾燥。隨著一股偏東氣流稍後抵達，2日為部分時間有陽光及和暖，同時風勢間中清勁，但3日轉為密雲及和暖。其後，香港於4日日間為晴朗及和暖，最高氣溫上升至攝氏21度，為本月最高值。

隨著一道冷鋒於4日晚間橫過廣東沿岸，香港轉為密雲。其後，一股東北季候風抵達，本地風勢增強至清勁至強風程度，而香港於5日至8日為多雲及清涼。及後，一道冷鋒於8日晚間橫過廣東沿岸，一股僅隨之東北季候風其後抵達；香港於9日至13日早上大致為密雲及寒冷，初時風勢清勁及間中有微雨。期間，10日清晨氣溫下降至攝氏9度，為本月最低值；而13日下午為部分時間有陽光。其後，隨著另一股東北季候風抵達，香港於13日晚間至17日仍為寒冷，但漸見天晴及乾燥，16日及17日之相對濕度曾下降至40%或以下。

隨著一股強烈東北季候風於18日至20日早上影響廣東沿岸，香港為多雲、寒冷、有雨，及風勢增強。季候風於20日早上較後時間逐漸減弱，及被一股偏東氣流所取代；本地風勢及雨勢於20日緩和，午間前轉為晴朗及部分時間有陽光。其後，香港於21日為多雲及清涼，而22日為晴朗、和暖，及部分時間有陽光。

及後，一股東北季候風抵達，香港於23日及24日日間均為多雲、清涼及短暫時間有陽光。隨著一道冷鋒於24日晚間橫過廣東沿岸，香港於25日至29日早上受到僅隨之一股東北季候風影響，為大致多雲及間中有微雨，天氣漸見寒冷。

一股偏東氣流其後抵達，香港於29日下午至31日為大致多雲、短暫時間有陽光及漸見和暖。

本月並沒有熱帶氣旋闖入香港800公里警戒範圍之內。

表九十五列出香港於本月出現之特別天氣現象，圖一百一十五展示香港於本月所錄得之每日氣溫及雨量，圖一百一十六展示香港於本月所錄得之每日平均氣溫及其距平，而表九十六則展示香港每日天氣情況。

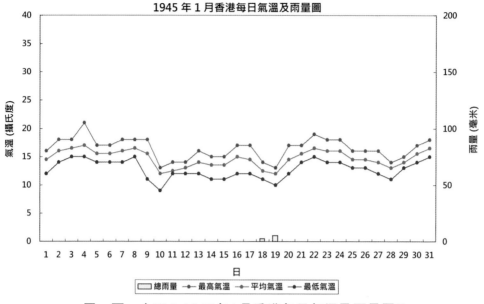

圖一百一十五：1945年1月香港每日氣溫及雨量圖[90]

---

90 圖中的每日氣溫為評估數值，而每日雨量則為天文台職員於赤柱集中營由每天日本時間早上8時至翌日早上8時錄得的雨量。

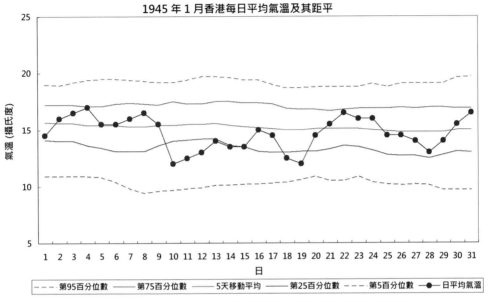

圖一百一十六：1945年1月香港每日平均氣溫及其距平

日期	1	2	3	4	5	6	7	8	9	10	11	12	13	14	15	
天氣	☁	⛅	☁	☀	☁	☁	☁	☁	☁	☁	☁	☁	⛅	☁	⛅	
日期	16	17	18	19	20	21	22	23	24	25	26	27	28	29	30	31
天氣	⛅	⛅	🌧	🌧	⛅	☁	☁	⛅	⛅	☁	☁	☁	☁	⛅	⛅	⛅

表九十六：1945年1月香港每日天氣情況

9.1.3　1945年2月香港天氣概況 – 天色非常陰暗及有史以來最寒冷之月份，同時天氣非常潮濕及非常多雨

「華南沿海過去100年來極端最冷、
最暖2月分別為1945年2月和2007年2月」
（摘自陳特固，時小軍，余克服
《華南沿海近100年來2月份的極端氣溫事件》）

　　1945年2月為一個打破多項紀錄之寒冷月份。香港於該月錄得之平均最高氣溫攝氏13.5度、平均氣溫攝氏11.5度及平均最低氣溫攝氏9.5度，均分別比正常低4.5度、4.0度及4.1度，及全均是自1884年以來所有月份之最低值。月內天色昏暗，總日照時間只介乎20至25小時之間，僅約為正常值的兩成。

　　由於受到頻密鋒面活動影響，香港於月內總雨量為150.4毫米，是正常值的3倍多，亦是自1884年以來2月份雨量之第八高值。與此同時，本月平均相對濕度介乎86%至89%之間，高於正常水平，或是香港自1884年以來第三高值，僅次於1942年2月及1959年2月。

日期	天氣系統	對香港的影響
1日	海洋氣流	最高氣溫上升至攝氏21度，為本月之最高值。
3日至26日	強烈東北季候風	天氣寒冷。期間，4日至11日為大致嚴寒；8日及9日之最低氣溫更下跌至攝氏5度，為本月之最低值。另一方面，3日至5日之累積雨量超過80毫米，而22日則超過30毫米。

表九十七：香港於1945年2月出現之特別天氣現象

　　受到一股海洋氣流影響，香港於本月首天初時為密雲及清涼，接近中午時轉為晴朗及和暖；最高氣溫上升至攝氏21度，為本月之最高值。其後，一道冷鋒於晚間橫過廣東沿岸，而一股僅隨之東北季候風稍後抵達，令香港於2日轉為多雲及清涼。

　　及後，一股強烈東北季候風抵達，本地風勢於3日凌晨增強，同時開始下雨；3日及4日為密雲、寒冷及有雨，氣溫其後持續下降，而4日晚間及5日清晨為嚴寒及有雨。期間，3日至5日之累積雨量超過80毫米。雖然本地雨勢於5日早上較後時間減弱，但5至14日持續為大致密雲及寒冷至嚴寒，間中有微雨；同時每日最低氣溫徘徊於攝氏5度至9度之間。當中，8日及9日清晨之氣溫更下跌至攝氏5度，為本月最低值。

　　受到強烈東北季候風支配，香港於15至17日清晨仍為寒冷，同時為密雲及有雨。雨勢於17日上午較後時間緩和，日間為多雲；但18日至23日仍為密雲及寒冷，而20日至23日間中有雨。當中，本地雨勢於22日間中頗大，共錄得超過30毫米雨量。其後，本地風勢於24日凌晨增強。

　　受到一股偏東氣流影響，香港於24日早上曾短暫時間有陽光，但隨著一道冷鋒逐漸靠近，本地於下午再度有雨。冷鋒於黃昏橫過廣東沿岸後，香港受到東北季候風影響而轉為密雲、寒冷及有雨，直至25日。雖然26日雨勢減弱，但當天早上仍為寒冷。其後，香港於下午為多雲。

　　一股較溫暖偏東氣流其後抵達，香港於27日早上仍為清涼，但日間較為和暖及短暫時間有陽光。當偏東氣流稍後繼續支配廣東沿岸，香港於28日初時為多雲，但稍後轉為晴朗及部分時間有陽光，同時氣溫逐漸上升。

　　本月並沒有熱帶氣旋闖入香港800公里警戒範圍之內。

　　表九十七列出香港於本月出現之特別天氣現象，圖一百一十七展示香港於本月所錄得之每日氣溫及雨量，圖一百一十八展示香港於本月所錄得之每日平均氣溫及其距平，而表九十八則展示香港每日天氣情況。

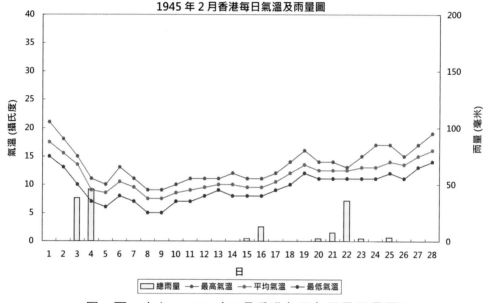

圖一百一十七：1945年2月香港每日氣溫及雨量圖[91]

91　圖中的每日氣溫為評估數值，而每日雨量則為天文台職員於赤柱集中營由每天日本時間早上8時至翌日早上8時錄得的雨量。

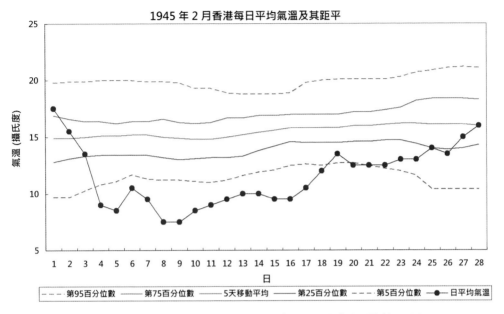

圖一百一十八：1945年2月香港每日平均氣溫及其距平

日期	1	2	3	4	5	6	7	8	9	10	11	12	13	14	15
天氣	🌤️	☁️	🌧️	🌧️	🌧️	☁️	☁️	☁️	☁️	☁️	☁️	☁️	☁️	☁️	☁️
日期	16	17	18	19	20	21	22	23	24	25	26	27	28		
天氣	🌧️	☁️	🌧️	🌧️	🌧️	🌧️	🌧️	🌧️	☁️	🌧️	☁️	🌤️	🌤️		

表九十八：1945年2月香港每日天氣情況

9.2　1945年春季：相對晴朗及乾旱的春季

　　香港於1945年春季為相對晴朗，總日照時間比正常多一至兩成。另一方面，雖然本地於4月份的雨量比正常多近八成，但3月份及5月份的雨量則分別只為正常值的約一成及三成半。因此，在大致良好的天氣下，盟軍的轟炸於這季變得頻繁及激烈，而每次因轟炸或誤炸所造成的死亡及受傷數字往往達數以百計。

9.2.1　1945年3月香港天氣概況 – 較晴朗、和暖及乾旱

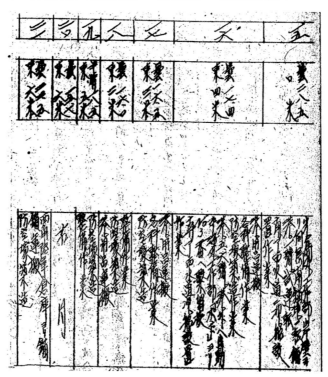

圖一百一十九：香港港務局於1945年3月保存有關香港氣象情況之軍用紀錄
（資料來源：日本國立公文書館）

　　相對於上月，由於香港於本月較少受到強烈東北季候風影響，天氣較正常和暖，平均氣溫為攝氏17.9度，比正常高0.4度。與此同時，本月亦相對晴朗，總日照時間介乎100至115小時之間，接近或稍高於正常值。另一方面，本月較為乾旱，總雨量為10.0毫米，只為正常值的約一成；而平均相對濕度介乎77%至80%之間，低於正常水平。

日期	天氣系統	對香港的影響
7日至9日	東北季候風	天氣寒冷。期間，7日及8日之最低氣溫更下降至攝氏11度，為本月之最低值。
15日	冷鋒前緣	天氣炎熱，最高氣溫上升至攝氏28度，為本月之最高值。

表九十九：香港於1945年3月出現之特別天氣現象

　　受到一股潮濕東至東南氣流影響，香港於本月首五天為密雲、和暖及間中有微雨。與此同時，2日至5日為潮濕及有霧，每日最高相對濕度升至接近100%。隨著一道冷鋒稍後於6日凌晨橫過廣東沿岸，香港轉為密雲及有雨。

　　一股東北季候風於6日稍後抵達，本地氣溫於6日日間逐漸下跌，7日至9日為寒冷及乾燥；期間，7日為大致密雲，而8日及9日均為多雲及部分時間有陽光。與此同時，7日及8日錄得之攝氏11度低溫為本月最低值。隨著一股東至東南氣流稍後抵達，香港於10日至14日主要為部分時間有陽光及間中多雲，初時風勢間中清勁，但天氣漸見溫暖。

　　隨著一道冷鋒於15日早上橫過廣東沿岸，香港初時為炎熱、多雲及部分時間有陽光，最高氣溫上升至攝氏28度，為本月之最高值。一股東北季候風稍後抵達，香港於下午轉為密雲，同時氣溫開始下降。其後，16日及17日為密雲、清涼及有微雨。

　　隨著東北季候風減弱，香港漸見和暖。期間，18日及19日為多雲及有微雨，但19日亦短暫時間有陽光。另一方面，20日及21日均為多雲及和暖，間中有微雨，同時風勢間中清勁。

　　及後，一股海洋氣流抵達，香港於22日為短暫時間有陽光、溫暖及有霧。隨著一道冷鋒其後於黃昏至晚間橫過廣東沿岸，香港於23日轉為密雲、有霧及有微雨。當一股東北季候風稍後抵達，本地風勢增強；而香港於23日較後時間至25日清晨期間為密雲及漸見清涼。

　　一股偏東氣流稍後抵達，香港於25日早上較後時間為多雲及和暖；而26日為晴朗及乾燥，同時氣溫回升。隨著一道冷鋒於27日早上橫過廣東沿岸，香港轉為密雲及有微雨。當一股偏東氣流稍後抵達，本地雲量於下午轉薄，而天氣亦轉為晴朗及和暖。

　　隨著溫暖偏東氣流影響香港，香港於28日為多雲及和暖，早上有微雨；而29日為晴朗及溫暖。其後，當一股海洋氣流抵達，香港於30日及31日繼續為晴朗及溫暖，同時氣溫上升。

　　本月並沒有熱帶氣旋闖入香港800公里警戒範圍之內。

　　表九十九列出香港於本月出現之特別天氣現象，圖一百二十展示香港於本月所錄得之每日氣溫及雨量，圖一百二十一展示香港於本月所錄得之每日平均氣溫及其距平，而表一百則展示香港每日天氣情況。

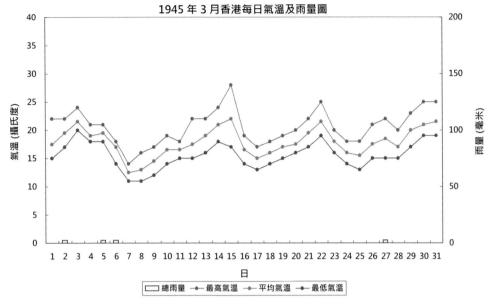

圖一百二十：1945年3月香港每日氣溫及雨量圖[92]

92　圖中的每日氣溫為評估數值，而每日雨量則為天文台職員於赤柱集中營由每天日本時間
　　早上8時至翌日早上8時錄得的雨量。

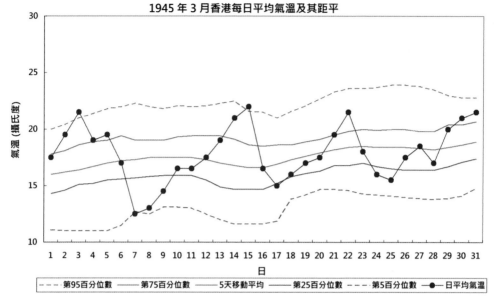

圖一百二十一：1945年3月香港每日平均氣溫及其距平

日期	1	2	3	4	5	6	7	8	9	10	11	12	13	14	15	
天氣																
日期	16	17	18	19	20	21	22	23	24	25	26	27	28	29	30	31
天氣																

表一百：1945年3月香港每日天氣情況

9.2.2　1945年4月香港天氣概況 – 陽光充沛、較溫暖及乾旱，但月下旬有暴雨

> *"20 Apr 1945: Sudden squall, rain & drop in temp. early am.*
> *Improved pm."*
> （摘自殖民地監獄官 *Raymond Eric Jones*
> 於赤柱集中營所保存有關香港天氣情況之日記）

　　香港於本月較正常溫暖，平均氣溫為攝氏21.8度，比正常高0.5度。與此同時，本月相對陽光充沛，總日照時間介乎145至160小時之間，比正常值多約兩至三成。另一方面，雖然月內普遍比正常乾燥，平均相對濕度介乎80%至83%之間，低於正常水平；但經過本月最後數天出現之暴雨後，本月雨量累計為236.8毫米，比正常值多接近八成。

日期	天氣系統	對香港的影響
7日、8日及11日	東北季候風	日最低氣溫下降至攝氏15度，為本月之最低值。
19日	溫暖西南氣流	最高氣溫上升至攝氏29度，為本月之最高值。
20日	東北季候風	出現本年首次雷暴。
25日及26日	低壓槽	香港下了本年第一場暴雨，兩天分別錄得超過50毫米雨量。
30日	低壓槽	香港再有暴雨，錄得接近100毫米雨量。

表一百零一：香港於1945年4月出現之特別天氣現象

　　受到一股海洋氣流影響，香港於本月首四天為大致晴朗及溫暖。其後，一道冷鋒於5日凌晨橫過廣東沿岸，本地轉為密雲及有微雨。及後，一股東北季候風僅隨之，本地東北風增強；香港於5日至8日日間均為密雲及間中有雨，天氣漸見清涼及吹清勁至強風程度之東至東北風。該股季候風其後於8日逐漸被一股偏東氣流所取代，而香港於8日餘下時間及9日日間持續為密雲及間中有雨，但氣溫稍為回升。

　　一道冷鋒於10日早上橫過廣東沿岸，而一股東北季候風隨後抵達；香港於10日為密雲、清涼及吹強風。本地雲層其後轉薄，下午短暫時間有陽光及和暖。及後，香港之風勢於11日緩和，早上持續清涼，同時為多雲；11日之最低氣溫下降至攝氏15度，與7日及8日的最低氣溫同為本月之最低值。其後，一股溫暖偏東氣流抵達，香港於當日下午短暫時間有陽光，而12日至15日期間為大致天晴及漸見溫暖。

　　受到一股溫暖海洋氣流影響，香港於16日至18日大致為部分時間有陽光及炎熱。隨著一股溫暖西南氣流稍後抵達，類似天氣情況出現於19日，當天錄得之攝氏29度高溫為本月最高值。隨著一道冷鋒於19日下午橫過廣東沿岸，一股東北季候風其後抵達香港；香港於同日轉吹東北風，風勢逐漸增強至強風程度。及後，本地於20日凌晨及清晨有幾陣狂風驟雨及雷暴，為本年首次；而於20日日間及21日則為部分時間有陽光及乾燥，初時風勢間中達強風程度。

　　隨著一股東至東南氣流抵達，香港於22日及23日為大致晴朗及溫暖。一股溫暖西南氣流稍後抵達，香港於24日為部分時間有陽光及炎熱。一道低壓槽其後於廣東沿岸徘徊，香港於25日早上為大致多雲，下午及26日整天均為密雲、有大雨及雷暴，兩天分別錄得超過50毫米雨量，為本年第一場暴雨。當一股較穩定偏東氣流稍後抵達，本地於27日早上仍有雨，但雨勢於27日較

後時間緩和；27日至29日日間仍大致為密雲，同時風勢清勁及天氣較涼，間
中有雨。

隨著另一道低壓槽靠近廣東沿岸，香港於30日清晨再度為密雲、有大雨
及雷暴。其後，一股活躍西南氣流抵達，不穩定天氣於30日餘下時間持續，
而本地於當日共錄得接近100毫米雨量。

本月並沒有熱帶氣旋闖入香港800公里警戒範圍之內。

表一百零一列出香港於本月出現之特別天氣現象，圖一百二十二展示香
港於本月所錄得之每日氣溫及雨量，圖一百二十三展示香港於本月所錄得之
每日平均氣溫及其距平，而表一百零二則展示香港每日天氣情況。

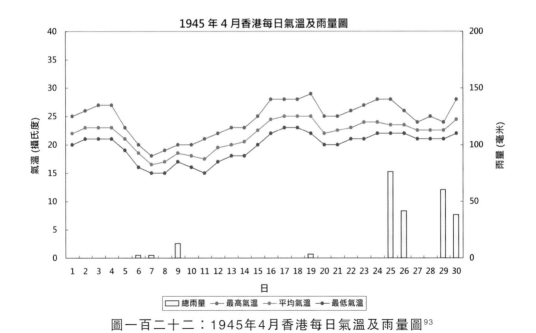

圖一百二十二：1945年4月香港每日氣溫及雨量圖[93]

---

93 圖中的每日氣溫為評估數值，而每日雨量則為天文台職員於赤柱集中營由每天日本時間
　　早上8時至翌日早上8時錄得的雨量。

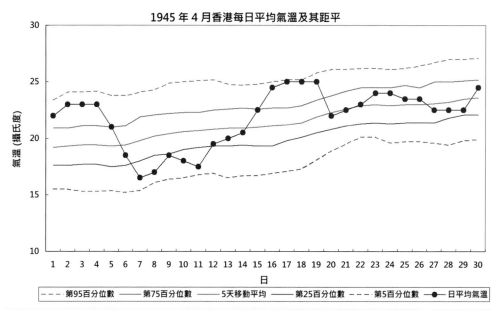

圖一百二十三：1945年4月香港每日平均氣溫及其距平

日期	1	2	3	4	5	6	7	8	9	10	11	12	13	14	15
天氣	☀	☀	☀	☀	☁	☁	🌧	🌧	🌧	⛅	☁	☀	☀	☀	☁
日期	16	17	18	19	20	21	22	23	24	25	26	27	28	29	30
天氣	⛅	⛅	☁	☁	🌧	☁	☀	☁	☁	🌧	🌧	🌧	🌧	🌧	🌧

表一百零二：1945年4月香港每日天氣情況

9.2.3　1945年5月香港天氣概況－陽光充沛、相對較涼、乾燥及少雨

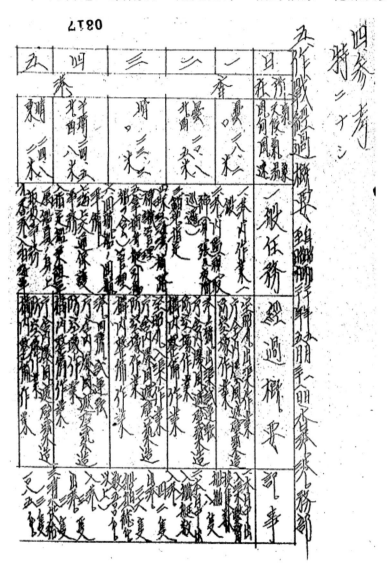

圖一百二十四：香港港務局於1945年5月保存有關香港氣象情況之軍用紀錄
（資料來源：日本國立公文書館）

總括來說，香港於本月較為晴朗，總日照時間介乎155至170小時之間，接近或稍多於正常值。與此同時，由於本月有數天受到東北季候風影響，香港於本月整體上比正常稍涼，平均氣溫為攝氏24.7度，比正常低0.5度。另一方面，本月比正常乾旱，總雨量為99.0毫米，比正常值少六成半；而平均相對濕度介乎81%至84%之間，低於正常水平。

日期	天氣系統	對香港的影響
2日及3日	東北季候風/高壓區	天氣清涼，每日最低氣溫下降至攝氏18度，為本月之最低值。
6日及7日	偏東氣流/低壓槽	天氣清涼，每日最低氣溫下降至攝氏18度，為本月之最低值。
21日	西南氣流	天氣炎熱，最高氣溫上升至攝氏31度，為本月之最高值。
23日及24日	偏東氣流	有雨及間中有雷暴，兩天共錄得超過50毫米雨量。
30日及31日	西南氣流	天氣炎熱，每日最高氣溫上升至攝氏31度，為本月之最高值。

表一百零三：香港於1945年5月出現之特別天氣現象

受到一股潮濕西南氣流影響，香港於本月首天為密雲、炎熱及有驟雨。一道冷鋒其後於2日凌晨橫過廣東沿岸；受到僅隨之一股東北季候風影響，香港於2日日間持續為密雲及有驟雨，同時氣溫開始下降。本地於2日晚上錄得之攝氏18度低溫，與翌日早上、其後6日及7日所錄得之低溫均為本月最低值。

受到一個覆蓋華南之高壓區影響，香港於3日日間為晴朗、溫暖及乾燥。

其後，隨著一股偏東氣流支配廣東沿岸，類似天氣情況均出現於4日及5日早上。

隨著偏東氣流增強，香港於5日下午至6日轉為密雲，風勢間中達強風程度。其後，一道低壓槽逼近廣東沿岸，香港於7日仍為密雲及有雨，早上雨勢有時頗大。隨著低壓槽其後橫過廣東沿岸及一股偏東氣流抵達，香港於8日及9日均為部分時間有陽光及溫暖。

及後，低壓槽再次移近廣東沿岸，香港於10日為密雲及有雨。隨著低壓槽稍後轉化成冷鋒，及於11日較早時間橫過廣東沿岸，香港於11日早上為密雲；但當一股僅隨之大陸氣流稍後抵達，香港於午間左右轉為大致天晴及溫暖。

隨著一股較穩定之東至東南氣流稍後抵達廣東沿岸，香港於12日至17日日間為大致天晴，同時天氣轉趨炎熱。其後，一道低壓槽於17日晚上靠近，並於18日凌晨橫過廣東沿岸，香港於18日為多雲及有驟雨，天氣炎熱。隨著低壓槽遠離，香港於19日為部分時間有陽光及炎熱，早上間中有驟雨。受到一股溫暖西南氣流影響，香港於20日及21日均為大致天晴、炎熱及間中多雲。其後，隨著一道低壓槽於廣東沿岸徘徊，香港於22日轉為大致多雲及短暫時間有陽光，間中有微雨及天氣炎熱。

一股偏東氣流於23日清晨抵達，香港於23日及24日均為密雲、有雨，及間中有雷暴，兩天共錄得超過50毫米雨量；同時天氣稍涼，風勢轉為清勁。

隨著一股西南氣流稍後影響廣東沿岸，香港於25日至31日初時為大致多雲，但稍後逐漸轉為炎熱及部分時間有陽光，間中有驟雨及雷暴。期間，30日及31日所錄得的攝氏31度高溫，與21日的值同為本月最高值。

　　本月並沒有熱帶氣旋闖入香港800公里警戒範圍之內。

　　表一百零三列出香港於本月出現之特別天氣現象，圖一百二十五展示香港於本月所錄得之每日氣溫及雨量，圖一百二十六展示香港於本月所錄得之每日平均氣溫及其距平，而表一百零四則展示香港每日天氣情況。

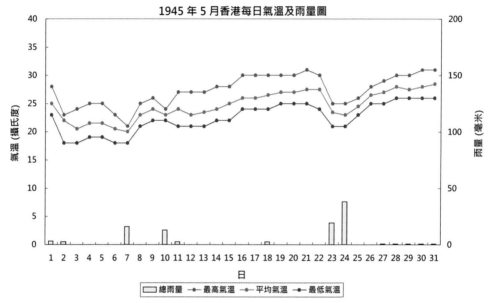

圖一百二十五：1945年5月香港每日氣溫及雨量圖[94]

94　圖中的每日氣溫為評估數值，而每日雨量則為天文台職員於赤柱集中營由每天日本時間早上8時至翌日早上8時錄得的雨量。

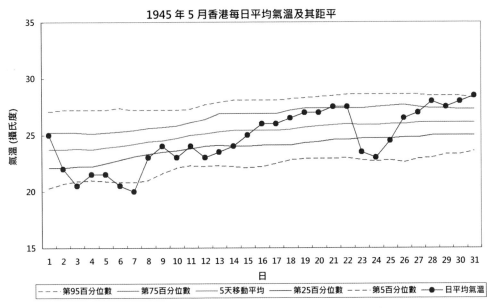

圖一百二十六：1945年5月香港每日平均氣溫及其距平

日期	1	2	3	4	5	6	7	8	9	10	11	12	13	14	15	
天氣	🌧️	🌧️	⛅	⛅	🌥️	🌧️	🌧️	🌥️	🌥️	🌥️	🌥️	🌥️	🌥️	☀️		
日期	16	17	18	19	20	21	22	23	24	25	26	27	28	29	30	31
天氣	☀️	🌥️	🌧️	🌥️	⛅	🌥️	🌧️	🌧️	🌧️	🌧️	🌥️	🌥️	🌧️	🌧️	🌧️	🌧️

表一百零四：1945年5月香港每日天氣情況

9.3 1945年夏季：炎熱的夏季與日治結束前最後一股 吹襲香港之熱帶氣旋

於1945年夏季，即香港重光前的一季，香港大致經歷了一個較為炎熱的季節。當季的平均氣溫為攝氏28.3度，比正常高0.6度。另一方面，有三股熱帶氣旋於這季影響香港，其中一股更發生於日本宣佈投降後，當赤柱及深水埗集中營的戰俘及僑民正打算離開之際。當時熱帶氣旋於香港東北偏東只有50公里掠過，並為香港帶來狂風驟雨（見圖一百二十九及圖一百三十二）。

9.3.1 1945年6月香港天氣概況 – 陽光充沛及較炎熱，月下旬有大暴雨

"27 Jun 1945: Rained all day. Cooler."
（摘自殖民地監獄官 *Raymond Eric Jones*
於赤柱集中營所保存有關香港天氣情況之日記）

由於受到溫暖西南氣流支配，香港於本月較正常炎熱，平均氣溫為攝氏28.4度，比正常高1.0度。另本月較正常晴朗，總日照時間介乎170至185小時之間，稍多於正常值。另一方面，本月平均相對濕度介乎81%至84%之間，接近或低於正常值，而總雨量（382.5毫米）則屬正常水平。

香港於27日下了一場大暴雨，錄得接近200毫米雨量。

日期	天氣系統	對香港的影響
3日至5日	低壓槽	香港有大雨，共錄得約100毫米雨量。期間，4日天氣稍涼，最低氣溫下降至攝氏24度，為本月之最低值。
7日及8日	偏東氣流	天氣稍涼，每日最低氣溫下降至攝氏24度，為本月之最低值。
19日及20日	西南氣流	天氣酷熱，每日最高氣溫上升至攝氏33度，為本月之最高值。
26日	東南氣流	天氣酷熱，最高氣溫上升至攝氏33度，為本月之最高值。
27日	低壓槽	密雲及有大暴雨，總雨量接近200毫米。
28日及29日	不穩定西南氣流	密雲及間中有大雨，每日雨量均超過30毫米。

表一百零五：香港於1945年6月出現之特別天氣現象

　　受到一股西南氣流影響，香港於本月首兩天為天晴及炎熱。隨著一道低壓槽靠近，香港於3日為短暫時間有陽光及炎熱，同時雲量增加及有驟雨。其後，4日及5日為密雲及有大雨。期間，3日至5日共錄得約100毫米雨量。

　　一股較穩定偏南氣流稍後影響廣東沿岸，香港於6日為部分時間有陽光及炎熱。其後，一股清勁偏東氣流抵達，7日及8日日間為密雲及間中有微雨。本地雲層隨後轉薄，香港於9日及10日為天晴及炎熱。

　　隨著一股溫暖西南氣流抵達，香港於11日至13日持續為天晴及炎熱，而13日早上有微雨。一股東南氣流其後抵達，14日仍為天晴及炎熱。及後，受到一股不穩定南至東南氣流影響，香港於15日轉為多雲及有驟雨。

一股溫暖西南氣流其後抵達，香港於16日早上仍有驟雨，但下午至19日期間再度轉為大致天晴及漸趨酷熱。隨著該股氣流其後轉為較活躍，20日至24日為大致多雲及炎熱，同時間中有驟雨及雷暴。

一道低壓槽於25日橫過廣東沿岸，而緊隨之一股不穩定西南氣流為香港於25日及26日早上帶來多雲及間中有雨的天氣。其後，一股較穩定東南氣流抵達，香港於26日下午轉為部分時間有陽光及酷熱。

一道低壓槽稍後於華南沿岸徘徊，香港於27日為密雲及有大暴雨，總雨量接近200毫米。其後，隨著一股不穩定西南氣流影響香港，本地於28日及29日仍均為密雲及間中有大雨。期間，每日雨量均超過30毫米。

一道高壓脊稍後自西太平洋向廣東沿岸伸展，香港於30日為大致天晴及炎熱。

本月錄得之最低氣溫為攝氏24度，於4日、7日及8日出現；而最高氣溫則為攝氏33度，於19日、20日及26日出現。

本月並沒有熱帶氣旋闖入香港800公里警戒範圍之內。

表一百零五列出香港於本月出現之特別天氣現象，圖一百二十七展示香港於本月所錄得之每日氣溫及雨量，圖一百二十八展示香港於本月所錄得之每日平均氣溫及其距平，而表一百零六則展示香港每日天氣情況。

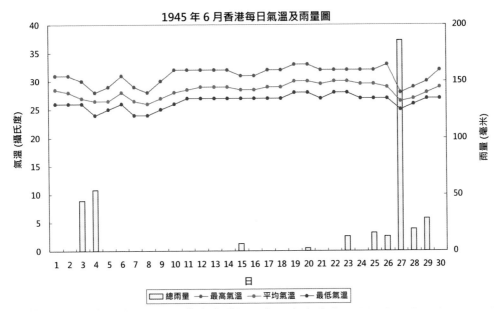

圖一百二十七：1945年6月香港每日氣溫及雨量圖[95]

95　圖中的每日氣溫為評估數值，而每日雨量則為天文台職員於赤柱集中營由每天日本時間
　　早上8時至翌日早上8時錄得的雨量。

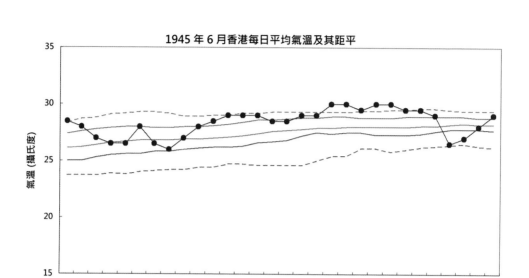

圖一百二十八：1945年6月香港每日平均氣溫及其距平

日期	1	2	3	4	5	6	7	8	9	10	11	12	13	14	15
天氣	☀	☀	🌤	☁	☁	☁	☁	☁	☀	☀	☀	☀	☀	☀	🌧
日期	16	17	18	19	20	21	22	23	24	25	26	27	28	29	30
天氣	🌧	☀	☀	☁	🌧	🌧	🌧	🌧	🌧	🌧	🌧	🌧	🌧	🌧	☀

表一百零六：1945年6月香港每日天氣情況

9.3.2　1945年7月香港天氣概況 – 多雲及較炎熱，但少雨

圖一百二十九：《華僑日報》於1945年7月9日報導有關熱帶氣旋南施襲港之剪報

　　香港於本月較正常炎熱，平均氣溫為攝氏28.8度，比正常高0.9度。與此同時，雖然本月平均相對濕度介乎81％至84％之間，接近正常水平；但月內總雨量為177.4毫米，比正常值少六成。另一方面，本月相對多雲，總日照時間介乎190至205小時之間，稍少於正常值。

　　受到一道高壓脊影響，香港於本月首三天為大致天晴及漸見酷熱。其後，隨著一股不穩定偏南氣流抵達，香港於4日仍為酷熱，但轉為多雲、部分時間有陽光及有驟雨。及後，熱帶氣旋南施於南海發展，香港於5日及6日持續為多雲及有雨，同時風勢增強。隨著熱帶氣旋靠近，本地於6日晚間及7日整天繼續為密雲及有雨，同時吹強風，而離岸及高地間中吹烈風。期間，7日錄得超過40毫米雨量，而最低氣溫則下降至攝氏25度，為本月最低值。在惡劣天氣下，港島東區山邊里一座危樓的中座倒塌，造成1人死亡。

日期	天氣系統	對香港的影響
7日	熱帶氣旋南施	密雲、有雨及吹強風，離岸及高地間中吹烈風。期間，7日錄得超過40毫米雨量，而最低氣溫則下降至攝氏25度，為本月最低值。在惡劣天氣下，港島東區山邊里一座危樓的中座倒塌，造成1人死亡。
23日	高壓脊/熱帶氣旋佩姬之外圍下沉氣流	天氣酷熱，最高氣溫上升至攝氏34度，為本月之最高值。

表一百零七：香港於1945年7月出現之特別天氣現象

熱帶氣旋南施其後於廣東西部登陸，與其相關之殘餘雨帶繼續活躍於廣東沿岸。香港於8日至10日仍為大致密雲、有雨及狂風雷暴。其後，隨著一股較穩定之西南氣流抵達，香港於11日至15日轉為部分時間有陽光及炎熱，但間中仍有驟雨及雷暴。

一道高壓脊稍後覆蓋廣東沿岸，香港於16日為大致天晴及酷熱。及後，一個低壓區於南海北部徘徊，為廣東沿岸帶來不穩定天氣；香港於17日轉為密雲及有狂風驟雨。

隨著低壓區減弱，及一股偏東氣流抵達，香港於18日至20日早上持續為短暫時間有陽光及炎熱，間中有驟雨。其後，當一股西南氣流抵達後，香港於20日下午至22日期間為部分時間有陽光及酷熱，同時間中有驟雨及雷暴。

隨著一道高壓脊覆蓋廣東沿岸，及位於南海北部之熱帶氣旋佩姬所引發之外圍下沉氣流影響，香港於23日為天晴及酷熱；當日錄得之攝氏34度高溫為本月最高值。其後，熱帶氣旋佩姬之殘餘雲帶於廣東東部登陸，香港受到一股不穩定西南氣流影響，於24日為大致多雲、間中有驟雨及雷暴；而隨著西南氣流轉為較穩定，25日至31日為大致天晴、漸趨酷熱及間中有驟雨。

月內有三股熱帶氣旋闖入香港800公里警戒範圍之內，其路徑見於圖一百四十。

表一百零七列出香港於本月出現之特別天氣現象，圖一百三十展示香港於本月所錄得之每日氣溫及雨量，圖一百三十一展示香港於本月所錄得之每日平均氣溫及其距平，而表一百零八則展示香港每日天氣情況。

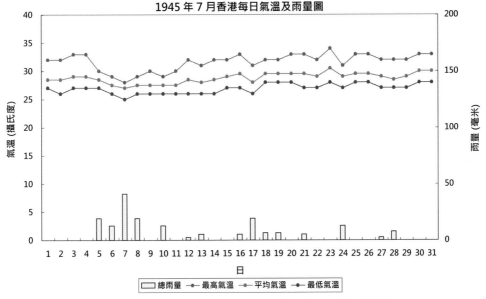

圖一百三十：1945年7月香港每日氣溫及雨量圖[96]

96　圖中的每日氣溫為評估數值，而每日雨量則為天文台職員於赤柱集中營由每天日本時間早上8時至翌日早上8時錄得的雨量。

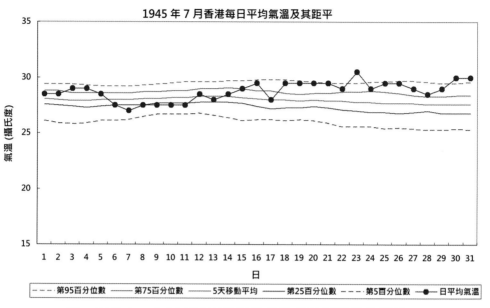

圖一百三十一：1945年7月香港每日平均氣溫及其距平

日期	1	2	3	4	5	6	7	8	9	10	11	12	13	14	15
天氣	⛅	☀️	🌦️	🌦️	🌧️	🌧️	🌧️	🌧️	🌧️	⛅	🌦️	🌦️	🌦️	⛅	
日期	16	17	18	19	20	21	22	23	24	25	26	27	28	29	30	31
天氣	⛅	🌧️	🌦️	🌦️	☁️	☁️	☀️	☁️	🌦️	☀️	⛅	⛅	⛅	☁️	☁️	

表一百零八：1945年7月香港每日天氣情況

9.3.3　1945年8月香港天氣概況 – 多雲、潮濕及多雨，另有兩股熱帶氣旋襲港

圖一百三十二：《華僑日報》於1945年8月27日報導有關熱帶氣旋蒂絲引致暴雨之剪報

　　僅隨於上月，香港於本月繼續為相對多雲，總日照時間只介乎140至155小時之間，比正常值少約兩至三成。與此同時，月內比正常潮濕，總雨量為457.2毫米，比正常值多約兩成；而平均相對濕度介乎84%至87%之間，接近或高於正常水平。另一方面，本月平均氣溫為攝氏27.7度，接近正常值。

　　受到一股活躍西南氣流影響，香港於本月首五天大致為密雲、有雨及有雷暴，雨勢有時頗大。期間，5日之最低氣溫下降至攝氏24度，為本月最低值。及後，隨著一股不穩定東南氣流抵達，香港於6日持續為密雲及有雨。

日期	天氣系統	對香港的影響
5日	活躍西南氣流	香港有大雨，同時最低氣溫下降至攝氏24度，為本月之最低值。
7日至9日	熱帶氣旋昆妮	密雲及有狂風驟雨，同時風勢逐漸增強至強風程度，離岸及高地間中吹烈風。期間，7日錄得約50毫米雨量，而7日至9日則共錄得約100毫米雨量。
14日、15日、17日及18日	高壓脊	每日最高氣溫上升至攝氏33度，為本月之最高值。
24日及25日	熱帶氣旋蒂絲	密雲及有狂風驟雨；而24日下午至25日早上期間之風勢逐漸增強至烈風程度。期間，24日及25日共錄得約100毫米雨量。
29日	活躍西南氣流	香港有頻密大驟雨，錄得超過70毫米雨量。

表一百零九：香港於1945年8月出現之特別天氣現象

其後，位於南海之熱帶氣旋昆妮正橫過南海北部，及移向廣東西部，香港於7日至9日為密雲及有狂風驟雨，同時風勢逐漸增強至強風程度，離岸及高地間中吹烈風。期間，7日錄得約50毫米雨量，而7日至9日則共錄得約100毫米雨量。

隨著熱帶氣旋昆妮於廣東西部登陸後，一股由昆妮殘餘雨帶所誘發之不穩定東南氣流繼續影響廣東沿岸，及持續為香港於10日及11日早上帶來大致密雲及有雨的天氣。當一道高壓脊隨後覆蓋廣東沿岸，香港於11日下午至18日為天晴及漸趨酷熱，間中有驟雨。期間，14日、15日、17日及18日每日錄得之最高氣溫上升至攝氏33度，為本月之最高值。

及後，位於南海北部之一個低壓區正在發展，一股被其誘發之東北氣流繼續為香港於19日至23日帶來大致晴朗、炎熱及間中多雲的天氣。其後，隨著低壓區增強為一股命名為蒂絲之熱帶氣旋，並以北至西北偏北路徑移向香港以東地區，香港之天氣於24日早上轉壞，為密雲及有狂風驟雨；而24日下午至25日早上期間之風勢逐漸增強至烈風程度。期間，24日及25日共錄得約100毫米雨量。

熱帶氣旋蒂絲其後移入廣東內陸及逐漸消散，香港於25日下午之風勢及雨勢均告緩和；但一股由蒂絲殘餘雨帶所誘發之不穩定西南氣流持續影響廣東沿岸，而香港於26日仍為密雲及間中有雨。其後，隨著一股較穩定之西南氣流抵達，本地雲層於27日至28日期間逐漸轉薄，而香港的天氣亦漸轉為晴朗及炎熱。

受到一股活躍西南氣流影響，香港於29日為密雲及有頻密大驟雨，錄得超過70毫米雨量。及後，隨著一道高壓脊逐漸覆蓋廣東沿岸，香港於30日及31日均為大致天晴及炎熱。

月內有兩股熱帶氣旋闖入香港800公里警戒範圍之內，其路徑見於圖一百四十。

表一百零九列出香港於本月出現之特別天氣現象，圖一百三十三展示香港於本月所錄得之每日氣溫及雨量，圖一百三十四展示香港於本月所錄得之每日平均氣溫及其距平，而表一百一十則展示香港每日天氣情況。

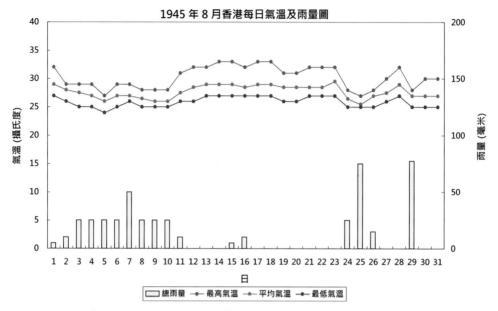

圖一百三十三：1945年8月香港每日氣溫及雨量圖[97]

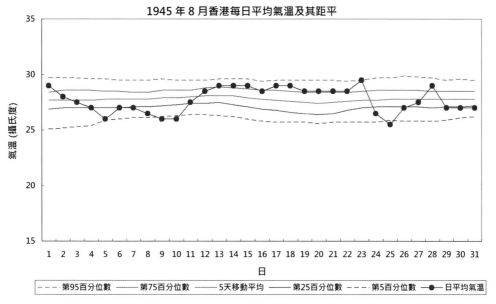

圖一百三十四：1945年8月香港每日平均氣溫及其距平

日期	1	2	3	4	5	6	7	8	9	10	11	12	13	14	15	
天氣	☁🌧	☁🌧	☁🌧	☁🌧	☁🌧	☁🌧	☁🌧	☁🌧	☁🌧	☁🌧	⛅🌧	🌤	🌤	🌤	☁🌧	
日期	16	17	18	19	20	21	22	23	24	25	26	27	28	29	30	31
天氣	☁🌧	🌤	⛅	🌤	🌤	🌤	☁	☁	☁	🌤	⛅	🌤	☁	🌤	🌤	🌤

表一百一十：1945年8月香港每日天氣情況

結語

筆者相信，如我們能深切地了解過去，將能更懇切地對未來有期盼。

本書的面世，是筆者於約十年前開始重整香港戰時氣象資料時始料不及的。這是由於筆者平日的確慣常搜集氣象數據以作資料分析及氣象研究，以滿足求知慾，及預測未來的天氣；但鮮有將其發展成有系統及詳盡的報告，以至將其輯錄成書，再配以精美的歷史圖片及氣象圖表圖文並茂地分享給普羅大眾。再者，大戰時的香港氣象資料非常貧乏，任何人要將資料由零開始慢慢通過搜集、整理、假設、求証、驗證及歸納等複雜程序，而最後能將其有系統地轉化為一份可供閱讀及作為永久參考之文獻，期間所付出之決心、努力及時間實不是三言兩語能道出。因此，這書的誕生，對筆者來說，實在是將一項接近不可能的任務變成可能。

當然，撰寫這份文獻時，搜集相關數據及撰寫研究報告亦分別是一項發掘寶藏及將寶藏作妥善存放的過程。當中，過程令人津津樂道。而這本讀物面世後，筆者之滿足感更是一言難盡，確實難純以用簡單的一兩句文字能形容得到。筆者衷心地期望每位讀者，不管是香港民眾、各氣象機構專員、學生、以及對氣象、天文、歷史、軍事或地理等有興趣的人士，看畢或參閱這本文獻後，不但能對香港於日治時期的天氣狀況有所了解，從而認識氣象；亦能為本書作珍藏，以供日後參閱。

本人衷心感謝方志剛先生及李朗怡小姐為本書撰寫推薦序，亦鳴謝卓嘉瑩小姐協助校對及推廣本書，使其可令更多人知悉其誕生。

附錄

甲. 於戰爭及日治時期接近香港之熱帶氣旋路徑圖

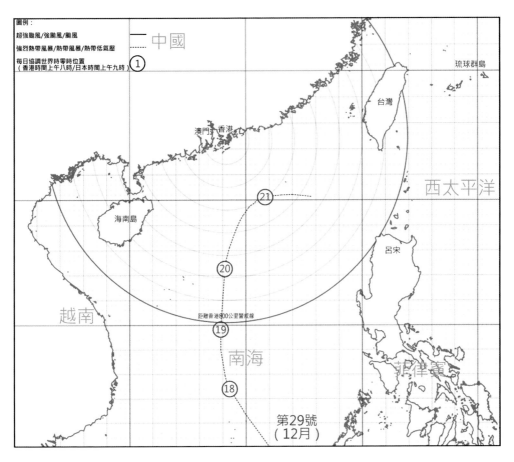

圖一百三十五：1941年12月戰爭期間闖入香港800公里警戒範圍內之熱帶氣旋路徑圖

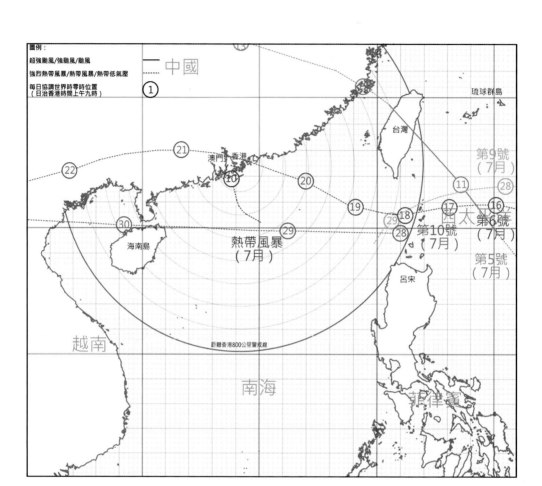

圖一百三十六：1942年1月至7月闖入香港800公里警戒範圍內之熱帶氣旋路徑圖

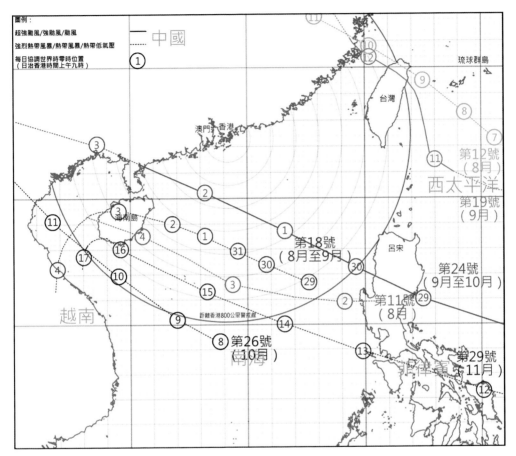

圖一百三十七：1942年8月至12月闖入香港800公里警戒範圍內之熱帶氣旋路徑圖

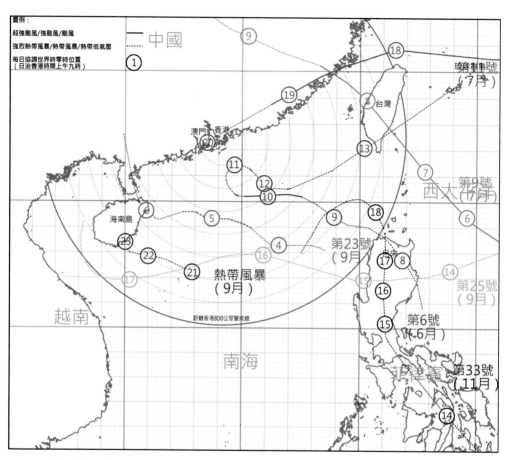

圖一百三十八：1943年闖入香港800公里警戒範圍內之熱帶氣旋路徑圖

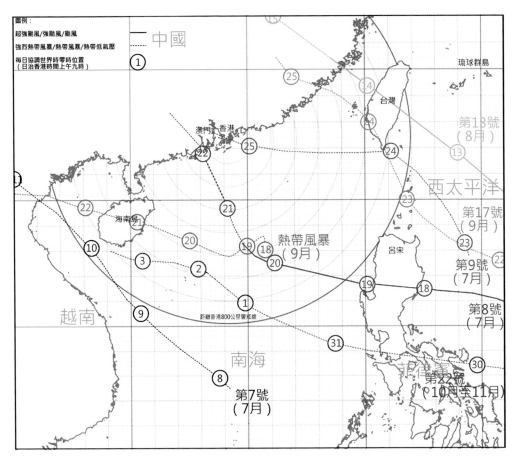

圖一百三十九：1944年闖入香港800公里警戒範圍內之熱帶氣旋路徑圖

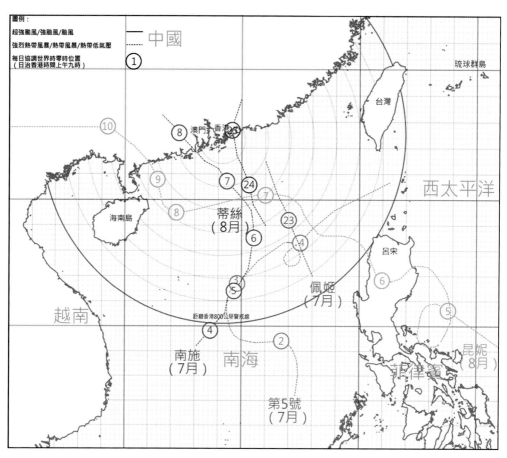

圖一百四十：1945年1月至8月闖入香港800公里警戒範圍內之熱帶氣旋路徑圖

乙. 1911至1940年香港之平均氣溫及總雨量的月平均值

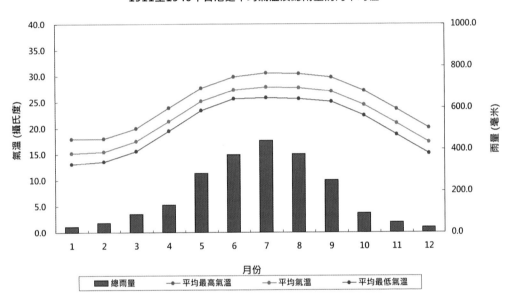

圖一百四十一：1911年至1940年香港之平均氣溫及總雨量的月平均值

丙. 資料來源及描述

1. 本書所載列或描述之氣象資料，以九龍市區為標準，以方便與戰前及戰後之氣象資料作比較。

2. 香港於日治時期採用日本時間，比現時香港時間快1小時。此措施於1945年11月18日廢除，而時間於當天凌晨2時予撥慢一小時，以恢復戰前時間。

3. 除了特別註明外，本書所描述之各氣象要素正常值為香港天文台於1911至1940年間所錄得之數據平均值，詳情見圖一百四十一。

4. 本書（特別是進階篇）所載列之每日香港天氣情況乃參照當時的天氣圖、集中營、港務局、軍事文件及附近氣象站所記錄之數據，分析及綜合出來的。

5. 本書所載列有關香港於1941年12月及1944年5月的氣象數據（1941年12月之雨量除外），均源自日本軍方於香港進行的氣象觀測。

6. 除了1941年12月及1944年5月外，本書為香港日治時期所估算之每日平均氣溫均取自當日日本時間3時、9時、15時及21時的氣溫平均值。當中，以上正點氣溫之估算乃建基於當時集中營、港務局及附近氣象站所記錄之數據，同時也參考相關軍事文件及天氣圖等所展示出之大氣情況及氣溫數據。另一方面，每月及每年之平均氣溫則分別取自當月每日平均氣溫及當年每月平均氣溫之平均值，誤差分別在0.5度及0.2度以內。

7. 除了1944年5月外，本書所載列的大部分每日雨量數據（1942年7月至1945年7月）均取自當日上午至翌日早上於集中營，即亞皆老街集中營（今亞皆老街、太子道、科發道一帶）、深水埗集中營（今深水埗公園）或赤柱集中營（今聖士提反書院及赤柱監獄外圍一帶）所錄得的雨量，與現時雨量數據均取自每日零時至翌日零時之間的記錄模式有少許分別。另一方面，1941年12月、1942年1月至6月及1945年8月之每日雨量則根據當時之天氣圖、不同文獻對於當時每日天氣之文字描述及當時香港附近氣象站之雨量作評估。此外，每月及每年之總雨量則分別取自當月及當年每日錄得雨量的總和。

8.　除1944年5月外，本書有關每月平均相對濕度、風向及風力之估算均建基於當時每日之集中營、港務局及附近氣象站所記錄之數據，同時也參考相關軍事文件及天氣圖所展示出之大氣情況等。

9.　本書有關每月錄得總日照時間之估算乃建基於當時每日集中營、港務局及附近氣象站之天空狀況及雲量數據，同時也參考相關軍事文件及天氣圖所展示出之大氣情況等。

10.本書所附上之熱帶氣旋路徑圖乃根據日本氣象廳、美國國家海洋與大氣管理局及美國聯合颱風警告中心的資料所繪製。

11.熱帶氣旋路徑圖之每日熱帶氣旋位置均為世界協調時間（UTC）零時位置，此時間比日治時香港軍政府沿用之時間慢9小時，或比日治前本地使用之香港時間慢8小時。

12.1941至1944年及部分1945年之熱帶氣旋以編號識別，編號由日本氣象廳所訂定。另亦有部分熱帶氣旋未有予以編號，因它們當時未有被日本氣象廳正式承認，而只有被美國國家海洋與大氣管理局或當時的日治香港政府承認。

13.1945年之部分熱帶氣旋以英文名字識別，名字由美國聯合颱風警告中心所訂定，而中文名字則取其音譯。此乃填補日本氣象廳於此年因戰事而對於部分熱帶氣旋路徑資料之缺失。

丁．參考資料（依中文筆劃及英文字母排列）

1.　日本防衛研究所保存之《南支那氣象概報》
2.　日本氣象廳出版之《1940–1970颱風路徑圖30年集》
3.　日本氣象廳所提供之天氣圖
4.　日本國立公文書館所保存有關二戰時期之軍事文件
5.　加拿大抗日士兵Tom Forsyth撰寫之戰時日記
6.　加拿大國防部
7.　西南日報（1942–1945）
8.　每日頭條（KK News）（2018）
9.　香島日報（1942–1945）
10.　香港天文台氣象資料（1884–1939; 1947–2022）
11.　香港退役軍人紀念協會保存之戰時日記
12.　香港政府憲報
13.　香港政府檔案處歷史檔案館所保存有關日治時期香港集中營氣象資料
（1942–1945）
14.　美國太空總署所提供之日蝕資料
15.　美國海軍
16.　美國國家海洋與大氣管理局中央圖書館國家海洋數據中心所提供之天氣
圖及颱風雷達圖
17.　美國聯合颱風警報中心提供之熱帶氣旋最佳路徑（1945）
18.　南華日報（1942–1944）
19.　陳特固・時小軍・余克服（2008）。華南沿海近100年來2月份的極端
氣溫事件。中國科學院。
20.　殖民地監獄官Raymond Eric Jones於赤柱集中營所保存之日記
21.　華僑日報（1942–1945）
22.　富蘭克林・德拉諾・羅斯福總統圖書館暨博物館
23.　廣州市氣象局氣象資料（1908–2022）
24.　澳門地球物理暨氣象局氣象資料（1901–2022）
25.　聯合國新聞（2016）
26.　韓國海洋科學技術研究院
27.　薩空了撰寫之《香港淪陷日記》
28.　Arnd Bernaerts, Hamburg (2010). The Pacific War and the
Climatic Shift, 1942–1945 – CORRELATION OR CAUSATION?.
University of Hawaii.
29.　Bulletin of the American Meteorological Society (1946)
30.　Chicago Daily Tribune (1945)

戊. 天氣術語闡述

天氣系統

冬季季候風	除了夏季外,寒冷而乾燥的空氣偶爾從中國內陸或更北的地區吹來,香港通常為寒冷或嚴寒,天氣為乾燥或非常乾燥。
東北季候風	除了夏季外,相對寒冷而較乾燥的空氣偶爾從中國內陸或更北的地區吹來,香港通常為較清涼或寒冷,天氣較乾燥。
大陸氣流	主要為夏季及秋季時,氣流偶爾由中國內陸吹來,帶來較溫暖及乾燥的天氣。
偏東氣流	氣流偶爾由東面之台灣海峽吹來,香港通常為清涼、和暖或溫暖,而實際天氣則要視乎當時的大氣情況。
西南氣流/西南季候風	春季及夏季時,氣流自印度洋吹向東南亞及華南沿岸,通常伴隨著較溫暖及潮濕的天氣,但亦有機會帶來驟雨及雷暴。
偏南氣流	主要為春季及夏季時,氣流由南面的南中國海吹來,香港天氣較為溫暖及潮濕,但亦有機會出現驟雨及雷暴。
海洋氣流/東南氣流	氣流偶爾由東南面的南中國海吹來,帶來較溫暖及潮濕天氣。
高氣壓	為氣壓較鄰近地區為高的地帶,一般伴隨著良好天氣。
高壓脊	為高氣壓延伸的部分,一般伴隨著良好天氣。
低氣壓	為氣壓較鄰近地區為低的地帶,一般伴隨著較壞天氣。

低壓槽	為處於兩個高壓中心之間的區域,為低氣壓延伸的部分,一般伴隨著較壞天氣。
季風槽	為熱帶輻合帶的一部分,由赤道季風及東北信風的輻合產生。季風槽通常伴隨降雨及不穩定天氣。
冷鋒	冷暖氣團之間的過渡區域,由冷氣團發生主導作用,並向暖氣團一側移動。
暖鋒	冷暖氣團之間的過渡區域,由暖氣團發生主導作用,並向冷氣團一側移動。
靜止鋒	冷暖氣團之間的過渡區域。由於冷暖氣團勢力相當,此類鋒面移動緩慢,令所覆蓋的區域容易出現長時間較壞的天氣。
囚錮鋒	鋒面的一種,是由於冷鋒追上暖鋒,或兩道冷鋒迎面相遇而成。
溫帶氣旋	為中緯度地區的大尺度冷心低壓系統。溫帶氣旋經過時,通常伴隨狂風驟雨及雷暴,亦偶爾帶來暴雪或冰雹。
熱帶氣旋	發生在熱帶與副熱帶地區海面上的低壓渦旋,乃由水蒸氣冷卻凝結時釋放出潛熱而發展出來的暖心結構。
熱帶氣旋外圍下沉氣流	每當熱帶氣旋接近時,熱帶氣旋環流外的氣流呈下沉狀態,出現逆溫層現象,令附近地區較易出現無風、酷熱及乾燥的天氣。
低壓區	氣壓較鄰近地區為低的地帶。一般成螺旋狀,甚至為熱帶氣旋的雛型。
熱帶低氣壓	為熱帶氣旋的一種,其最大風力為每小時62公里或以下。
熱帶風暴	為熱帶氣旋的一種,其最大風力為每小時63公里至87公里。
強烈熱帶風暴	為熱帶氣旋的一種,其最大風力為每小時88公里至117公里。

颱風	為熱帶氣旋的一種，其最大風力為每小時118公里至149公里。
強颱風	為熱帶氣旋的一種，其最大風力為每小時150公里至184公里。
超強颱風	為熱帶氣旋的一種，其最大風力為每小時185公里或以上。

天氣情況

陽光充沛	日照時間多於所描述時間的75%。
天氣晴朗	日照時間多於所描述時間的75%，另天空通常有少於75%的總雲量。
部分時間有陽光	日照時間等於或多於所描述時間的50%。
短暫時間有陽光	日照時間少於所描述時間的50%。
多雲	天空總雲量介乎75%至89%之間，當日總日照百分比通常介乎25%至75%之間。
密雲/天陰	天空總雲量介乎90%至100%之間，當日總日照百分比通常少於25%。

氣溫

嚴寒	低於或等於7度（攝氏）
寒冷	介乎8至12度（攝氏）
清涼	介乎13至17度（攝氏）
和暖	介乎18至22度（攝氏）
溫暖	介乎23至27度（攝氏）
炎熱	介乎28至32度（攝氏）
酷熱	高於或等於33度（攝氏）

相對濕度

非常乾燥	介乎0至40%
乾燥	介乎41至70%
適中	介乎71至85%
潮濕	介乎86至95%
非常潮濕	介乎96至100%

風力

無風	0 級，即小於每小時2公里
輕微	1至2級，即每小時2至12公里
和緩	3至4級，即每小時13至30公里
清勁	5級，即每小時31至40公里
強風	6至7級，即每小時41至62公里
烈風	8至9級，即每小時63至87公里
暴風	10至11級，即每小時88至117公里
颶風	12級，即大於或等於每小時118公里

雨勢

微雨	水滴微細的降雨，雨量通常比驟雨為少。
驟雨	天空的對流雲引致地區出現時間較短暫的降雨。
間中有驟雨	天空的對流雲引致地區間歇性地出現降雨。
零散驟雨	對流雲不平均地分佈，引致部分地區出現降雨。

局部地區性驟雨	對流雲出現於較小地區內，僅有小部分地區出現降雨。
雨勢有時頗大	對流雲短時間內急劇增強，引致地區出現較大程度的降雨。
狂風驟雨	伴隨著短暫的強風，甚至烈風程度風力的降雨。
雷雨	伴隨著雷暴的降雨。
大雨	每小時雨量超過15毫米，或日雨量超過25毫米的降雨。
暴雨	每小時雨量超過30毫米，或日雨量超過50毫米的降雨。
大暴雨	每小時雨量超過50毫米，或日雨量超過100毫米的降雨。
特大暴雨	每小時雨量超過70毫米，或日雨量超過200毫米的降雨。

其他天氣現象

雷暴	由積雨雲產生的惡劣天氣，常伴有閃電、雷聲，甚至強烈陣風、大雨及冰雹。
冰雹	一種於發展旺盛積雨雲及強烈對流環境中形成的固態降水物。
霧	接近地表面，由小水滴或冰晶組成的水汽凝結物，並在大氣中懸浮，令能見度受到影響。
雪	從雲中降落地面的結晶狀固體冰，常以雪花的形式存在。
彩虹/虹霓	大氣中的一種光學現象，是當太陽光照射到半空中的水滴時，光線被折射及反射，在天空上形成拱形的七彩光譜。

日蝕	當月球運行至太陽與地球之間時，月球位處太陽之前方，擋住了來自太陽的部分、甚至全部光線時發生。在地球上某處，太陽看起來好像一部分或全部消失了。
日全蝕	日全蝕為日蝕的一種。當太陽完全被月亮遮蓋，原本明亮的太陽圓盤被黑色的月球陰影遮蓋時發生。在地球上某處，太陽看起來好像全部消失了。
日偏蝕	日偏蝕為日蝕的一種。當太陽部分被月亮遮蓋，原本明亮的太陽圓盤被黑色的月球陰影遮蓋時發生。在地球上某處，太陽看起來好像一部分消失了。
日環蝕	日環蝕為日蝕的一種。當月亮無法完全遮蓋太陽圓盤時發生。在地球上某處，太陽未被遮掩的部分呈環形狀。

己. 書面及書背圖片介紹

書面底圖

此為1944年7月21日晚上9時30分（日治香港時間）天氣圖。當時，第8號熱帶氣旋正吹襲香港，是為日治時期對香港構成最大威脅之熱帶氣旋。

（資料來源：美國國家海洋與大氣管理局（NOAA）中央圖書館國家海洋數據中心）

書面圖片

1941年12月中旬，日軍機隊飛越香港島北岸，為全面佔領香港作準備。

（資料來源：不詳）

書背圖片（左）

此為1944年12月18日位於菲律賓呂宋以東之颱風科博拉（Cobra）雷達圖像，當時颱風中心風力高達每小時220公里。這股颱風對當時以科博拉上將為首及於軍艦執勤的美軍造成重大傷亡，因而得到重大關注。

（資料來源：美國國家海洋與大氣管理局（NOAA）中央圖書館國家海洋數據中心）

書背圖片（右）

1939年香港尚未淪陷，但當時深圳已被日軍佔領。圖為一群徒步抵達香港逃避戰火的難民。

（資料來源：不詳）

探索香港淪陷時期天氣及災害

作者： 凌耀祖（Joe Ling）
編輯： 凌耀祖（Joe Ling）
電郵： joeling@alumni.cuhk.net

校對： 卓嘉瑩
市場推廣及公關： 卓嘉瑩

出版： 紅出版（青森文化）
地址： 香港灣仔道133號卓凌中心11樓
電話： (852) 2540 7517
傳真： (852) 3421 1241
網址： https://www.red-publish.com/
電郵： editor@red-publish.com

發行： 聯合新零售（香港）有限公司

圖書分類： 科普 / 香港歷史
ISBN： 978-988-8822-86-7
定價： 港幣198元正 / 新台幣790圓正
出版期： 2023年7月